“十三五”高职高专护理专业立体教材

护理心理学

主编　郭争鸣　胡其云

河南科学技术出版社

·郑州·

图书在版编目（CIP）数据

护理心理学 / 郭争鸣，胡其云主编．—郑州：河南科学技术出版社，2017.8

“十三五”高职高专护理专业立体教材

ISBN 978-7-5349-8153-1

Ⅰ.①护… Ⅱ.①郭… ②胡… Ⅲ.①护理学-医学心理学-高等职业教育-教材 Ⅳ.①R471

中国版本图书馆 CIP 数据核字（2017）第 017887 号

出版发行：河南科学技术出版社
地址：郑州市经五路 66 号　　邮编：450002
电话：（0371）65788001　65788110
网址：www.hnstp.cn
总 策 划：李喜婷　马艳茹
策划编辑：范广红　马晓薇
责任编辑：邓　为
责任校对：柯　姣
封面设计：张　伟
版式设计：张金霞
责任印制：朱　飞
印　　刷：河南新华印刷集团有限公司
经　　销：全国新华书店
幅面尺寸：185 mm×260 mm　　印张：14.5　　字数：334 千字
版　　次：2017 年 8 月第 1 版　　2017 年 8 月第 1 次印刷
定　　价：40.00 元

"十三五"高职高专护理专业立体教材编审委员会名单

《护理心理学》编写人员

主　编　郭争鸣　胡其云

副主编　杨小兵

参　编　(以姓氏笔画为序)

王可辉　雅安职业技术学院

刘红云　湖南中医药高等专科学校

杨小兵　湖南中医药高等专科学校

吴　莉　合肥职业技术学院

张　丽　合肥职业技术学院

张晓茹　雅安职业技术学院

胡其云　合肥职业技术学院

姜　波　商丘职业技术学院

郭少聃　湖南工业大学科技学院

郭争鸣　湖南中医药高等专科学校

出版说明

“十三五”高职高专护理专业立体教材由河南科学技术出版社组织，全国十几所院校的教师共同参与完成编写。本系列教材自 2005 年出版以来至今经过三次大的修订再版。根据教育部、卫生部颁布的《三年制高等职业教育护理专业领域技能型紧缺人才培养指导方案》，于 2005 年出版了第一版教材。使用两年后，为了改进第一版教材的不足之处，适应护理人才培养要求，2008 年对教材进行再版修订，出版了第二版。课程目录由原来的 22 门调整为 26 门；对部分课程从护理专业角度进行了更为准确的定位，对教材内容实行整体优化。

卫生部于 2011 年颁布了新的护士执业资格考试大纲。新大纲打破传统的内、外、妇、儿和基础护理的划分局限，疾病按系统、器官分类；新增了护理相关的人文科目，新大纲修改与新增内容共有 102 处。为突出护理专业特点，紧扣新大纲的要求，于 2012 年出版了第三版教材。经过八年多的教学实践证明，第二版、第三版教材在整体框架上是优良的，对护理专业人才培养做出了积极的贡献。

为了促进高等职业学校课程建设和教育质量的整体提高，建立“高效学习、自主学习”的模式，为了顺应“互联网+”的发展趋势，推进信息技术与教育教学的全面深度融合，为了适应职业教育数字化快速发展的形式，更好地利用优质教学资源，有效地将各高等职业院校的数字教学资源与教材相结合，促进高等职业学校课程建设和教育质量的整体提高，河南科学技术出版社于 2016 年出版了“十三五”高职高专护理专业立体教材。本套立体教材包括 25 门科目，全面覆盖护理专业基础课程、临床课程、实训课程、拓展课程。本套教材特色如下：

1. 一书在手，学理论、看微课、做试题、练操作

在纸质教材上印制二维码，扫描二维码，学生即可进行试题练习、模拟考试，也可观看动画、微课及实验操作等视频材料，丰富了纸质教材的有限表达形式，是真正意义上的立体教材。一书在手，实现多媒体教学。

2. 用匠人精神，打造精品资源

资源是立体教材的重中之重，本套教材配套数字资源全部由全国范围内知名院校特色专业的专家主持建设，确保资源的时效性、规模都高于行业标准。

3. 结合平台，电脑学习功能更强大

教材在使用过程中，结合河南科学技术出版社现有的“爱乐课数字资源学习平台”，

老师可进行在线教学、资源上传、一键收发作业、在线测试、自动批卷等，实现数字化教学，为老师带来了便利的同时，大大节约了教学资源。学生可以随时通过手机、电脑登陆平台，进行课件查阅、观看微课、模拟练习、模拟操作等，提高了学习兴趣和学习效率。

4. 搭配护士执业考试专用APP，为护考保驾护航

扫描教材目录后的二维码，可直接下载河南科学技术出版社开发的护考专用APP“护考点点通”（已上线），本APP拥有精选题库、历年真题、模拟试卷等版块，帮助学生顺利通过护考，提高执业资格考试通过率。2015年注册人数达11000人，在同类APP中遥遥领先。

5. 不带课本也可以学习的APP——掌上课程

配合教材开发“掌上课程”手机APP，每一门课程的全部文字、数字内容都可以在APP中得到直观的体现，不用随身携带书本，手机在手，随时随地学习、测试、看视频、做互动。

6. 专业特色鲜明

教材紧密结合护士执业资格考试大纲，突出护理专业特点，力求体现思想性、科学性、先进性、启发性。

作为本套教材建设委员会的主任委员，感谢各成员学校领导的积极参与、全面支持与真诚合作；感谢各位主编和编者团结一致，克服了诸多困难，创造性地、出色地完成了编写任务和数字资源建设任务；感谢河南科学技术出版社以及有关单位的全力支持与帮助。

尽管我们尽了最大努力编写本套教材，但由于时间仓促，水平所限，如有不足之处，希望使用这套教材的广大师生和读者能给予批评指正。

邵一江

2016年8月

前 言

《护理心理学》是护理专业一门重要的专业基础课程。本课程从护理工作需要出发，系统介绍普通心理学一般基础理论，重点关注本专业学生临床所需的心理评估、心理护理、心理咨询和心理治疗等心理学方法与技术，以培养学生心理护理的基本技能。同时，针对本专业学生的心理发展和职业素质需要，教材以人本主义心理学和积极心理学思想为指导，将大学生心理健康教育贯穿于课程教育教学全过程。

根据教育部高职教育创新发展三年行动计划的要求，河南科学技术出版社和相关高职院校适应时代要求，以医学教育大数据为前提，以云计算技术为基础，以互联网为管道，组织一批教学一线的专家学者，编写出版全套“十三五”高职高专护理专业立体教材，这套教材的出版必将为参与学校深入教育教学改革，建立全新的翻转课堂，实现移动泛载学习，推动学生自主学习和终生学习，促进课程建设和教育质量的整体提高奠定坚实的基础。

本教材编写过程中坚持贯彻“三基”（基础理论、基本知识、基本技能）、“五性”（实用性、思想性、科学性、启发性、先进性）、“三新”（新方法、新理论、新技术）、“三特”（特定的对象、特定的要求、特定的限制）的原则，突出护理，注重整体，强化技能，渗透人文，体现专科特色，在定位和内容上力求符合高职高专护理专业的培养目标。本套立体教材具有以下特色和创新：

1. 纸质教材：①内容更具针对性和实用性，坚持理论以够用为度，压缩基本理论篇幅，增加护生临床所需心理评估、心理咨询、心理治疗和心理护理等实用方法与技术所占比例；②坚持与时俱进，及时补充了医护心理学的新知识、新进展，保持了教材的时代先进性；③为了服务教学和执业考试，增加了案例和复习思考题；④为了活跃版面，提高教材的趣味性和可读性，适当加入了一些知识链接。

2. 在纸质教材上印制二维码。扫描二维码，学生即可观看动画、微课及实验操作、临床标准操作等视频材料，丰富和提高了纸质教材的表达内容。

郭争鸣　胡其云

2016 年 12 月

目　录

第一章

绪论

学习目标

1. 掌握医护心理学的基本任务和观点，心理学的研究方法，现代心理学主要流派、代表人物及主要观点，心理现象的分类，理解心理的本质。

2. 熟悉医学模式的转变，心理的发生与发展，一般脑科学的研究方法。

3. 了解心理学、医护心理学和心理现象的概念。

第一节　心理学与心理现象

一、心理学的概念与目标

心理学是研究心理现象及其规律的科学。作为一门科学，心理学的研究目标就是要对心理与行为进行描述、解释、预测和控制。

1. 描述心理与行为　我们先看一些问题：右脑损伤后会发生哪些行为变化？孤独症儿童对父母的反应是否异常？假如想要回答上述问题，首先就要对每一个问题中提到的每一种行为都有一个详细的描述。描述是在对典型行为的观察的基础上所做的记载。

2. 解释心理与行为　就是说明一种心理与行为的产生原因与机制。例如，机体的感受器为什么可以专门用来感受机体内外各种刺激？对这一现象的研究表明，这是由于各类感受器都具有换能作用这一生理特性，也就是说，当适宜刺激作用于感受器时，只要其刺激强度达到一定范围，就可以导致感受器产生启动电位，最后导致动作电位传入大脑皮层特定区域，从而产生特定感觉。至此，我们可以给这个令人困惑的现象一个解释了。

3. 预测心理与行为　即准确地预知、预测、预报可能发生的心理与行为。例如，当你毕业走上社会求职之时，你所选择的职业与你日后事业是否成功，生活是否幸福是可以通过一定的测量预测结果的。大多数有此亲身经历的人都知道，这一预测有其准确性。不同的心理测量工具能够帮助我们预测人们在学业、工作或职业生涯中能否成功，甚至还可预测一个人婚姻是否美满、一段时间内身体是否健康。

4. 控制心理与行为　一提到控制，人们往往容易形成一种似乎会威胁个人自由的错觉。心理学中的所谓控制，指的是根据预期结果改变影响行为的条件。例如，一位心理学家建议，对教室的环境精心布置将有助于孩子们学习得更好，这就是在运用行为控制的方法。再如，在帮助一个人克服恐高症的过程中就必须包括控制方法的运用；在飞机的设计中也需要运用行为控制的原理，尽量避免驾驶中失误的发生。研究表明，可以通过运用心理学原理改变人的行为，但人类必须理智和人道地运用包括心理学知识和其他一切学科的知识。实际上心理学家在对心理障碍患者进行心理治疗时，使用催眠、暗示等治疗手段不同程度地控制求助者的心理与行为，更多的则是通过患者自我控制来实现治疗效果的。

二、心理现象

导入情境：老师将装有不同透明溶液的小广口瓶和餐纸分发给各教学小组，然后描述这些装有特殊气味的挥发液体将对每个同学产生不同感受，明确指示如果有人感觉不适，可以呕吐到发给大家的餐纸上。从前排依次往后传递，每人用手将瓶口挥发气味扇入鼻腔，强调不能吸入太多，观察有何不同的反应。

人的心理现象也称心理活动，包括心理活动过程和心理特征两大部分。人类的心理活动绚丽多姿，丰富多彩。人类的心理特征千姿百态，神秘莫测。心理活动和心理特征构成了世界上最复杂的心理现象。心理现象是人人都很熟悉的客观事实。例如，我们看到光亮，听到声音，嗅到气味，尝到滋味，摸到物体的软、硬、凉、热等，这就是人的所谓感觉；一旦知道了听到的是什么物体发出的声音，看到了是什么物体发出的光亮，嗅到了是什么物体发出的气味，尝到了是什么东西的滋味，摸清了是什么物体的软、硬、凉、热等，这就是人的所谓知觉了；我们不但能够感知事物，而且还能把感知过的或是想到过的事物保留在头脑里，这就是人的记忆；我们头脑里不仅能够记住大量感知形象，而且还能依靠既往经验制作出从未感知过的形象，这种心理现象心理学称之为想象；人不仅能直观地反映事物的形象和表面现象，而且还能通过大脑的分析、综合、抽象、概括、判断、推理等来认识事物的本质特征和事物之间的内在联系和规律，这就是人类独特的高级思维心理。感觉、知觉、记忆、想象、思维都是人对客观事物的认识活动，所以在心理学中把它们统称为认识过程。

人在认识事物的过程中，凡是与自己有关的，总会对它有个态度：符合自己需要、动机、愿望的就产生满意、愉快的态度体验；违背自己需要、动机、愿望的就产生忧伤、愤怒或烦恼等态度体验。这些复杂多样的态度体验心理学称为情绪和情感。

人不但能认识事物，体验对事物的态度，而且还能为了满足某种需要，自觉地确定目标，制订计划，克服困难，努力达到目标。这正是人的意志过程。

上述认识、情感、意志活动统称三大心理过程（简称知、情、意）。心理过程是心理学研究对象的一部分，也可以说是人的心理活动的共同性的部分。

由于每个人的先天素质不一样，后天所处的环境条件和受教育的状况也有差别，各自从事的实践活动又不相同。因此，上述人类共有的心理活动过程具体到每个人自身的表现也就各不相同，这样就形成了一个人不同于他人的个性。个性是心理学研究内容的又一大方面。它包括每个人不同的个性倾向、个性心理特征和自我意识等。

心理现象
- 心理过程
  - 认知过程：感觉、知觉、记忆、思维、想象等
  - 情绪过程：喜、怒、忧、思、悲、恐、惊等
  - 意志过程：确定目标、克服困难、调节自身行为
- 人格（个性）
  - 人格倾向：需要、动机、兴趣、理想、信念
  - 人格特征：能力、气质、性格等
  - 自我意识系统：自我认识、体验、调节等

综上所述，心理学既研究人类心理活动的共同性(心理活动的过程)，又研究个体心理活动的差异性（个性或人格)。

第二节 心理的实质

心理实质究竟是什么？只有辩证唯物主义对此做出了唯一正确的阐明。列宁曾经说过，心理是“头脑的功能，是外部世界的反映”。

一、心理是脑的功能

现代科学史证明，心理依赖于脑，神经系统的发展水平决定着心理发展水平，其健康状况制约着人的心理活动，这可从以下三个方面来证明。

1. 从经典的解剖生理学方法与知识来看　所有心理活动均与大脑不同部位有着直接联系（图1-1)。通常的做法是刺激脑的一定区域或损毁脑的某一部位观察其心理和行为有何改变。

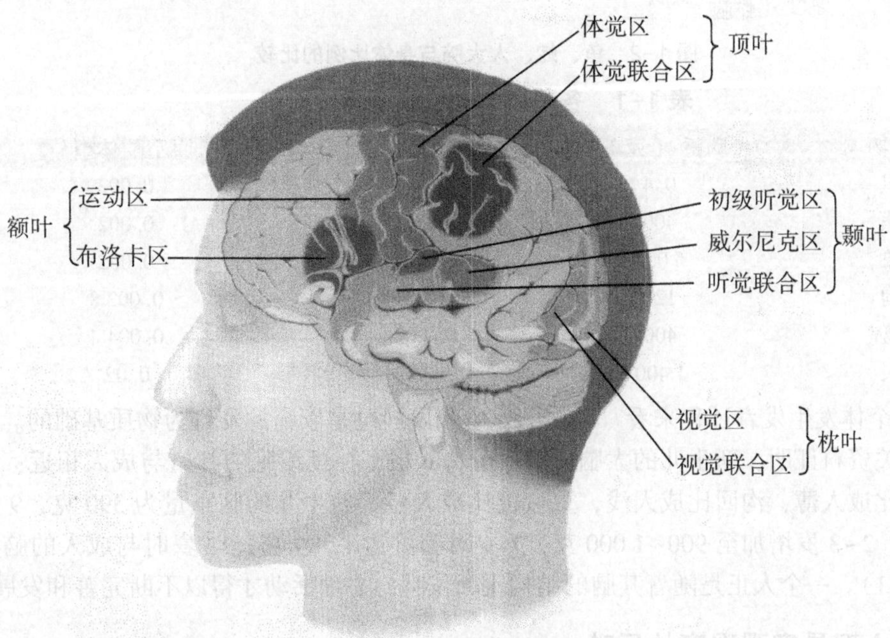

图1-1　大脑皮层功能定位示意

2. 从物种发生进化史来看　心理是物质发展到高级阶段的产物。达尔文的进化理论认为：地球上最早无生命物质，物质发展到一定阶段，才由无机物合成为有机物，形成了有生命的物质——生物。生物又分化为植物和动物。动物发展到一定阶段又产生了神经系统，有了中枢神经系统的动物就开始具有原始的简单的感觉即心理现象。随着动物的演化发展，神经系统日渐完善，心理活动也相应地越来越丰富，越来越灵活。动物进化至灵长类，特别是从猿进化到人的过程中，在劳动和语言两种决定性因素的影响下，人脑发展到了特殊的阶段，成为一种结构上最为复杂，机能上极为灵活的“特殊物质”，用现代术语来讲，它是接受、加工和重现信息的器官（图 1-2）。它的功能是当代任何先进的计算机都不可比拟的。据估计，一个人的大脑可以容纳全世界图书馆中全部藏书的信息量。

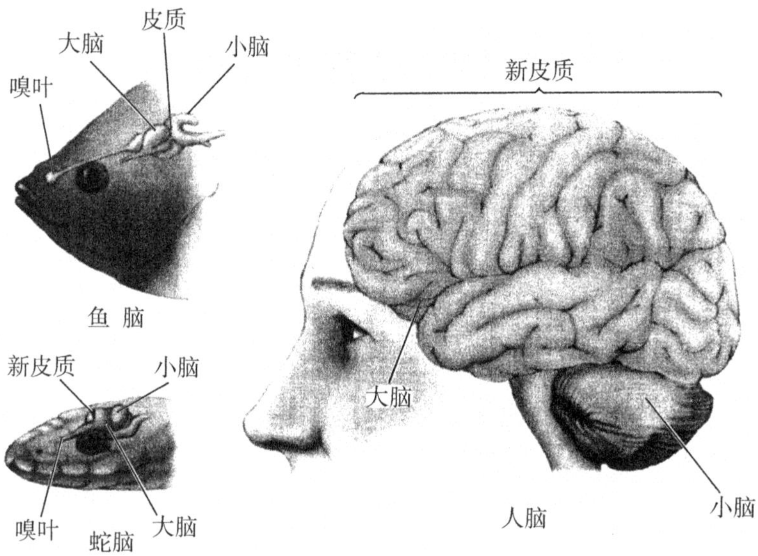

图 1-2　鱼、蛇、人大脑与身体比例的比较

表 1-1　各种动物的脑重与体重比较

动物	脑重（克）	体重（克）	脑重/体重
鼠	0.4	200	0.002
熊	400	200 000	0.002
象	5 000	2 500 000	0.002
狗	120	46 000	0.002 8
猩猩	400	90 000	0.004 4
人	1 400	70 000	0.02

3. 从个体发生发育过程来看　心理的发生和发展也是以脑的发育为物质基础的。大脑解剖学有关资料证明，新生儿的大脑皮层已分为 6 层，神经细胞的数量与成人相近；但他们的皮层比成人薄，沟回比成人浅，重量也比成人轻。新生儿的脑重量为 390 克，9 个月约 660 克，2~3 岁增加至 900~1 000 克，7 岁时脑重达 1 280 克，12 岁时与成人的脑重接近（表 1-1）。一个人正是随着其脑的结构不断发育，心理活动才得以不断完善和发展的。

二、心理是客观现实的反映

人脑作为心理的器官，仅仅是心理现象产生的场所，假若没有一定的客观现实作原材料刺激或作用于大脑，那么脑是无法加工出任何心理活动产品的。所谓客观现实，是指不依赖心理主体而存在的一切事物，包括自然的现实和社会的现实。无论是感觉、知觉还是记忆、思维，无论是性格、气质还是兴趣、动机，无一不是客观现实在人脑的反映。

1. 心理活动所反映的内容均源自客观现实　从认知的最基本心理活动感觉而言，一个人尽管具备了眼、耳、鼻、舌等感觉器官，也有完善的大脑等感觉中枢，但看到什么、听到什么、闻到什么、尝到什么，只能由外界环境中的具体事物来决定，而不能由主观意愿所左右。同样，一个人想什么、注意什么、喜欢什么、讨厌什么等心理活动，也都不是无端产生的，而是由我们周围环境的具体事物决定的。

2. 心理是客观现实的主观映像　心理活动就其产生的方式而言，就是客观事物作用于人所引起的高级神经活动，即脑的反射活动。心理活动的内容正如列宁所说，是物质世界的“复写、摄影、摹写、镜像”。或如马克思所说，是“人脑中变位了变形了的物质”。这里所称的映像，是指客观事物的副本，它与所反映的对象是相像的，但不是对象本身。心理现象的产生，首先是作用于人的客观事物的存在，这种客观事物的存在是不依赖于心理活动的。“没有被反映者，就不可能有反映，被反映者是不依赖反映者而存在的。”

3. 人的心理是积极能动的反映　人对客观事物的反映不是被动的、不是消极的，也绝不像镜子反映物像一般呆板和固定。人对客观事物的反映是在作用于客观世界、完成各种行动、操纵各种事物的过程中发生的。在这个过程中，人不仅受客观事物的影响，同时也积极作用于客观事物。客观世界的影响是人对客观事物反映中具有根本决定性的一方，它决定和制约着人的一切心理活动和心理特征，但它不是直接地、自动地决定心理活动与心理特征的，而是在人的目的，即在于改造客观包办的活动之中，通过人与客观世界的相互作用实现的。

科学心理学特别强调社会实践是人的心理活动源泉和基础。长期脱离了社会实践的人，即使有着与常人同样的大脑，也不可能形成正常人的心理活动和心理特征。

第三节　心理学简史

一、现代科学心理学的产生

心理学作为一门独立的学科，实际上只有100多年的历史，公元前6世纪至19世纪中叶心理学一直孕育在哲学的母体中，此期的心理学可称之为哲学心理学。19世纪中期随着近代自然科学特别是生理学、生物学、心理物理学的发展，1879年冯特（图1-3）在德国的莱比锡大学建立了世界上第一个心理实验室。心理学从此由哲学的母体中脱胎换骨，开始成为一门独立的现代科学。有人比喻，科学心理学的产生，哲学是父亲，生理学是母亲，生物学为媒人。经生物进化论的媒介，经验主义和理性主义哲学与生理学（费希纳、缪勒和赫尔姆霍茨）结合，生育的新生儿就是从哲学中分化出来的心理学。

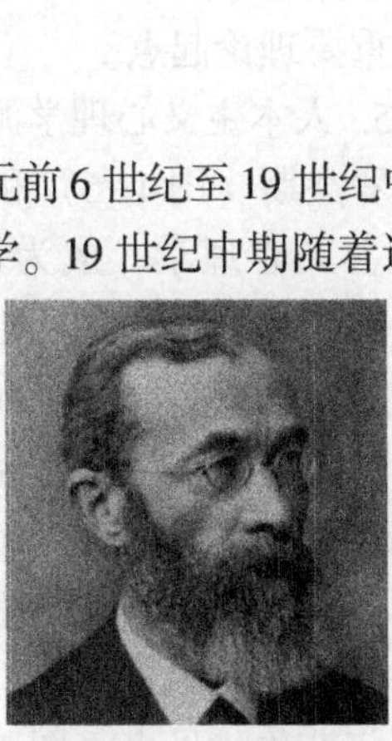

图1-3　现代心理学之父冯特

心理学在过去100多年的发展历史中，随着大批哲学家、生理学家、医学家和教育家以各自的理论与方法积极投身心理学研究，在心理学学术领域形成了百家争鸣、学派林立的局面。

二、当代主要心理学学术流派

1. 构造主义心理学派　该学派是19世纪末产生于德国，并发展于美国的一个最早的心理学派。作为该学派创始人的冯特认为：心理现象可分解为感觉和情感两个主要元素；同时坚信心理过程与大脑的生理过程是两个完全独立的系统。因此构造主义心理学派的心身平行论属于典型的唯心主义二元论。

图1-4　精神分析学派的创始人弗洛伊德

2. 心理动力学派　心理动力学派又称精神分析学派，是在19世纪末和20世纪初由奥地利精神内科医生弗洛伊德（图1-4）创立的一个影响非常广泛的学派。弗洛伊德提出了自我、本我、超我的三重人格理论、潜意识理论和心理防御理论等；并创立了自由联想和梦的解析等精神分析疗法。

3. 生理心理学学派　该学派是一门介于心理学和生理学之间的交叉学科，以美国生理学家坎农为主要代表，主要理论有"情绪心理学"和应激理论，其应激理论被认为是20世纪医学领域的重大进展。

图1-5　行为主义心理学派代表人物华生

4. 行为主义心理学派　行为主义心理学派是由美国心理学家华生（图1-5）于1913年创立，并由斯金纳等人发展的一个心理学派。行为主义心理学派主张心理学研究的对象应该是看得见、摸得着的行为，而不是看不见、摸不着的意识。通过对外显行为的实验研究，不仅导致了刺激-反应的公式解释行为的理论，同时也促成了以后许多关于外部奖励和惩罚对人类行为影响的重要发现，成为行为治疗的重要理论起点。

5. 人本主义心理学派　1950年以后，美国心理学家罗杰斯（图1-6）和马斯洛（图1-7）创立了人本主义心理学，成为心理学研究的"第三次浪潮"；该学派反对行为主义只注重行为而忽视意识的观点，同时也反对精神分析只注重患者心理而忽视正常心理的主张，认为心理学研究对象应该是注重人的价值、尊严、创造力与自我实现等；在心理治疗方面创立了来访者中心疗法，对医学心理学发展影响很大。

6. 认知主义心理学派　20世纪50年代，随着计算机的发明，计算理论研究的深入，美国心理学家奈塞尔主张以信息加工理论、综合整体的观点研究人的复杂的认知过程。1967年他的《认知心理学》公开出版发行，意味着认知心理学正式登上心理学的舞台。1953年艾伦·贝克（图1-8）首先提出了认知疗法理论，随之在临床抑郁症治疗上得到广泛应用。

图 1-6 以患者为中心疗法创始者罗杰斯

图 1-7 提出需要层次和自我实现理论的马斯洛

图 1-8 认知疗法创始人艾伦·贝克

第四节 护理心理学概述

一、护理心理学的概念

护理心理学是一门心理学与护理学相结合的交叉学科。作为一门新兴的边缘科学，护理心理学主要研究心理变量与健康和疾病变量之间的关系，着重研究解决医学领域中的疾病与健康的心理行为问题。从医学的角度而言，护理心理学研究临床护理学中的心理行为问题，包括各种患者的心理行为特点、各种疾病的心理行为变化等；从心理学的角度而言，护理心理学研究如何把心理学的系统知识和技术应用于医学各方面，包括在疾病过程中如何应用有关心理科学知识和技术进行科学诊断、预防、治疗和护理等。

二、护理心理学的学科范畴

护理心理学涉及的范畴非常广泛，医学及护理几乎各个领域都有护理心理学研究内容。概括起来，主要有以下几方面：① 研究临床情境下医生、护士和患者心理活动发生、发展及变化规律。②研究心理与生理的相互作用规律及其具体机制。③研究心理及行为因素在疾病发生、发展、诊断、治疗、康复及健康保持过程中的作用规律。④研究各种疾病过程中的心理与行为变化及干预方法。⑤研究心理行为的生物学和社会学基础及其在健康和疾病中的意义。⑥研究如何将心理行为的科学知识和技术有效地应用于临床诊断、治疗、护理和预防等各方面。

三、护理心理学研究方法

任何一门新兴学科都有经过收集资料、验证假设、形成理论的系统研究发展过程。这其中研究方法起了关键的作用，“年轻”的护理心理学更是如此。为了促进医护心理学的迅速健康发展，重视和创新研究方法尤其显得重要。根据护理心理学研究的方式、方法、对象、时间、场所的不同，我们可以将心理学研究方法做出大致的分类。

（一）观察法

观察法是通过对研究对象的观察和分析，研究其心理行为规律。观察法的优点是可以取得被观察者不愿意或者没有能够报告的行为数据（除内省法），缺点是观察的质量很大程度上依赖于观察者的能力。而且，观察活动本身也可能影响被观察者的行为表现，使观察结果失真。观察法在心理评估、心理治疗、心理咨询中使用广泛。

（二）调查法

调查法是通过晤谈、访问、座谈或问卷等方式获得资料，并加以分析研究。

1. 晤谈法或访问法　通过与被试者晤谈，了解其心理信息，同时观察其在晤谈时的行为反应，以补充和验证所获得的资料，进行记录和分析研究。晤谈法的效果取决于问题的性质和研究者本身的晤谈技巧。晤谈法应用于临床患者，也应用于健康人群，在心理评估、诊断、治疗、咨询、病因学等研究中均被广泛采用。科研中常在访问调查过程中完成预先拟定的各种调查问题并做记录。

2. 座谈法　也是一种调查访问手段。通过座谈可以从较大范围内获取有关资料，以供分析研究。例如，冠心病康复期的心理行为问题可以通过定期与家属座谈的方式进行分析研究。

3. 问卷法　在许多情况下，为了使调查不至于遗漏重要内容，往往事先设计调查表或问卷，当面或通过邮寄供被调查者填写，然后收集问卷对其内容逐条进行分析研究。如调查住院患者对护理工作是否满意，哪些满意，哪些不满意等。问卷调查的质量取决于研究者事先对问题的性质、内容、目的和要求的明确程度，也取决于问卷内容设计的技巧性及被试的合作程度。例如，问卷中的问题是否反映了所要研究问题的实质、设问的策略是否恰当、对回答的要求是否一致、结果是否便于统计处理，以及内容是否会引起被调查者的顾虑等。问卷调查法简便易行，信息容量大，但特别要注意结果的真实程度。另外，要坚持用科学态度对待调查资料的分析和总结。问卷调查法在目前国内医学心理学研究工作中被广泛使用。

（三）测验法

在医学心理学研究工作中以心理测验作为心理或行为变量的主要定量手段。测验法使用经过信度、效度检验的现成量表，如人格量表、智力量表、症状量表等。心理测验种类繁多，必须严格按照心理测量科学、规范实施，才能得到科学的结论。心理测验作为一种有效的定量手段在医学心理学研究中普遍使用。

（四）实验法

实验法是对某一变量进行系统的操作，从而研究这种操作对于心理、行为或生理过程的影响规律。实验法通常运用刺激变量和反应变量来说明被操作的环境因素和所观察记录到的心身变化，同时还应严密注意控制变量的影响。

1. 实验技术　由于医学心理学的学科特点，其实验技术可涉及社会学和生物学各方面。近年来许多新科学领域的飞速发展，已为医学心理学实验研究提供了许多前沿研究手段：①DNA 重组技术及聚合酶联反应（PCR）技术和基因识别、测序、基因组作图等，已广泛应用于阿尔茨海默病（AD）、情感障碍、强迫症和儿童多动症等精神障碍的病因、病理研究。②计算机辅助断层摄影（CT）、磁共振成像（MRI）和正电子发射断层摄影（PET）等脑影像技术，可通过对脑组织结构分析、脑功能代谢分析等途径，有效探索精神异常的发生机制。③神经电生理中的脑电图及相应的睡眠脑电图、脑地形图、诱发电位等，可用于各种复杂心理因素（如准备、期待、注意、动机及觉醒）的研究。④心理应激测试技术是借助一些心理作业（如问题解决、信息处理、情感状态、厌恶或痛苦等作业）作为应激源，同时配合各种生物参数的记录，开展各系统的心理生理研究。以多学科的成果，建立脑的高级神经网络理论，可作为研究脑的高级机能的技术思路。具体涉及脑的功能系统、神经网络、大脑皮质联系的组织原则、神经信息的编码等方面。

2. 实验方式　使用实验室条件，严格控制各种无关变量，借助各种仪器和设备，精确观察和记录刺激变量与反应变量，以分析和研究其中的规律。实验刺激变量可以是自然的如声、光等刺激，也可以是生物的如刺激脑的特定区域、注射某些生物活性物质设计等；反应变量可以是生物的如血压、体温、皮肤电、心电、脑电等反映内脏功能改变的指标。上述各类变量可结合交叉使用。实验室实验最大的缺点就是心理活动作为一种变量时易受许多因素的影响，人类被试更是如此。

第五节　研究和学习护理心理学的意义

医学院校护理专业之所以要开设护理心理学课程，主要与现代医学所面临的疾病谱的变化和医学模式转变有着实质性的联系。学习护理心理学这门新学科，是适应现代医学模式从生物医学向生物—心理—社会医学转变的需要。但这个问题较详细的答案，必须从护理模式为什么要转变、新的医学模式与护理心理学在健康和疾病观上的一致性等方面进行讨论。

一、医学模式

所谓医学模式，大致是指医学的一种主导思想，它是某一时代的各种医学思想的集中反映，包括疾病观、健康观等。一种医学模式影响着医学工作的思维及行为方式，使它们带有一定倾向性的、习惯化了的风格和特征，从而也影响医学工作的结果。我们这里只讨论近代存在的两种主要医学模式。

二、医学模式的演变

1. 神灵主义医学模式　在远古的原始社会（约万年前），由于生产力极度低下，科学技术思想还未确立，人类对自然和生命缺乏认识，对疾病与健康的理解均是超自然的。人们认定上帝主宰着自己的生命与健康。因此，当时的病因学认为所有疾病都是由于触犯了神灵，天谴神罚造成的。治疗方法也就局限于祈求神灵，驱魔赶鬼。目前，在一些偏远山区和部落中尚保留着这种医学模式的痕迹。

2. 自然哲学医学模式　随着人类社会的进步，人们对自然的了解有所增加，对自身生命的理解也有所提高。在公元前 3000 年左右，在祖国的医学著作中开始出现“天人合一”“天人相应”的观点。此期，人们对生命活动与自然现象进行分析，认为疾病产生的主要原因是阴阳平衡的紊乱导致的。因此，治疗学主要采用来自自然界的植物、动物和矿物等天然药物来调节阴阳平衡。

3. 机械论医学模式　14 世纪以来，随着西方工业革命的推动和实验科学的兴起，人们对自身生命活动的认识也有新的提高。以迪卡尔发表其《动物是机器》为标志，将人体各系统的结构和功能看成是一部机器，将心脏看成抽水机，将肺看成鼓风机，将胃看成磨研机。其病因学就是机械故障，治疗学就是维修机器。

4. 生物-医学模式　现代西方医学是在自然科学冲破中世纪宗教黑暗统治以后迅速发展起来的。随着自然科学在各个领域不断取得进展，医学家广泛地采用物理学、化学等学科的先进理论和技术，对人体进行步步深入的研究。医学科学领域出现诸如哈威的实验生物学和魏尔啸的细胞病理学。人们对自己身体的认识水平不断提高，从整体到系统、器官，直至现在的亚细胞和分子水平。在这几百年里，人们对病原的认识大大地向前迈进了一步。在防治某些生物源性疾病特别是控制长期危害人类健康的传染病方面，成绩尤为巨大。例如，在 20 世纪初，世界上大多数国家的主要死亡原因还是传染病，死亡率高达 580/10 万；而此后，大多数国家传染病死亡率逐渐下降，直至 30/10 万以下。

不过，西医在发展过程中也受到某些不利因素的影响。由于长期受心身二元论和自然科学发展时期的分析还原论的影响，经典的西方医学习惯于将人看成是生物的人，忽视人作为社会成员的一面。在实际工作中，重视躯体的因素而不重视心理和社会的因素；在科学研究中较多地着眼于躯体的生物活动过程，很少注意行为和心理过程，忽视后者对健康的作用。正如恩格尔所指出的，经典的西方医学将人体看成一架机器，疾病被看成是机器的故障，医生的工作则是对机器的维修。可见，经典的西方医学还是停留在生物科学方面。有关这种医学模式，被称为生物-医学模式。

5. 生物-心理-社会医学模式　与 20 世纪初比较，随着生物因素引起的疾病如传染病逐渐被控制，目前人类死亡谱的结构已发生了显著的变化：心脏病、恶性肿瘤、脑血管病、意外死亡等已取代传染病相应地成为人类的主要死亡原因。据分析，目前人类死亡的前 10 种原因中，约有半数死亡直接或间接与包括吸烟、酗酒、滥用药物、过量饮食与肥胖、运动不足和对社会压力的不良反应等生活方式有关，这就是所谓的行为危险因子（表

1-2)。这些行为危险因素与心理、社会因素直接有关，应该说是心理、社会因素造成了行为问题。研究证明，现代生活节奏的不断加快，如技术更新迅速、职业容易“老化”等，对人的内部适应能力包括保持心理的健全和情绪的平衡提出了更高的要求。人遭受到的心理社会因素的挑战有相对增加的趋势。这是近代某些疾病包括心理疾病发病率升高的另一个重要原因。通过近几十年对许多生物行为的科学研究，人们对心理社会紧张刺激造成躯体疾病的中介机制有了较深入的了解和认识。诸如生物反馈、自我放松训练、认知行为矫正等行为技术的发展，从实验和临床应用角度雄辩地证明，心理活动的操作和调节对维持健康具有不可忽视的作用。随着人类物质文明的发展，人们对心身舒适的要求也不断提高，迫切需要医生在解决其身体疾病造成的直接痛苦的同时，也帮助他们减轻精神上的痛苦。就是说，人们追求生活质量的提高，其中也包括要求心理上的舒适和健全。这些都给医学提出了新的研究课题和工作任务。

表 1-2 我国前 10 位主要疾病死亡原因顺位变化表

死因序位	1957 年	1975 年	1984 年
1	呼吸系统疾病	脑血管病	心脏病
2	急性传染病	心脏病	脑血管病
3	肺结核	恶性肿瘤	恶性肿瘤
4	消化系统疾病	呼吸系统疾病	呼吸系统疾病
5	心脏病	消化系统疾病	消化系统疾病
6	脑血管疾病	肺结核	外伤
7	恶性肿瘤	外伤	肺结核
8	神经系统疾病	传染病	中毒
9	外伤与中毒	泌尿系统疾病	泌尿系统疾病
10	其他结核病	中毒	传染病
占总死亡率	61.49%	83.94%	88.42%

上述种种情况，使人们逐步认识到以往的生物医学模式已不足以阐明人类健康和疾病的全部本质。疾病的治疗也不能单凭药物或手术。人们对于健康的要求已不再停留在身体上无病的水平，更追求心身的舒适和协调。于是，新的生物-心理-社会医学模式被提出来了。

三、生物-心理-社会医学模式对健康和疾病的认识

1. 人或患者是一个完整的系统　通过神经系统保持全身各系统、器官、组织、细胞活动的统一，因而任何在健康和疾病上只重视被分解了的各个器官或系统，忽视作为整体的人或患者，或者只将各个器官、系统割裂开来看待，忽视它们之间的整体联系，都被看成是医学指导思想上的失误。

2. 人同时有生理活动和心理活动　心、身是互相联系的，心理行为活动通过心身中介机制影响生理功能的完整，同样生理活动也影响个体的心理功能，因此在研究健康和疾病

问题时，应同时注意心、身两方面因素的影响。

3. 人与环境是密切联系的　人不仅是自然的人，而且也是社会的人。社会环境因素如文化背景、职业、家庭、人际关系，以及自然环境因素如气候、污染、瘟疫都对人的心身健康产生影响。

4. 心理因素在人类调节和适应的功能活动中有能动的作用　人作为一个整体要对包括社会环境、自然环境和个体的内环境变化随时做出适应性调整，以保持健康水平。在这种调整适应过程中，人不能总是被动的，而是可以通过认识和行为操作做出一些主动的适应性努力。例如，人对社会环境因素包括人际冲突等的认识和评价，可以改变这些因素对个体影响的性质和程度；又如，人通过调整自己的行为方式包括回避、改造自然环境而改变自然因素对自身的影响；再如，人也可以通过包括松弛训练、行为矫正等改变体内的心理生理过程。

上述关于健康和疾病的四方面认识，也就是医学心理学关于健康和疾病的理论观点。应该这样认为，医学心理学（护理心理学）等学科的发展促进了生物-心理-社会医学模式的出现，同时新的医学模式也对医学心理学（护理心理学）的发展有重要指导意义。

四、护理心理学与医学模式转变

19 世纪末，西医作为一门现代科学传入我国。在相当长的一个时期，生物医学模式在我国医学界逐渐占据了支配地位。目前，我国群众的死亡原因与发达国家一样也发生了根本性变化，与心理、社会因素密切相关的一类疾病即心身疾病的死亡率已跃居首位；我国广大人民对医疗的需要也已开始向高层次发展。为适应形势发展的需要，医学模式也必须尽快地向生物-心理-社会医学模式转变。

为了促进我国医学模式的转变，从 20 世纪 80 年代初开始，国内开始全面设置医学心理学（护理心理学）课程。医学生和医学工作者通过各种途径系统学习医学心理学（护理心理学）等有关学科知识，掌握一定的心理评估、心理咨询、心理治疗特别是心理护理的方法与技术，必将对促进医学模式的转变、提高临床护理质量起到重要推动作用。

思考题

1. 试述健康的概念和医学现代模式的关系。
2. 为什么说心理是脑的功能？
3. 学习护理心理学的重要性主要体现在哪里？

（湖南中医药高等专科学校　郭争鸣）

第二章

认知过程

学习目标

1. 掌握感受性变化的规律，感知觉的特征，影响疼痛的心理社会因素，记忆的概念与种类，记忆过程的保持与遗忘规律，如何运用记忆规律提高记忆效果，影响解决问题的心理因素。

2. 熟悉感觉和知觉的概念，艾宾浩斯遗忘曲线，创造性解决问题的模式。

3. 了解感知觉的概念，错觉，记忆与思维的概念，解决问题的阶段，表象与想象的概念，想象的种类，创造性解决问题的模式，思维的特性与种类。

认知过程又称认识过程，包括感觉、知觉、记忆、思维、想象和注意等，是人们获取知识经验的过程。人类通过认知过程，能动地反映着客观世界的事物及其关系，从而为人们认识环境和改造环境提供依据。现代认知心理学以信息加工的观念来解释认知过程，认为认知过程就是信息的接受、编码、储存、提取和使用的过程。

第一节　感觉和知觉

一、感觉

（一）感觉的概念及意义

感觉是人脑对直接作用于感觉器官的客观事物的个别属性的反应。如对光波、声波、气味、物体表面的光滑与粗糙的反应而产生视觉、听觉、嗅觉和触觉等。

感觉是一种最简单、最基本的心理现象。只有通过感觉，人们才能获得外界的各种信息。一切较高级、较复杂的心理现象，如知觉、记忆、思维、情绪、意志等，都是在通过感觉获得的材料的基础上产生的。人类加工信息的过程，就是从感觉开始的。

首先，感觉提供了内外环境的信息。通过感觉，人们获得了内外环境的各种信息，以帮助人们认识事物的各种属性及自身的状态。其次，感觉是保持信息平衡，维持正常心理活动的必要条件。任何信息过载或信息不足都会破坏这些平衡，给人的生理和心理活动带来严重的不良影响。同时感觉还是维持个体觉醒状态的前提和基础。

链接

加拿大心理学家赫布等人在1954年进行了著名的“感觉剥夺”实验。实验中，被试者被分别孤单地关闭在与外界隔绝的暗室里，戴上隔离套，躺在舒适的床上百般无聊地昏睡或胡思乱想，吃喝也不用移动手脚。被试者在感觉被剥夺后，心理活动发生异常，出现注意力不集中、思维不连贯，甚至产生了幻觉，感到难以忍受的痛苦。实验结束后，每个被试者的生理和心理都有不同程度的损害。实验表明，感觉对维持人的正常生存和心理活动是十分重要的。另外，感觉是人类全部心理现象的基础，是人认识客观世界的第一步，是一切知识的来源。如果没有感觉提供的信息，人类的信息加工过程和其他较高级的、较复杂的心理活动就无法进行。

（二）感觉的生理基础及种类

1. 感觉的生理基础　感受器或感觉器官将感受到的不同形式刺激所含的能量转换成相应的神经冲动，后者沿一定的神经传入通路到达大脑皮层的特定部位，从而产生相应的感觉。由此可见，感觉的产生都是通过以上三个特定的部分共同活动而产生的。这三个部分称为感觉分析器。它们各部分的作用是：①感受器或感觉器官，接受外界刺激，并将刺激的能量转换为神经冲动。②神经传入通路，把神经冲动传到大脑皮层的特定部位。③大脑皮层的特定部位（感觉中枢），将传入信息分析综合，产生特定的感觉。

2. 感觉的分类　根据获取信息的来源不同，感觉可以分为两类：①外部感觉，是感受器或感觉器官对外部信息个别属性的反映。外部感觉又可分为远距离感觉和近距离感觉。远距离感觉包括视觉、听觉和嗅觉，它们由与机体有一定距离的刺激引起，对人类的生存有重要意义。其中视觉是人类最重要的一种感觉，在人脑所获得的外界信息中，至少有70%来自视觉。近距离感觉由机体表面或邻近的刺激引起，包括味觉和皮肤觉。皮肤觉又可分为触觉、温度觉和痛觉。②内部感觉，是感受器或感觉器官对机体内部信息的反映，如运动觉、位置平衡觉及各种内脏感觉等。

（三）感受性和感觉阈值

感受性是感觉器官对适宜刺激的感觉能力。感受性的衡量指标是感觉阈限。刺激必须达到一定强度才能引起人们的感觉，能引起感觉的最小刺激强度称为感觉阈值。感受性与感觉阈值成反比，感觉阈值越低，感受性越高。对于同一性质的两个刺激，其强度的差异必须达到一定程度才能使人在感觉上加以分辨，这种刚刚能分辨的两个刺激强度的最小差异称为感觉辨别阈。

不同个体及同一个体的不同身心状态，其感受性是有差异的。年龄、功能状态、情绪、个人意向等因素对感受性都有明显影响。感受性随年龄增长呈现先上升后下降的变化，青年期达高峰，老年期感受性普遍下降。老年人对视、听、嗅、味的感觉越来越迟钝，但对痛的感觉有上升的趋势。机体处于疲劳状态时，感受性降低。人患病时，可能变得对声、光、温度等非常敏感，甚至对自己内脏的活动及身体的姿势也非常敏感，直接影响到睡眠和情绪，所以，在病房管理中十分强调光线柔和，放轻谈话声和脚步声。医护人员对患者感受性的差异及变化应有正确认识并引起重视，在工作中尽量采取措施减少让患者感觉不适的刺激。

（四）感觉的特性

1. 适应　是指在刺激的持续作用下感受性发生改变的现象。适应可表现为感受性提高或降低，适应对于人适应环境变化有很重要的意义。根据适应的快慢，感觉可分为快适应和慢适应两类。前者有皮肤触压觉和嗅觉等，后者有听觉、痛觉及体内的各种感觉。感觉适应的快与慢有不同的生理意义：快适应有利于机体再接受新的刺激，慢适应则有利于感受器对机体某些功能进行长期持续监控，并根据其变化随时调整机体的功能。

2. 对比　是指在一定条件下，各种不同的感觉可能发生相互作用，从而使感受性发生变化的现象。视觉中的对比是很明显的。例如，把一个灰色小方块放在白色的背景上，看起来小方块显得暗些；若把这个小方块放在黑色的背景上，看起来小方块就显得明些（图2-1）。对比现象在味觉中也很明显，如吃过山楂再吃苹果，觉得苹果很甜；吃完糖后再吃苹果，会觉得苹果很酸。这是两种感觉在继时对比时所产生的影响。又如，当人咬紧牙关或紧握拳头时身体其他部位的疼痛感觉要轻一些、食物的温度及颜色可影响食物的味觉、照明会增强声音的强度、噪声下会更感疼痛等。感觉相互作用的一般规律是：弱刺激能提高其他刺激引起感觉的感受性，强刺激能降低其他刺激引起感觉的感受性。

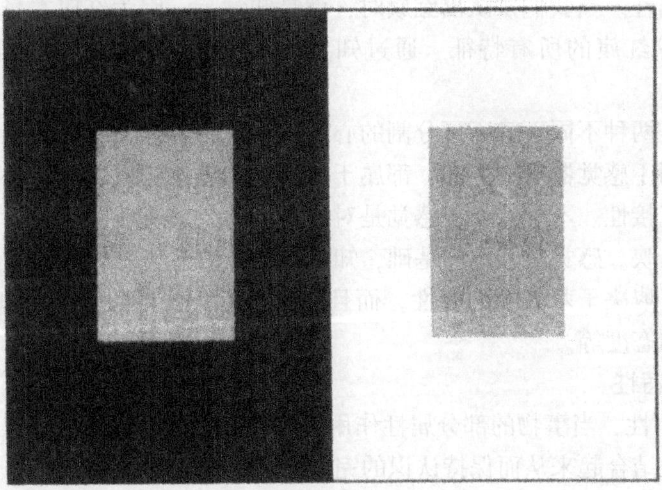

图 2-1　同时对比

3. 联觉　是指一种感觉引起另一种感觉的现象。联觉有多种表现，最明显的是色觉与其他感觉的联系。色觉可以引起不同的温度觉，如红、橙、黄等颜色使人联想到太阳和火焰而产生温暖的感觉，因而称为暖色；蓝、青、绿等颜色使人联想到蓝天、大海、树木而产生清凉的感觉，被称之为冷色。色觉还对情绪和健康有影响，如黑色给人以庄重肃穆之感，红色给人以欢快热烈之感，蓝色则给人以静谧之感；红、橙等暖色能使高血压患者血压上升，而蓝、绿等冷色能使高热患者体温有所下降。

4. 后象　是指在刺激作用停止后，感觉在短暂的时间内仍不消失的现象。后象存在于各种感觉之中，但视觉中尤为突出。视觉后象有两种，即正后象和负后象。后象的品质与刺激物相同的叫正后象，相反的叫负后象。例如，在注视电灯之后闭上眼睛，眼前会出现灯的光亮形象位于黑色背景之上，这是正后象；随后可能出现灯的黑色形象位于明亮背景之上，这就是负后象。

5. 发展与代偿　人的感受性不仅可以在一定条件下发生暂时性的变化，而且能在个体实践活动和训练中获得提高与发展。由于每个人的生活和社会实践不同，人的各种感受性发展各不相同。由于职业的训练，可使某些人的某种感觉的感受性明显高于一般人。例如，专门制作黑色纺织品的工人能分辨出40多种深浅不同的黑色；有经验的医生能听出心脏的各种杂音等。丧失某种感觉能力的人，由于适应生活的需要，可以在生活实践中发展和提高其他健全的感觉来加以代偿。例如，盲人失去了视觉，其听觉和触觉可变得异常敏锐。可见，人的各种感觉能力有很大的发展潜力，通过练习可有明显的提高。

二、知觉

（一）知觉的概念

知觉是人脑对直接作用于感觉器官的客观事物的整体属性反映。客观现实中的事物和人都有多种属性。物体有形态、大小、颜色、声音、气味、温度等，当物体作用于人的感觉器官时，人能通过各种感觉器官的协同活动，在大脑里对物体的各种属性按其相互的关系和联系，将其组合成一个整体形成知觉。当我们看到红旗的红色时，是感觉，因为红色只是红旗的个别属性。当我们辨认出红旗时，就是知觉了。因为红旗本身包含了颜色、形状、大小、寓意等红旗的所有特征。通过知觉，人们才能对某一事物形成一个完整的映像。

感觉和知觉是两种不同而又不可分割的心理过程。二者的相同点在于感觉和知觉都是客观事物直接作用于感觉器官产生的，都属于对现实的感性认识形式，对事物的反映都具有形象生动性和直接性。不同点在于感觉是对客观事物个别属性的反映，而知觉是对客观事物整体属性的反映。感觉是知觉的基础，知觉是感觉的升华。相同的刺激会引起相同的感觉，但知觉不仅取决于刺激物的特性，而且取决于人本身的特点，如知觉经验、人格、情绪状态、需要和态度等。

（二）知觉的特性

1. 知觉的整体性　当事物的部分属性作用于感官时，人能够根据知识经验将事物的各个部分、各种属性结合起来从而保持认识的完整性，这就是知觉的整体性（图2-2）。

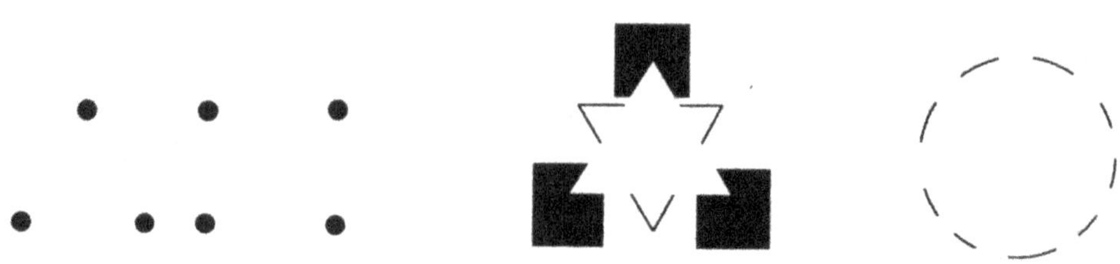

图2-2　知觉的整体性

知觉的整体性取决于对象本身的特性，也取决于个体的知识经验与主观状态。知觉的整体性使人能够根据事物的个别属性迅速认识整个事物，提高了人的认识能力。

2. 知觉的选择性　人们根据当前需要，有选择地以少数事物作为知觉对象，把它们与周围背景区分开来，对其产生清晰的知觉映像，对周围背景只给予模糊的认识。这种把知觉对象从背景中区分出来的特性就叫知觉的选择性。知觉对象往往集中在新颖的、变化的，或与自己密切相关的事物上，但人的意识和以控制知觉对象与背景（图 2-3）。知觉的选择性使人们的知觉既清晰准确，又完善丰富。

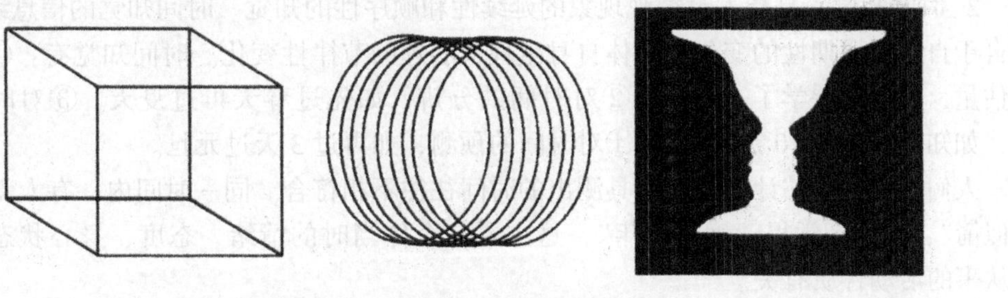

图 2-3 对象和背景转换双关图

3. 知觉的理解性 人在知觉过程中，主动地用已有的知识经验对知觉对象做出解释和理解，使其具有一定意义，这就是知觉的理解性。不同的知识背景和理解力会影响人们对同一事物的知觉。图 2-4 是一个不完整的图形，正是以知识、经验为基础的理解作用，帮人们填补了画面信息的不足，使人们把其知觉为一个有意义的整体。知觉的理解性可以使知觉更深刻、更精确，并能提高知觉的速度。

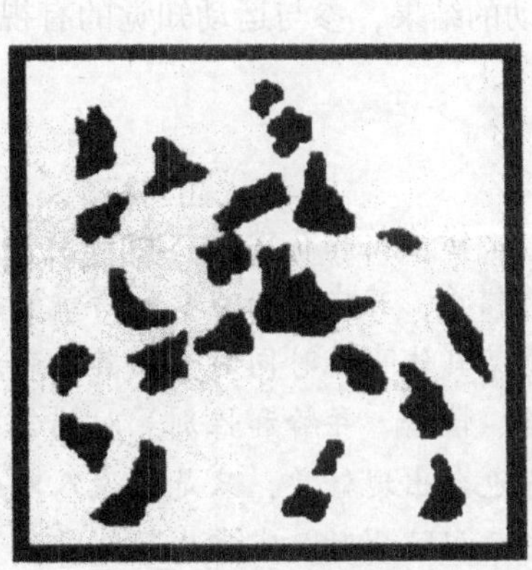

图 2-4 不完整的图形

4. 知觉的恒常性 当知觉条件在一定范围内变化时，人对物体的知觉仍然保持相对不变，这就是知觉的恒常性。视知觉的恒常性最明显，如图 2-5 所示。恒常性在人的生活实践中具有重要意义，它使人们在不同条件下，仍能按照事物的实际情况反映事物，保证人在不断变化的世界中保持相对稳定的知觉，并根据对象的实际意义适应环境，改造环境。

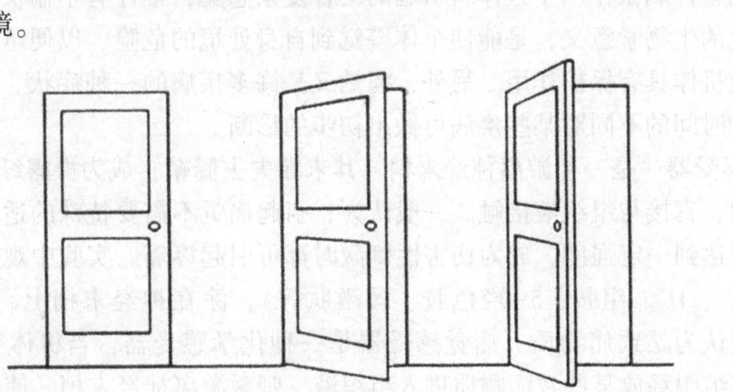

图 2-5 知觉恒常性示意

（三）知觉的分类

按知觉对象性质不同，将知觉分为空间知觉、时间知觉和运动知觉。

1. 空间知觉　是指物体的空间特性在人脑中的反映。空间知觉有：①形状知觉，指对物体平面形状的二维空间特性的知觉。②大小知觉，指对物体大小特性的知觉。③方位知觉，指物体空间位置和机体自身所处空间位置的知觉。④深度知觉，指对立体物体或两个物体远近的三维空间特性的知觉。

2. 时间知觉　是指人对客观现象的延续性和顺序性的知觉。时间知觉的信息线索主要来自于自然界周期性的变化和人体自身生理、心理的节律性变化。时间知觉有：①对时间的估量，如这门课学了一学期。②对时间的分辨，如先过春天再过夏天。③对时间的确认，如知道今天是10月14日。④对时间的预测，如再过3天过元旦。

人们对时间的估计与计时工具测出的时间往往不相符合。同一时间内，有人觉得“光阴似箭”，有人却觉得“度日如年”，这主要与个体当时的情绪、态度、身心状态及该时间从事的活动性质有关。

3. 运动知觉　是指人对物体和自身机体在空间位移的知觉。运动知觉是多种感官协同活动的结果，参与运动知觉的有视觉、动觉、平衡觉，其中视觉的作用非常重要。

链接

错觉是指在外界刺激作用下产生的主观对事物歪曲的知觉。各种感知觉中都存在着错觉，其中视错觉表现得最明显。“杯弓蛇影”和“草木皆兵”都是错觉实例。感觉某具体事物时同时受到其他刺激的干扰是形成错觉的主要因素；人的主观因素如经验、情绪、年龄和性别等对错觉也有重要影响。产生错觉不一定就有心理障碍，健康人也会出现错觉，只是健康人对错觉能自行矫正。在病理状态下，尤其伴有程度不同的意识障碍时，常常出现错觉。

三、痛觉

痛觉是伤害性刺激作用于人体所引起的一种复杂感觉，常伴有不愉快的情绪活动和防御反应。痛觉的生物学意义，是能使个体警觉到自身处境的危险，以便迅速做出逃避和防御的反应，对机体具有保护作用。另外，痛觉又是许多疾病的一种症状。临床上根据疼痛部位、性质和时间的不同对某些疾病可做出初步的诊断。

1. 痛觉感受器　是一种游离神经末梢，其末端失去髓鞘，成为裸露纤细的分支，位于组织细胞之间，直接与组织液接触。一般认为，引起痛觉不需要特殊的适宜刺激，任何形式的刺激只要达到一定强度，成为伤害性刺激时都可引起疼痛。实验中观察到，将某些化学物质（如K^+、H^+、组胺、5-羟色胺、缓激肽等），涂在神经末梢上，均可引起疼痛；故这些物质被认为是致痛物质。痛觉感受器是一种化学感受器，当机体受到伤害性刺激时，引起伤害组织释放某些致痛物质进入组织液，刺激游离神经末梢，使游离神经末梢去极化，发放神经冲动，传入中枢引起痛觉。

2. 皮肤痛觉　当皮肤受到伤害性刺激时可引起疼痛。皮肤痛可分为快痛和慢痛两种。快痛是指皮肤受到伤害性刺激时立即出现的一种尖锐而定位清楚的“刺痛”，其特点是产生快，消失也快；慢痛是指伤害性刺激后0.5~1s才出现的一种定位不明确的“烧灼痛”，痛感强烈难以忍受，并伴有不愉快情绪反应和心血管、呼吸等方面的变化，持续时间较长。在外伤时，这两种痛觉相继出现，不易明确区分，但皮肤炎症时，常以慢痛为主。传导快痛的神经纤维主要是有髓鞘的 Aδ 纤维，它的兴奋阈值较低，传导速度快，上传达大脑皮质第一体感区；传导慢痛的神经纤维主要是无髓鞘的 C 类纤维，其兴奋阈值高，传导速度慢，上传到大脑皮质第二体感和边缘系统。

3. 内脏痛的特征与牵涉痛

（1）内脏痛特征。内脏器官受到伤害性刺激时产生的疼痛感觉，它与皮肤痛相比较具有以下特征：①疼痛缓慢持续、定位不准确，对刺激的分辨能力差，常产生模糊、弥散的痛觉。②对机械牵拉、缺血、痉挛和炎症等刺激敏感，对切割、烧灼刺激不敏感。内脏痛的传入神经纤维主要是交感神经干内的传入纤维，食管及气管的痛觉传入神经走行于迷走神经内进入中枢，盆腔脏器中的膀胱三角区、前列腺、子宫颈、直肠等痛觉冲动，沿盆神经传入骶段脊髓。此外，体腔壁浆膜，如胸膜、腹膜受炎症、压力或牵拉等刺激时产生的疼痛，称体腔壁痛，其传入纤维走行在躯体神经中。

（2）牵涉痛。内脏疾病往往引起体表一定部位发生疼痛或痛觉过敏，这种现象称牵涉痛，如心肌缺血时的心绞痛，常感心前区、左肩和左上臂尺侧疼痛；胆囊炎时，左肩区发生疼痛；阑尾炎时常伴有上腹部或脐周疼痛等（表 2–1）。

表 2–1　常见内脏疾病牵涉痛部位

患病器官	心	胃、胰	胆囊肝	肾	阑尾
体表疼痛部位	心前区 左臂尺侧	左上腹 肩胛间	右肩胛	腹股沟区	上腹部或 脐周围

关于牵涉痛产生的原因还不十分清楚，目前比较流行的有“易化学说”和“会聚学说”。前一学说认为，患病内脏的传入纤维与发生牵涉痛皮肤部位的传入纤维，由同一后根进入脊髓，它们在脊髓内换元的部位靠得很近，当内脏传入冲动增加时，引起脊髓相应中枢的兴奋性升高并向周围扩散，从而提高了邻近脊髓中皮肤传入中枢的兴奋性。这样，使平时不致引起疼痛的皮肤刺激变成了致痛刺激，从而产生牵涉痛。后一学说认为，患病内脏的传入神经纤维与发生牵涉痛的皮肤部位的传入神经纤维进入脊髓后，聚合于同一神经元，换元后共用一条上行途径传入大脑皮层，由于大脑皮层经常接受来自体表的刺激，对来自内脏的刺激误认为来自皮肤，从而引起牵涉痛。但两种学说各自都不能满意解释牵涉痛，现有人认为，上述易化与会聚都对产生牵涉痛起作用。

第二节　记　忆

一、记忆的概念

记忆是人脑中积累和保存个体经验的心理过程。人们感知过的事物、体验过的情绪、思考过的问题和从事过的活动，都会在头脑里留下一定的“痕迹”，在一定条件下重现出来，这个心理过程称为记忆。记忆是保证人正常生活的一种基本心理过程，在人的心理发展及人格形成中起着决定性的作用。

二、记忆的基本过程

记忆过程包括识记、保持、再认或回忆三个阶段，也可理解为对输入信息的编码、储存和提取过程。

1. 识记　是指识别和记住事物的过程，或理解外界信息进行形式转换的编码过程。它把来自感官的信息变成记忆系统能够接收和使用的形式。例如，看到一个汉字时，人们会注意到字的结构、发音或含义，从而形成相应的视觉编码、声音编码或语义编码。编码的效果直接影响着记忆的长短。强烈的情绪体验也会加强记忆效果。编码的完善程度直接影响到记忆的储存和以后的提取。一般情况下，对信息采用多种方式编码会收到更好的记忆效果。

（1）根据目的性和努力程度，将识记分为：①无意识记，是指没有明确目的、不需要意志努力的识记过程，人们的日常生活经验主要是通过无意识记积累的。无意识记精力消耗少，但缺乏目的性，不能获得系统的科学知识。②有意识记，是指个体有目的、需要意志努力的识记过程。这通常表现在系统学习过程中，力求掌握某种知识和技能。心理学研究证明，有意识记的效果优于无意识记。

（2）根据是否理解识记内容，把识记分为：①机械识记，是指采用机械的、重复的方法进行识记。在日常生活中多指死记硬背的方法。一般记忆保持时间不长久，但有助于识记材料的精确化。②意义识记，是指在理解的基础上进行的识记。学习者运用已有的知识经验，弄清学习材料的意义和内在联系，从而把它记住。意义识记是人们掌握学习材料的有效的基本方法之一。

2. 保持　是指已识记的材料在头脑中保存和巩固的过程。保持是记忆过程的中心环节。保持是一个动态变化的过程，这种变化表现在质和量两个方面。从量的方面讲，保持信息量随时间的推移而逐渐减少；从质的方面来讲，有的信息变得更简要，有的相似内容相混淆，有的信息消失了，有的变得更丰富充实了。记忆保持内容的最大变化是遗忘。

3. 再认或回忆　是指对储存的信息提取的过程。这一过程是衡量记忆巩固程度的重要指标。再认与回忆是一种复杂的心理活动，可能包括知觉、思维等一系列的认知活动。

再认是指过去感知过的事物再度出现时仍能认识。再认取决于记忆者对事物的识记牢固程度、保持的效果及事物的变化程度。回忆是指过去感知过的事物不在眼前，能在头脑中重新出现的过程。根据回忆是否有预定的目的可把回忆分为：①有意回忆，是指有目的、需要意志努力的回忆。②无意回忆，是指没有预定目的、不需要意志努力的回忆。考试时回忆、工作的总结汇报等都属于有意回忆，“触景生情”是常见的无意回忆。

再认与回忆没有本质的区别，但再认比回忆要容易。一般说来，能回忆的都能再认，但能再认的不一定都能回忆。

三、记忆系统

按照记忆在人脑中的储存时间，以及生理机制的联系与差异，记忆可分为感觉记忆、短时记忆和长时记忆三个记忆系统（图 2-6）。

1. 感觉记忆　亦称瞬时记忆，是指当外界刺激通过感觉器官时，按输入信息的原样，以感觉痕迹的形式在人脑中被暂时保留的现象。各种感官都可能引起感觉记忆。可通过以下实验体会视觉的感觉记忆：闭上眼睛，然后尽可能快地睁开双眼再闭上，体会在睁开眼睛的瞬间所看到的鲜明清楚的景象是如何消失的。

感觉记忆的信息存储容量大，形象鲜明，但保持时间短，一般为 0.25~2s；信息编码方式以视觉图像编码为主，以感觉形式保持。它起着感觉登记的作用，受到注意选择的信息就会由感觉记忆转入短时记忆阶段，不被注意或编码的信息就会自动消退。

2. 短时记忆　也称操作记忆，是感觉记忆和长时记忆的中间阶段，是信息加工系统的核心。短时记忆信息保持时间一般为 5~60s；信息编码方式以听觉编码为主，以知觉形式保持。信息储存的容量相当有限，一般为 7~9 个记忆单位。短时记忆信息的保持和转入长时记忆的关键是复述。生活中，人们查到电话号码后到拨号的间隔时间即相当于短时记忆的保持时间。

3. 长时记忆　是信息经过充分加工后，在头脑中保持 1min 以上乃至终生的记忆。长时记忆既可由短时记忆经过复述加工形成，也可以因识记材料印象深刻而一次形成。长时记忆中语义编码占主导地位，以存储形式保持。长时记忆的容量无限，我们所有的知识经验都是储存在长时记忆中的。

记忆系统分类不是绝对的，往往记忆过程中同时呈现几种记忆类型，分类是为便于研究和叙述。

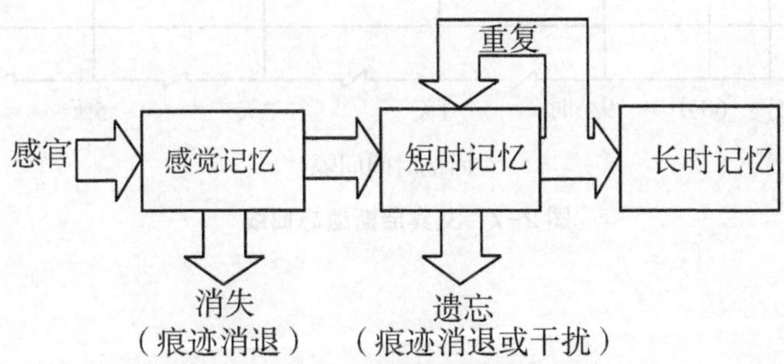

图 2-6　三种记忆类型关系

四、记忆的生理机制

对感觉记忆和短时记忆的生理机制尚未完全揭示，生理、心理的研究结果认为二者都属于大脑皮层电生理活动的结果。有学者认为脑细胞之间存在着生物电传导的返响回路，回路的震荡形成感觉记忆和短时记忆痕迹，震荡能量的衰减决定了记忆时间的短暂。

研究表明，长时记忆的生理机制不仅与脑的电生理活动有关，而且还涉及中枢神经突触结构，边缘系统中海马、扣带回等组织的作用及解剖学变化，在脑细胞水平上也存在着生物化学的变化。

五、遗忘

（一）遗忘的概念

遗忘是指对识记过的事物不能再认或回忆，或再认和回忆有错误。遗忘和记忆保持是对立统一的两个方面，记忆保持的最大变化是遗忘。遗忘有两种：不重新学习，永远不能再认或回忆叫永久性遗忘；一时不能再认或回忆，但在适当条件下记忆还可恢复叫暂时性遗忘。

（二）遗忘的规律

德国心理学家艾宾浩斯（H. Ebbinghaus）最早用实验方法研究了遗忘的规律，提出了著名的艾宾浩斯遗忘曲线（图2-7）。这条曲线显示遗忘在学习之后立即开始，而且最初遗忘得很快，以后逐渐缓慢稳定在一个水平上，揭示了遗忘“先快后慢”的时间规律。

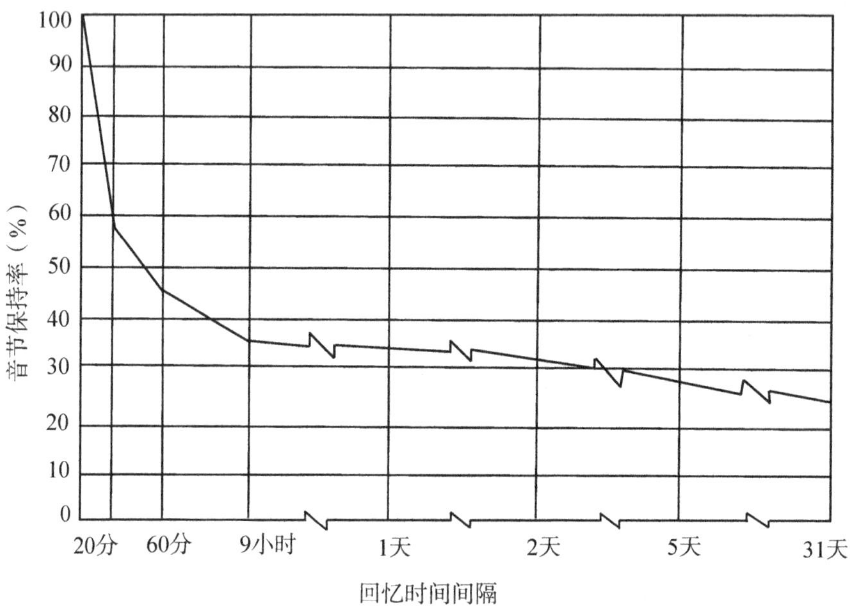

图2-7　艾宾浩斯遗忘曲线

链接

研究记忆的材料与方法：1885年艾宾浩斯用单音节制作的记忆实验材料，每个音节包括3个外文字母。第1个和第3个都是辅音，中间是元音，这3个字母的组合以在德语字典中查不到为准，如zog、xot、gij、nov，等等，因此称作无意义音节。无意义音节的优越性是可提供无穷尽的、性质相似的学习材料，并且便于改变和确定数量。他用节省法测量：①不同长度的音节（材料多寡）对识记的影响如何。②保持怎样随重复次数而变异——保持是重复次数的函数。③遗忘怎样随时间而变异——遗忘是时间的函数（遗忘曲线）。④同一材料的直接联想和间接联想、顺序联想和反向联想的测量。

遗忘的进程不仅受时间因素影响，还受到其他许多因素影响，主要有：①记忆材料的性质：有意义材料比无意义材料遗忘得慢，形象材料比抽象材料遗忘得慢。②学习的程度：对学习材料达到一次完全正确背诵后仍继续学习称为过度学习。研究表明，过度学习的材料遗忘得较慢，过度学习在150%最恰当，既能取得良好的保持效果，又不浪费时间和精力。③记忆材料的系列位置：较长的记忆材料，首尾部分遗忘得较少，而中间部分遗忘得较多。④识记者的态度：人们需要的、感兴趣的事物遗忘得慢，反之遗忘得快。

遗忘是人们生活中的正常现象，它可以让人忘记一些令人痛苦的经历，也可以使人忘掉一些需要保持的信息，有积极的作用，也有消极的作用。没有遗忘，人们所经历的所有事件全堆积在头脑中，将会给人们带来无尽的烦恼。但是遗忘过多，也会给人们的学习和工作带来很多困难。因此，要研究和利用遗忘的规律，针对遗忘的产生原因，在活动中采取有效的学习方法，尽可能减少遗忘，不断提高记忆效果。

第三节　思　维

一、思维的概念及基本特征

思维是人脑对客观事物间接和概括的反映，是认识过程的高级阶段。人类通过思维，能够获得对事物的本质属性、内在联系和发展规律的认识。

人类思维的基本特征是间接性和概括性。①间接性：是指借助媒介和已有的知识经验来认识事物。例如，医生借助心电图间接了解心肌缺血情况，气象学家根据各种现象对未来天气变化做出预测，天文学家通过现有的天文现象推测宇宙的过去和将来等。由于思维的间接性，人们可以超越感知觉提供的信息，认识那些没有直接作用于人的事物，并揭示出事物的本质及其规律。②概括性：是指同一类事物共同的、本质的特征和事物间规律的反映。思维的概括性是借助概念来实现的。例如，树有不同的形态，人的思维对它们共同特征的反映即"树是多年生木本植物"，并把这种认识推广到同类事物中去，进而认识各种各样的树。思维的概括性使人们的认识摆脱了具体事物的局限，这不仅扩大了人们的认识范围，也增加了人们认识的深度。

二、思维的分类

1. 根据解决问题的方式分类

（1）动作思维：是指依赖身体的具体动作进行的思维。这是 3 岁前幼儿的主要思维方式。成人有时也有伴随劳动操作进行的动作思维，如修理自行车时，一边检查一边思考。

（2）形象思维：是指凭借事物的具体形象和表象的联想进行的思维。这是 3~7 岁学龄前儿童的主要思维方式。成人也经常运用形象思维，如装修房屋、服装设计、艺术创作等。

（3）抽象思维：又称为逻辑思维，是指用抽象的概念和判断推理的形式进行的思维。抽象思维是人类所特有的、复杂而高级的思维形式。抽象思维发展较晚，一般在青年期以后才较发达。人的思维大多是以语言概念和符号进行的抽象思维，如学校的教学、医生对疾病的诊断等。

2. 根据思维方向分类

（1）聚合思维：是指把解决问题所提供的各种信息聚合起来得出一个正确答案的思维。聚合思维是一种有方向、有范围和有条理的思维方式。聚合思维的功能是求同。例如，医生根据患者的临床表现、体格检查和实验室检查的结果诊断疾病的过程。

（2）发散思维：是指解决一个问题时，根据提供的信息向不同方向扩散，去探索符合条件的多种答案的思维。发散思维是一种重要的创造性思维，具有多向性、灵活性、新颖性等特点。发散思维的功能是求异。例如，做作业时一题多解、一词多组，临床上护士可以使用冰袋、醇浴、冰水灌肠等多种方法给患者降温等。

3. 根据思维创新程度分类

（1）常规思维：又称习惯性思维，是指根据已有的知识经验和经验证行之有效的方案和程序来解决问题的思维。常规思维在解决经常出现的相似问题时，具有省时省力的优点，但易使人的思维活动形成惰性和思维定式，影响对新问题的解决。

（2）创造性思维：是指重新组织已有的知识经验，以全新的方案和程序来解决问题的思维。创造性思维是多种思维的综合表现，在科学发明、技术革新、社会改革等活动中具有极为重要的作用。

三、思维的过程

人类思维活动是复杂的心理过程，是对外界输入的信息与原有的知识经验进行分析与综合、比较与分类、抽象与概括的过程。

1. 分析与综合　是思维的基本过程。分析是在头脑中把事物的整体分解为各个部分或各个属性的过程。例如，把一篇文章分解为段落、句子和词汇，把植物分为根、茎、叶、花等。综合是把事物的各个部分、各个方面和各种属性综合起来进行整体认识的思维过程。人们对事物的认识往往是从分析事物开始的。离开分析，综合就失去了基础；而只有经过综合，人们才能抓住事物的本质。所以，分析和综合是同一思维过程中不可分割的两个方面。

2. 分类与比较　分类是按事物的不同属性进行区别归类，比较是把不同事物之间或同一事物的不同部分的共同点和不同点加以对比。比较的客观基础是事物之间的差异性和同一性。比较是在一定的关系上、根据一定标准进行的。

3. 抽象与概括　抽象是在头脑中抽取事物的共同特征、本质属性，舍弃个别特征、非本质属性的思维过程。例如，人们从手表、座钟、电子钟等对象中，抽取出它们的共同的、本质的特征即“能计时的工具”，舍弃它们非本质的特征，如不同的大小、形状等。概括是把事物的共同的、本质的特征综合起来，推广运用到同类事物中去的过程思维。例如，不论是单细胞还是多细胞，是植物还是动物，只要它们具有生命这个特征就称之为生物。概括是在抽象的基础上进行的，没有抽象就不可能进行概括。

四、思维与语言

思维与语言是人类最复杂和最重要的活动，二者密切相连。人类思维最主要的特点就在于使用语言。思维的间接性和概括性是凭借语言得以实现的。如果没有能代表一般事物及其本质特征的词语，思维就无法进行。而语言的存在又离不开思维的作用，语言的意义就是思维的内容。人无论是说出语言还是领会别人的语言，都离不开思维活动。人类与其他动物的本质区别之一是人类可以对词语形成条件反射，具有抽象思维的能力。人类思维的高度发展与人类语言的高度发展是分不开的。

五、思维的生理机制

思维在感知、记忆等感性认识基础上形成，其过程是十分复杂的。目前，对于思维的生理机制了解得不多。脑科学研究揭示，思维是整个脑的功能，特别是大脑皮层的功能。临床发现，脑的不同部位受损伤，对思维具有不同的影响。

第四节　想　象

一、想象的概述

1. 概念　想象是对头脑中已有的表象进行加工改造而创造出新形象的心理过程。这是一种高级的认知活动。想象不是凭空产生的，想象的素材是表象。表象（image）是人脑对以前感知过的但当前没有发生的事物形象的反映。表象是物体或事件的一种知识表征，即知识的存储状况，它可以是物体的图像，也可以是一系列概念或命题。

2. 基本特征　想象是在表象的基础上形成的，但并不是表象的简单再现，而是对头脑中储存的表象进行加工、重新组合、创造出新形象的过程。想象在实践活动中发展起来，并具有对现实超前反映的特点。因此想象具有形象性和新颖性的基本特征。

3. 意义　想象对科学的发展、人类的学习和进步都是非常重要的。具体表现在：①想象的预见作用。人们通过想象可以预见活动的结果，对自己的行为做出计划，从而克服了行为盲目性。②想象的补充作用。人们通过想象可以补充不可能直接感知的客观事物，如远古的人类生活、宇宙间的变化等，从而扩大人们的视野，弥补知识经验的不足。③想象的替代作用。当人们的某些需要因条件限制不能满足时，人们可以通过想象的方式得到满足。

有一种理论认为，想象是联系人的意识与潜意识的桥梁，通过想象，可以影响到人的潜意识，进而影响到人的意识，即所谓“心想事成”。例如，当我们上台演讲前想到自己会紧张时，我们就会感到紧张；当我们觉得自己精力充沛时，也会感到浑身有使不完的劲。因此有人利用想象治疗疾病，帮助患者想象自己的疾病正在好转，这种方式让许多被医学判了死刑的患者恢复了健康。当然，想象是有技巧的，首先，想象需要符合潜意识的逻辑而不是意识的逻辑，如当我们在紧张时不断告诫自己“不紧张”“不紧张”，我们反而会更紧张；其次，想象需要符合机体的可能性，如果我们想象自己正在统领身体内的免疫大军对癌症细胞发动进攻并最终取得胜利，这是有可能的，但如果想象断臂会重新长出来就不太可能了。

二、想象的分类

根据有无预定的目的，可把想象分为无意想象和有意想象。

1. 无意想象　是一种没有预定目的、不由自主的想象。无意想象是最简单、最初级的想象。例如，人们看到墙上的水迹或天上的浮云，会想象出各种动物或人物的形象。

2. 有意想象　是根据一定目的、自觉进行的想象。如作家笔下栩栩如生的人物，就是通过有意想象创造出来的。根据想象的新颖性和创造性的不同，有意想象分为以下几种：

（1）再造想象：是指根据语言的描述或图样的示意，在人脑中形成新形象的过程。如建筑工人按图施工建成大厦，医学生通过解剖挂图想象人体的实际结构。

（2）创造想象：根据一定的目的和任务，不依据现成的描述而独立创造新形象的过程。如作家、建筑设计师的创作过程。创造想象具有首创性、独特性和新颖性等特点。

（3）幻想：是创造想象的一种特殊形式，是与个人愿望相联系的，并指向未来事物的想象。如果幻想以客观现实为依据并指向行动，经过努力可以实现就是理想；若幻想超出客观现实，不可能实现就是空想。

第五节 注 意

一、注意的概念与特点

注意是心理活动对一定对象的指向和集中。注意的核心在于人对输入的刺激信息进行有选择的加工分析并忽略无关的刺激信息。注意本身不是一个独立的心理过程，而是一种伴随心理过程的一种意识状态。注意保证了心理过程能更好地反映客观现实，使心理活动富于组织性、积极性、清晰性和深刻性。没有注意的参与，任何心理活动都难以顺利进行。

指向性和集中性是注意的两个特点。指向性是指人的心理活动选择了某个对象而忽略了其余对象，实际上是对心理活动的对象所做的一个选择和朝向。个体的认识能力是有限的，人的心理活动不能同时朝向所有事物而只能有选择性地指向特定对象。集中性是指个体将心理活动稳定在所选择的对象上，使反映鲜明、清晰和完善。它使心理活动不仅离开一切无关的事，并且抑制多余的活动。如果说，注意的指向性是心理活动朝向哪个对象，那么，注意的集中性就是心理活动在一定方向上活动的强度。

注意能使人对选择的刺激感受性提高，知觉清晰，思维敏捷，行动及时准确。

二、注意的种类

根据有无目的及是否需要意志努力，可以将注意分成无意注意、有意注意和有意后注意。

1. 无意注意　又称不随意注意，是指没有预定目的、无须意志努力的注意。如大街上突然响起的警车或救护车尖锐的叫声所引起的注意。无意注意产生的原因有主观和客观两个方面。客观方面的原因有刺激物的新异性、强度、对比差异及运动变化性等，主观方面的原因有个体的需要、兴趣、情绪、生理心理状态及知识经验等。某些对个体有意义的异常微弱的刺激也能引起人们的无意注意。无意注意既可帮助人们对新异事物进行定向，也能使人们从当前正在进行的活动上被动离开，因此具有积极和消极两种作用。

2. 有意注意　又称随意注意，是指有预定目的、需要一定意志努力的注意。例如，学生听课、工人劳动、科技人员从事科学研究，都是有意注意。有意注意是在无意注意的基础上发展起来的，是人类所特有的心理现象。有意注意主要受意识控制与调节，它与心理活动的任务、目的，个体的人格特征、意志品质及意识水平有关。有意注意是学习、工作所必需的，但长时间的有意注意会使人感到疲劳，注意力分散。

3. 有意后注意　又称随意后注意，是指有预定目的，但无须意志努力的注意，如熟练地骑自行车、织毛衣等活动中的注意。这是注意指向一个对象的后期出现的一种特殊形式。有意后注意是在有意注意的基础上发展起来的。人们从事一项生疏的工作，往往需要一定的意志努力才能保持注意；经过一段时间，对这项工作熟练了，就可以不需要意志努力而继续保持注意，这时有意注意就转化成了有意后注意。有意后注意既服从于当前的活动任务，又能节省意志的努力，因此对完成长期、持续的工作特别有利。关键是要对活动本身产生直接兴趣。

三、注意的基本品质

1. 注意的广度　注意的广度又称注意的范围，是指一个人在单位时间内能注意的对象的数量。注意广度受知觉对象的特点的影响，知觉对象越集中、排列越有规律，越能成为相互联系的整体，注意范围就越广。另外，一个人的知识经验、知觉活动的任务等也影响注意的广度。

2. 注意的稳定性　又叫注意的持久性，是指注意集中某一事物所持续的时间。一般人集中注意的时间为 10min 左右。注意的稳定性强调的是注意保持在活动的总方向、总目标上，而不是指把注意保持在单纯的一项活动上。注意的稳定性与个体差异和兴趣状态有关，也与训练有关。如外科医生能连续几小时全神贯注地做手术。

3. 注意的分配　是指在同一时间内，把注意分配在两种或两种以上活动或对象上的能力。例如，医生给患者做体格检查时，要边检查边观察患者的反应。注意分配的条件是：在同时从事两种以上的动作时，必须有一种达到熟练程度。注意的分配能力可通过实践得到提高，知识经验越丰富、操作越熟练，分配能力也会越强。

4. 注意的转移　是指根据一定的目的，主动地把注意从一个对象转到另一个对象上来的能力。注意转移的快慢和难易，在客观上取决于新事物的性质和原来注意的紧张度，在主观上取决于人的高级神经活动类型。

良好的注意品质应当是注意广度较大，注意稳定，分配能力强，又善于转移。正常人可以通过有意识地训练，使自己的注意品质得到改善。

链接

注意的生理机制

20 世纪 50 年代，俄国著名生理心理学家巴甫洛夫的高级神经活动学说对注意的生理机制作过系统的阐述。该学说认为注意是大脑皮层的功能，表现为两个水平的机制：①初级机制为定向反射，当客观现实中出现一定强度的刺激或新异刺激时，人或动物就自然会以外部感受器朝向它，探究其来源。与此同时，机体产生相应反应，如肢体血管收缩、头部血管舒张、皮肤电阻降低，皮层进入相应的兴奋状态等，并调整自己行为以适应和应对新的变化。②当人在注意一定对象时，大脑皮层的相应区域就产生一个优势兴奋中心，而皮层的其他区域便处于抑制状态，优势兴奋中心依靠其他次要的兴奋中心而加强，具有高强度、高稳定性、持续性的特点。这就是高级神经活动的负诱导规律。负诱导越强，则注意越集中。优势兴奋中心可随主、客观因素的变化，不断从一个区域转移到另一个区域。此外，巴甫洛夫还认为，由于人能借助于词语（第二信号）来表达外界事物，使人可以有意识地控制自己的注意，按照自己的意愿或别人的提示，根据现实条件和任务目的，有意识地集中、转移或分配注意。

思考题

1. 什么是联觉？在医学中有何应用？
2. 试说出感觉记忆、短时记忆和长时记忆的联系和区别。
3. 想象在医学中有何作用？在运用想象治疗时应注意哪些方面？

（湖南中医药高等专科学校　郭争鸣）

第三章

情绪过程

学习目标

1. 掌握情绪的概念、情绪的功能。
2. 熟悉情绪和情感的两极性、情绪与情感的区别。
3. 了解情绪的行为、情绪的生理机制、情商的概念和情商的培养。

第一节 概 述

链接

踢猫效应

一父亲在公司受到了老板的批评，回到家就和妻子吵了一架，妻子觉得很窝火，正好儿子回家晚了就打了儿子一耳光，孩子很郁闷，狠狠去踹身边打滚的猫。猫逃到街上，正好一辆卡车开过来，司机赶紧避让，却把路边的一位老板撞伤了。

一、情绪的概念

（一）情绪与情感

情绪与情感是人对客观事物是否符合主观需要而产生的态度体验。与认知过程中的心理现象相比，情绪与情感活动是较为复杂的心理活动。首先，情绪与情感活动的产生需要有外界客观事物的变化与刺激，也就是说人不可能无缘无故地发生情绪和情感变化；其次，情绪和情感活动不是人对客观事物的直接反映，而是一种间接反映，它反映的是客观事物与主体之间的需要关系，能够满足人需要的客观事物可以引起积极的情绪情感体验，妨碍人们需要得到满足的客观事物可以引起消极的情绪情感体验。最后，情绪和情感活动是以一种态度体验的形式被人感受到的。

（二）情绪与情感的区别

情绪与情感在心理学中的概念是相同的，但二者之间还是有一定的区别的，具体表现在：

第一，从需要的角度来看，情绪往往与个体的生理需要是否获得满足相联系。例如，由于饮食的需求而引起满意或不满意的情绪，由于危险情景引起的恐惧，和搏斗相联系的愤怒等都是情绪体验。而情感大都与人的社会需要相联系，情感的性质常常与稳定的社会事件的内容方面密切相关，如人对交往、友谊、成功、荣誉的需要是否获得满足而产生的就是情感体验。

第二，从发生的角度来看，情绪发生较早，为动物和人类所共有。但是，人的情绪在本质上与动物的情绪有所不同。即使人类最简单的情绪，在它产生和起作用的时候，都受人的社会生活方式、社会习俗和文化教养的影响和制约。由于这个原因，人在满足基本需要的活动中，那些直接或间接地与人的这些需要相联系的事物，在人的反映中都带有各种各样的情绪色彩。例如，难闻的气味能引起厌恶的情绪，素雅整洁的房间使人产生恬静舒适的心情；而情感发生较晚，是人类特有的心理现象。

第三，从反映的角度来看，情绪带有情境性、不稳定性和易变性的特点，有明显的外部表现；而情感具有持久性、稳定性的特点，并且外部表现不明显，往往蕴藏在人的内心。

（三）情绪的功能

1. 适应功能　情绪和情感是有机体生存、发展和适应环境的重要手段。有机体通过情绪和情感所引起的生理反应能够发动其身体的能量，使有机体处于适宜的活动状态，以适应环境的变化。例如，在危机时刻，人的情绪反应使有机体处于高度紧张的状态，调动身体能量去搏斗、呼救；同时，情绪情感还可以通过表情表现出来，以便得到别人的同情和帮助。

情绪是人类早期赖以生存的手段，婴儿出生时还不具备独立的生存能力和言语交际能力，主要依赖情绪传递信息，与成人交流，得到成人的抚养。成人也可通过情绪反映出其处境，以求得更好的生存和发展。情绪和情感的适应功能从根本上说，就是为了改善人的生存和生活条件。

2. 动机功能　情绪、情感是动机的源泉之一，是动机系统的一个基本成分。它可以激励人的活动，提高人的活动效率。适度的情绪兴奋，可以使身心处于活动的最佳状态。同时，情绪对于生理内驱力（drive）提供的信号具有放大和增强的作用。例如，人在缺氧的情况下，引起有机体对氧气的生理需要，只是这种生理需要还不足以驱动人的行为活动，但是人对缺氧产生的恐慌感和急迫感就会放大和增强内驱力，使之成为行为的强大动力。

3. 组织功能　情绪是一个独立的心理过程，对其他的心理活动具有组织的作用，积极的情绪对活动起协调和促进作用；消极的情绪对活动起瓦解和破坏作用；中等强度的愉快情绪有利于提高人的认识活动和操作的效果；痛苦、恐惧等消极的情绪会降低操作的效果，而且强度越大，负面影响越大。

情绪的组织功能还表现为，在愉快的情绪状态下，人容易记住带有愉快色彩的内容，容易关注事物美好的一面，行为比较开放，愿意接纳外界的事物；而当人处于消极的情绪状态时，容易失望、悲观、懒于追求，且更容易产生攻击性行为。

4. 信号功能　情绪和情感具有传递信息、沟通思想的功能。情绪和情感都有外部的表现，即表情。表情是思想的信号，如微笑表示友好、点头表示同意等。表情是言语交流的重要补充之一，能使言语信息表达得更清晰。从发展角度来说，表情的交流比言语的交流要早，情绪的适应功能也正是通过信号交流作用实现的。表情还和身体健康状况有关，临床上表情也常被作为诊断的指标之一。

二、情绪与情感的分类

（一）基本情绪

1. 基本情绪　基本情绪是人和动物共有的，不学就会的。近代研究中常把快乐、悲哀、愤怒 、恐惧列为基本情绪，又叫原始情绪。

（1）快乐：是需要得到满足时所产生的情绪体验。快乐的程度取决于需要的满足程度和满足的意外程度，可以从满意、愉快到大喜、狂喜。

（2）悲哀：是满足需要的对象失去时产生的情绪体验。悲哀的程度取决于失去的事物对个人的价值，可以从遗憾、失望到难过、悲哀、哀痛，甚至于产生哭泣。

（3）愤怒：是满足需要的过程被干扰不能达成时所产生的情绪体验。愤怒的程度取决于对外界干扰的意识程度，可以从轻微的不满、生气、愠怒到大怒、暴怒。

（4）恐惧：是需要摆脱、逃避某种危险，而又不能满足时产生的情绪体验。引起恐惧情绪的主要因素是缺乏处理可怕情境的能力。可以从惊讶、害怕到惊骇、恐怖。

2. 复合情绪　是由基本情绪派生、组合而形成的复杂情绪。例如，愤怒、厌恶和轻蔑组合形成敌意；恐惧、内疚、痛苦和愤怒组合形成焦虑等。

（二）情绪状态的分类

情绪状态是情感在实践活动中不同程度的体现。根据情绪发生的强度、速度、紧张度和持续性，可以把日常生活中人们的情绪状态分为心境与激情、应激。

1. 心境　是一种轻微而持久的情绪状态，通常被人们称之为心情。其特点是：①缓和而又微弱，有时难以察觉。②持续时间长，少则几天，多则数年。③是一种非定向的弥散性体验，心境具有感染色彩，使个体的所有情绪都受其感染。这种情绪状态不是关于某一事件的特定体验，而是以同样的态度对待所有的事件，让所遇到的事件都产生和当时的心境同样的色调。它成为人们内心世界的背景，每时每刻发生的心理事件都受这一情绪背景的影响，使之产生与这一心境相关性的色调。当一个人处于某种心境时，就好像戴上了一副有色眼镜，使其对周围一切事物的反应都染上当时的情绪色彩。所谓“情哀则景哀，情乐则景乐”“忧者见之则忧，喜者见之则喜”，指的就是心境。

不同心境往往由对人有重要意义的事件引起，但人们并不是对引起某种心境的原因都能意识得到，而这种原因肯定是存在的，如工作的顺逆、人际关系的亲疏、身体的健康状态及气候的变化等。

心境对人的生活、工作和健康会发生重要的影响，积极、良好的心境可以使人振奋，提高人的活动效率，增强克服困难的信心，有益于健康；消极悲观的心境会降低人活动的效率，使人意志消沉，而影响事业的成功，甚至会使人患有严重的心身障碍。

2. 激情　是一种迅猛爆发、强烈而短暂的情绪状态。激情往往由重大的、突如其来的事件或激烈的意向冲突引起。激情可以是正性的，也可以是负性的。暴怒、惊恐、狂喜、悲痛、绝望等激烈状态都是激情的表现。激情的特点是：①冲动性。激情的出现快而强。

②短暂性。持续时间短，冲动一过便迅速淡化或消失。③指向性。常有特定对象，引起激情的原因通常是重大生活事件，如竞赛胜利、重大发现、亲人死亡、信仰破灭等。

激情有明显的外部表现并很容易导致某种行为。在激情状态下，人的认识范围狭窄，理智分析能力受到限制，自我控制能力降低，不能正确地评价自己行动的意义和后果，因而往往出现不顾一切的不良行为。正性的激情可以成为激励人们积极行动的巨大动力，如舍生忘死勇救落水儿童、为了保护国家的财产冲向火海等。这时激情就成为人们奋勇向前的一种动力。

而负性激情应当避免，因为失控的行为可能导致不堪设想的后果。人应该善于控制自己的激情，学会做自己情绪的主人。例如，转移注意以冲淡激情爆发的程度，防止鲁莽的行为发生。

3. 应激　是在出现意外事件和遇到危险情景的情况下所出现的高度紧张的情绪状态。如我们形容目瞪口呆、惊慌失措等。应激的特点是：①事件的突发性和重要性。事件往往是未曾料到的，如车祸、突然发现不治之症、突然取得料想不到的成绩、突然要做出重大决策等。②应激比激情的激动水平更高、更强烈。应激状态可通过机体生理机能的变化和调节进行适应性的防御，以应付外界突如其来的刺激和高度紧张的环境。如果应激状态长期持续，机体的适应能力将会受到损害，会导致疾病的产生。

良好的心境、适度的激情和应激可以充分有效地动员机体的能量，提高行为效率，对行为有很大的积极作用；不好的心境、不适度的激情和应激可以降低人对自己需要和行为目标的认识范围和能力，以及行为效率，对行为有很大的消极作用，可以导致一系列疾病。应激还可以直接导致休克和死亡。

（三）社会性情感的分类

在人类社会历史发展过程中形成的人的情感是多种多样的，它具有人所特有的社会性，反映着人们的社会关系和社会生活状况，并对人的社会行为起着积极或消极的作用。人的社会性情感主要有道德感、理智感和美感。

1. 道德感　是指按照一定的道德标准评价人的思想、观念和行为时所产生的主观体验，是在社会实践中发生和发展的。道德感是根据一定社会文化的、政治的、伦理的道德标准，评价人的行为、举止、思想意图时所产生的情感体验。换言之，不同历史时代、不同社会制度、不同阶级，具有不同的道德标准。所以，人的道德感具有社会性、历史性和阶级性。

道德感按其内容包括：对民族、祖国的自豪感和尊严感；对民族和阶级敌人的仇恨感；对社会劳动和公共事务的义务感、责任感；对社会集体的集体主义感、荣誉感；对人群间的友谊感、同情感以及人道主义情感和国际主义情感等。

2. 理智感　是人在智力活动过程中，认识和追求真理时，需要能否被满足而产生的情感体验。这类情感和人的认识活动、求知欲望、认识兴趣、世界观、人生观等有着密切联系。在人的认识活动中产生，又进一步地推动认识深入和发展。

理智感的表现形式有：对未知事物的好奇心、求知欲和认知的兴趣；在解决问题过程中表现出来的怀疑、自信、惊讶，以及问题解决时的喜悦；对真理的热爱感、充实感；对谬误与迷信的鄙视和憎恨感等。

理智感不仅产生于智力活动，而且对推动人学习科学知识，探索科学奥秘有积极的作用。列宁曾说过："没有人的感情，就从来没有也不可能有人对真理的追求。"缺乏情感，便难以使认识深入。只有当人们的思想被深厚的情感渗透时，才能力量倍增，引起积极的注意、记忆、思考及积极钻研和认真探索。同时，在认识世界和改造世界的过程中，会不断地丰富自己的精神生活和情感体验。

3. 美感 是指客观事物是否符合个人审美需要而产生的个人情感体验。人的审美标准既反映事物的客观属性，又受个人的思想观点和价值观念的影响，所以美既是客观的又是主观的，是主客观的对立统一。优美的自然环境可以陶冶人的情操；善良、纯朴的人格特征，公正无私、舍己救人的高贵品质给人以美的感受；奸诈狡猾、徇私舞弊、损人利己的行为则让人厌恶和憎恨。

美感根据对象可分为自然美感、社会美感和艺术美感三类。美感可来源于自然，如美丽的风景、无垠的草原、浩瀚的大海和巍峨的山峰等；也可来源于社会，如区域的、风俗的、制度的行为美、语言美、心灵美和形态美等（如动作端庄、仪表典雅等）；美感也可来源于文学、美术和艺术，如美好的音乐、绘画和优雅的环境等，都可以使人产生美的体验。

美感与个人的审美修养和审美标准有关，即受审美观（文化的、阶级的和地域的）、审美能力（知识水平与层次）、社会性、历史性等诸多因素的影响。对美感的培养和进行美的教育是精神文明建设的重要组成部分。

三、情绪的体验

情绪体验，指情绪发生时的主观感受。

情绪总是在一定情境中产生，人类所处情境又变化无穷，情绪体验的分析非常复杂。以下主要从四个维度分析情绪体验的性质。

1. 强度 情绪体验呈现由弱至强的不同等级变化。例如：喜，可从惬意、愉快，到欢乐、大喜、狂喜；哀，可从伤感到难过、悲伤、哀痛、惨痛；怒，可从轻微不满、生气、愠怒、激愤，到大怒、暴怒等；惧，可从害怕、惧怕、惊恐到惊骇。情绪的强度越大，整个自我被情绪卷入的程度就越深。情绪体验的强度，取决于感知对象对个体的意义、人的自我要求和需求状态。如食物的气味对饥饿者和饱食者，产生情绪体验的强度截然不同。

2. 紧张度 紧张的情绪体验通常与活动的紧要关头、有决定性意义的时刻相联系。考试、讲演、运动比赛前，人们都可体验到颇具紧张度的情绪。活动过程中，越临近关键时刻，情绪越紧张；活动成败对人越重要，情绪越紧张。一旦关键时刻过去，则可体验到轻松或紧张解除。紧张一般有助于精力动员和集中注意，可对活动产生有利影响；但过度紧张可使动作失调，妨碍活动正常进行。

3. 快感度 是指情绪体验在快乐或不快乐程度上的差异。欢喜、骄傲、满意等为明显快乐的感受；悲伤、羞耻、恐惧等为明显不快乐的感受。至于怜悯、惊奇等则十分模糊，既非明显的快乐，亦非明显不快乐。快感度体验与需要满足与否相关，人的需要获得满足，就会产生快乐的体验；人的需要不能获得满足，就可导致不快乐的体验。

4. 激动度 情绪体验有激动和平静两极。激动指极短时间里猛烈爆发的情绪反应，伴有明显的表情动作，在狂喜、暴怒、酷爱、恐惧等情绪支配下人们可伴有相应的行为反应。情绪激动对人的影响较复杂，既可催人奋进，推动人的行为，如激情有助于创作；也可令人沮丧，阻碍人的活动，如因愤怒失去理智。平静的情绪体验多表现为安静、平稳、适度、理智，如欣喜、不安、微愠等，也是人们日常学习、生活和工作中不可避免的情绪体验。

四、情绪的行为

情绪体验通过外部表现形式（即人的表情）和一定的生理上的变化表现出来。

（一）情绪体验的外部行为表现——表情

情绪和情感发生时，常伴随着表情动作，即受肌肉支配的面部可动部位的变化、身体的姿态、手势以及言语器官的活动等外部表现。它能比较精细地表现出人的不同的情绪和情感，是鉴别人的情绪和情感的主要标志；表情既有先天的、不学而会的性质，又有后天模仿学习获得的性质。

1. 表情的概念和分类　表情是情绪的外部行为表现。它主要是通过肌肉支配外部行为实现的。表情包括面部表情、身段表情、言语和手势表情三种。

（1）面部表情：情绪体验引起面部肌肉皮肤的活动称面部表情。如口部咧嘴的喜、撇嘴的厌；前额抬起的惊愕等；尤其眼神表达的情绪最为丰富细腻，如喜上眉梢、怒目圆睁、嗤之以鼻、咬牙切齿、眉目传情等（图 3-1）。

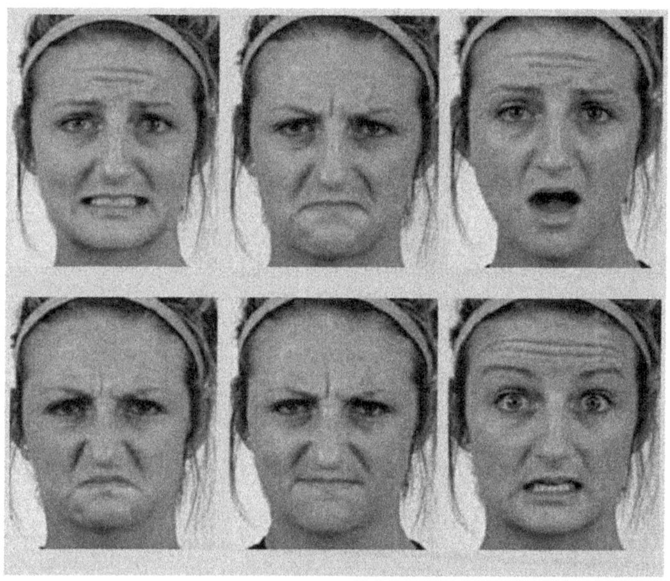

图 3-1　常见的面部表情

（2）身段表情：情绪体验引起身体姿态的变化称身段表情，如手舞足蹈的喜、捶胸顿足的悔和卑躬屈膝的奴等。

（3）言语和手势表情：情绪体验引起的语气、语调、言语强度和节奏等的变化称言语表情。例如，朗朗笑声表欢乐时高昂的语调，轻言细语表关爱时语气柔和，哼哼呻吟表痛苦时的折磨难忍，语无伦次表惊恐局促，悲痛时言语低沉、缓慢等。

手势是人类语言的一种形式，也是人类特有的一种情绪表达方式，例如，招手表示友好，手指呈“V”表示胜利欢快等。总之，面部表情、身段表情或言语表情，构成了人类的非言语交往形式，是人们表达情绪、情感的重要外部方式。

综上所述，我们也可以得知，人体的美感不仅仅表现为五官与皮肤以及体型的静态表征，而且还表现为人的动态表征，这就是风度。包括走路及手势的姿态以及言语的音色与音量。

2. 表情的特征　人类表情有先天性、习惯性、共同性和可控制性。

（1）表情的先天性：即表情的生物属性（所有动物都有一定的情绪体验）。例如，人和鼠、狗、猴在恐惧时排尿次数都增加；从个体发育来看，情绪有一套与动物相似的生理机制，先天性盲人仍有愉快和不愉快等原始表情。

图 3-2　一只受恐吓的猫

（2）表情的习得性：人类大多数表情是后天习得的。先天性盲人的表情贫乏而呆板，后天失明的人失明时间越晚，表情越丰富。人的习得性表情受社会文化、风俗习惯、宗教信仰等的影响。例如，鞠躬表示恭敬，握手表示友好，下跪表示屈服敬畏，五体投地表示对佛的虔诚等都是后天习得的。

（3）表情的共同性：埃克曼等人测量发现，不同民族和文化背景的人对愉快、厌恶、惊奇、悲哀、愤怒和恐惧等六种表情的识别有很大的一致性，因此，人类的习得性表情有跨文化的共同表情模式。

（4）表情的可控制性：表情主要受骨骼肌的支配，骨骼肌受意志控制。因此，人在很大程度上可以控制表情。一般来说：内心体验的紧张程度与机体变化、情绪外部表现是一致的。例如，有的人表现出丰富的表情，痛哭流涕地述说以取得他人的同情和关注，而内心却缺乏相应程度的体验。这就给表情识别带来一定的困难。由于情绪体验与受控制的表情相冲突，真实的表情仍很难被控制，可以微表情来辨别。

（二）情绪体验的内部行为表现——内脏活动

情绪体验的内部行为表现是通过心肌、平滑肌和腺体等脏器活动实现的。它包括呼吸系统、循环系统、消化系统、内分泌腺（肾上腺、脑垂体、甲状腺等）与外部腺体（汗腺、泪腺）等方面以及皮肤电、心电、肌电的变化。如愉快时面部微血管舒张，害怕时脸变白、血压升高、心跳加快、呼吸减慢等。

由于情绪体验的这些内部行为变化受自主神经系统支配，而自主神经系统不直接受意志支配，因此可以用仪器测出情绪状态下的脏器变化，反映情绪的心理体验，用以揭露人心理上的冲突，测量情绪的稳定性。测谎仪就是根据这种科学原理设计出来的，但人的心理很复杂，且人的生理变化影响因素较为复杂，目前要用仪器完全测出来还很困难，只能作为测定是否说谎的一个重要指标。

第二节　情绪理论与生理机制

一、情绪理论

（一）外周说

美国心理学家威廉·詹姆士（W. James）和丹麦生理学家兰格（C. Lange）分别于1884年提出了观点基本相同的情绪理论。詹姆士认为，情绪是内脏器官和骨髓肌活动在脑内引起的感觉。兰格认为，情绪是内脏活动的结果，他特别强调情绪与血管变化的关系。后人称这个理论为詹姆士-兰格的情绪外周说。

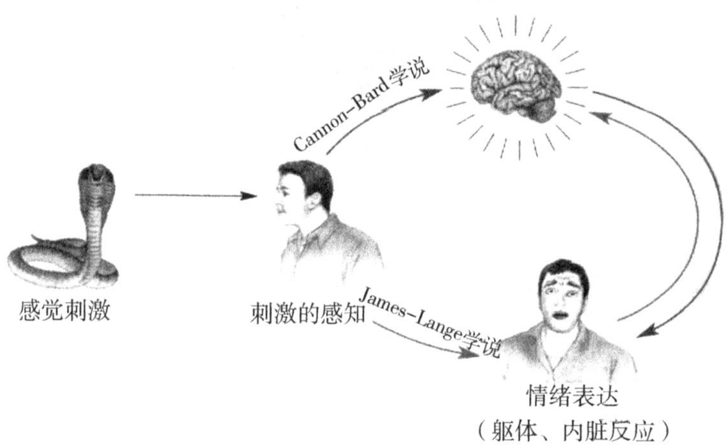

图 3-3　James-Lange 和 Cannon-Bard 情绪学说的比较

（二）评估-兴奋说

美国心理学家阿诺德（Arnold）于20世纪50年代提出了情绪的评估-兴奋说，该学说强调情绪的来源是对情境的评估，而这种评估是在大脑皮质产生的。阿诺德认为，情绪的产生取决于人对情境的认知和估价。通过评估来确定刺激情境对人的意义，情绪的产生是大脑皮质和皮质下组织协同活动的结果。大脑皮质的兴奋是情绪过程的重要条件。情绪产生的模式是情境刺激作用于感受器所产生的神经冲动上传至丘脑，进而传至大脑皮质，在大脑皮质上刺激情境被评估。

只要情境被评估为对有机体有着重要的意义，皮质兴奋（即指令）就会下行激活丘脑系统，发生机体器官和运动系统的变化。这时外周运动反应系统变化的信息上行通过丘脑反馈到大脑皮质，并与最初的估价相结合，产生情绪体验。

（三）认知-激活理论

美国心理学家沙赫特（S. Sethter）于 20 世纪 60 年代提出了认知-激活理论。该理论认为，情绪的产生受环境事件、生理状态和认知过程三种因素制约，其中认知因素是决定情绪性质的关键因素。沙赫特的研究为情绪的认知理论提供了最早的科学依据，对认知理论的发展有着重要的推动作用。

（四）动机-分化理论

动机-分化理论产生于 20 世纪 60 年代，代表人物为伊扎德（C. Izard）和汤姆金斯。动机-分化理论认为，情绪是独立的心理过程，不是其他心理活动的伴随现象或副产品；情绪有它自己的机制，并在人的心理活动中起着独特的作用；情绪就是动机，具有重要的动机性和适应性功能；情绪的主观成分体验是动机作用的成分，各种情绪体验是驱动有机体采取行动的动机力量，大脑新皮质体积的增长和功能的分化与面部骨骼肌的分化及情绪的分化是平行的、同步的；面部表情在产生情绪体验的过程中很重要。

二、情绪的生理机制

情绪的产生与表达在神经生理上是多水平整合活动的结果，涉及中枢神经系统、自主神经系统、躯体神经系统和内分泌系统等多个系统的广泛的神经生理生化活动。

（一）中枢神经系统与情绪

现代生理心理学的研究表明，中枢神经系统的活动与情绪的发生密切相关。

调节情绪发生的核心部位主要在皮层下部，整个丘脑系统、边缘系统、网状结构、皮下神经节等部位活动的整合形成了极为复杂的情绪中枢机制。网状结构在情绪的产生中主要起激活作用，由外周感官和内脏组织传入的感觉冲动进入网状结构后，在下丘脑被整合和扩散，从而激活大脑皮层。而边缘系统在情绪的产生中主要起整合的作用，只有当皮层下部位输入的神经冲动经过边缘系统的整合，并同皮层活动联系起来时，才能产生情绪。此外，研究表明某种特定情绪的产生往往与中枢神经系统的某个特定部位有密切的关系，如丘脑和下丘脑是产生怒的关键部位。

大脑皮层是情绪的最高调节和控制机构，它对情绪有抑制和调节功能，能直接对情绪和情感加以控制。切除皮质能使引起情绪的刺激阈限降低，使个体变得过于敏感且情绪发生的时间不规律，易产生也易消失；同时情绪反应泛化，指向性减弱。此外，研究还显示大脑两半球具有情绪功能的不对称性，左半球为正性情绪优势，右半球为负性情绪优势。

（二）自主神经系统与情绪

自主神经系统是由下丘脑控制和支配，主要负责控制和调节机体各器官和组织活动的一个特殊系统。它由交感神经和副交感神经两个分支系统构成，二者的功能作用相互对立、拮抗。交感神经和副交感神经两个系统的平衡依赖的是唤醒刺激的性质和强度。

自主神经系统的活动与情绪过程密切相关。一方面，当个体处于情绪状态时，情绪的激动度和紧张度增大，在情绪的刺激作用下，通过自主神经系统，广泛激活机体各器官和组织，从而产生明显的生理反应，且不同的情绪可产生不同的生理反应模式。例如，愤怒可引起肾上腺素分泌增加，心血管活动加速，血压、血糖升高，皮温升高；焦虑可引起消化道蠕动减弱，消化液分泌被抑制；而恐惧则导致外周血管收缩，面色苍白，咽、口发干，皮温下降，出冷汗等。另一方面，机体的生理变化（包括内脏活动的变化和行为）对情绪的产生也起着“唤醒”的作用。因此，自主神经系统的活动对情绪起支持和延续的作用。

（三）躯体神经系统与情绪

个体在处于情绪状态时，会通过面部表情、姿态表情和声调表情等来表达情绪反应。个体表达情绪反应的表情活动，是由躯体神经系统支配的随意运动实现的。躯体神经系统能随意支配躯干、四肢及面部肌肉活动，是表情活动的生理基础，这与自主神经系统控制内脏活动之间有着根本的差别。因此，表情具有随意性和复杂性的特点，且随文化差异而出现不同的表情类型。

面部表情是人类表达情绪的最主要的一种表情。不同的情绪会产生不同的面部表情。例如，当人愤怒时会横眉立目、鼻孔张大、咬牙切齿；当人惊奇时会睁大眼睛、张大嘴巴；当人轻蔑时会嘴角微撇等。目前，心理学者已将面部表情作为情绪研究的一项客观指标，而面部表情测量也成为一种有效的情绪测量方法。

姿态表情是情绪在身体的姿态和动作方面的表现。心理学者往往把这种表达方式称为“体态语言（body language）”。例如，当人觉得十分有趣时会捧腹大笑；当人悔恨时会顿足捶胸；当人恐惧时会手足发抖等。即使是不经意的手势、坐姿也可把人们内在的情绪表现出来。

声调表情是指情绪在言语的音调、节奏和速度等方面的表现。如呻吟表示痛苦的情绪、怒叱表示愤怒的情绪、笑声表示快乐、尖锐的叫声常表示惊奇或恐惧等。

（四）内分泌系统与情绪

内分泌系统对情绪的作用是近年来神经生理、生化研究进展的重要方面。研究已证明肾上腺的活动同情绪的关系最为密切，它实际上是内脏情绪反应的最主要来源。肾上腺由皮质和髓质两部分组成，这两部分通过两条神经分泌途径对情绪行为发生影响。

（1）下丘脑-垂体-肾上腺皮质系统。当情绪产生时，下丘脑释放促肾上腺皮质激素释放因子，调节腺垂体促肾上腺皮质激素的分泌，从而控制肾上腺皮质类固醇的分泌。研究表明，焦虑、恐惧、发怒等有害的心理刺激能明显增加促肾上腺皮质激素和皮质类固醇的分泌量，并导致一系列的生理反应。同时，Cushing 综合征可伴有躁狂、精神错乱和神经症，而 Addison 病患者常有冷漠、疲劳和抑郁表现。

（2）下丘脑-交感神经-肾上腺髓质系统。当情绪发生时，交感神经同时刺激内脏器官和肾上腺髓质，肾上腺髓质则分泌激素——肾上腺素和去甲肾上腺素，并促进生理应激反应。例如，当人愤怒时，去甲肾上腺素分泌增高；如果应用去甲肾上腺素药物时也会增强人的愤怒情绪。

第三节　情绪与健康

情绪、情感是人的精神活动的重要组成部分，在人类的心理活动和社会实践中，有着极为重要的作用。这些作用主要通过情绪和情感对行为的调节、对行为效率的影响，以及对外界环境的适应等方面来实现。情绪和情感会影响人的工作效率、人际关系、心身健康等。国外一项调查结果表明与情绪紧张有关的患者数占全体门诊患者的76%。近年来国内外研究结果证明：情绪可以影响人的疾病发生和发展，而疾病又反过来影响人的情绪变化，二者具有相互影响的关系。

一、情绪的意义

（一）情绪、情感对工作效率的影响

情绪和情感构成一个基本的动机系统。愉快、平稳而持久的积极情绪能使人的大脑及整个神经系统处于良好的活动状态，它可以驱动人从事活动，并放大和增强其作用，从而更有力地激发有机体的行动，发挥潜能，提高人的活动的效率。同时也有利于保持身体各器官系统功能正常，使人的身心和谐，增进身心健康。

由情绪引发或推动的行为称情绪行为。情绪行为可以分为提高效率的增力行为和降低效率的减力行为。因而，情绪也属于行为的动力系统之一，如兴奋或低沉的情绪，将提高或降低活动效率。这与情绪对动机和认知的配合有关。如果配合得当，情绪提高行为效率的特性称增力性。发挥人的情绪的动机作用，可以大大提高行为效率。

情绪降低行为效率的特性称减力性。不良的心境、强烈的激情和应激状态下，情绪也可以阻碍人的行为。其主要原因是：①当某种需要过于强烈，引起大脑皮层过度兴奋，从而抑制了皮层其他部位的兴奋，于是整个皮层被这种强烈的情绪笼罩，认知局限，产生偏见。②情绪的本质是增力性的。强烈的情绪活动使皮层下中枢高度兴奋，从而抑制大脑皮层理智活动的功能，降低认知范围和能力，从而对行为目标认知不清晰，产生不知所措，“吓呆了”的表现。这就是情绪对动机和认知的配合不当，产生了减力作用。

从上述对情绪行为的分析，我们可以进一步地认识到情绪、情感的两面性。积极的情绪、情感能够提高人的活动能力，充实人的体力和精力；消极的情绪、情感能抑制人的活动能力，降低人的体力和活力。也就是说，积极的情绪、情感有助于工作效率的提高，消极的情绪、情感则会影响工作效率。经过心理学家们的实验研究证实，消极情绪并不是在所有时候都会减低工作效率，比如焦虑在适度的情况下也会促进工作的效率。适当的紧张情绪状态往往可以维持人们对任务的兴趣和警觉，有利于工作效率的提高。

总之，情绪、情感和工作效率的关系是一个复杂的问题。有时情绪和情感的积极的“增力”和消极的“减力”作用在方向上不是截然分明的。由于具体情境、个体的个性特点不同等，有时积极的肯定性情绪也可能会产生“减力”作用，消极的否定性情绪也能产生“增力”作用。心理学家一般都同意适度的情绪紧张有利于最佳工作效率的发挥。

（二）情绪、情感对人际交往的影响

情绪和情感具有传递信息、沟通思想的功能。情绪和情感的信号功能是通过表情来实现的，如微笑表示友好、点头表示同意，可以使得人际间关系和睦；相反，如果皱眉、怒目，会使得人际关系变得紧张。表情的信息作用在人际交往中有很重要的意义，如果一个人不能适当地表达表情，识别表情，其社会适应就会受阻。《祝福》中的祥林嫂就是一个典型，她的遭遇十分令人同情，但当人们听多了后产生的不是同情而是厌恶。我们身上有无祥林嫂的影子？当我们受到了不公平的对待时是否总是喜欢抱怨？还是喜欢抛开抱怨而向前看？我们自己喜欢前者还是喜欢后者？

人是一个社会的人，每个人的一生中都会与成千上万的人进行交往。交往过程中会产生相应的情绪情感体验，它直接影响和反映人与人之间的交往关系和亲近程度。当交往需要顺利并满足时，会产生肯定性的情感体验，这会对人际关系进一步发展起到促进作用；

如果交往受到挫折，便可能产生否定性的情感体验，对人际交往有很大的阻碍作用。这种不良的情感体验，还受到知识水平、不良性格品质、生理缺陷等因素的影响。

链接

1995年，丹尼尔·戈尔曼出版了《情商：为什么情商比智商更重要》一书，提出与智力和智商（IQ）相对应的情商（EQ）概念。它主要是指人在情绪、情感、意志、耐受挫折等方面的品质。总的来讲，人与人之间的情商并无明显的先天差别，更多与后天的培养息息相关。情商（EQ）又称情绪智商，是近年来心理学家们提出的与受挫折等方面的品质。过去往往认为，一个人能否在一生中取得成就，智力水平是第一重要的，即智商越高，取得成功的可能性就越大。

（三）情绪、情感对心身健康的影响

从情绪的生理机制可知——情绪使得神经和内分泌的功能发生变化，进而影响机体的免疫系统功能，导致心身状况改变。也就是说：情绪伴有的机体功能变化，可以直接影响到心身的健康。正性的情绪如乐观、开朗、心情舒畅等能使人从心理与生理两方面保持健康；负性情绪如焦虑、抑郁、悲伤、烦闷等则会损害人的正常的生理功能和心理反应。如果负性情绪产生过于频繁，或强度过高或持续时间过长，会导致身体疾病或心理疾病。如临床上常见的高血压病、冠心病、癌症、糖尿病、消化性溃疡、哮喘、偏头痛等80多种疾病，现代医学认为都与不良情绪有关，并称此类疾病为心身疾病。

另外，某些容易引起强烈紧张状态的重大生活事件，如战争、社会动荡、地震、水灾、家庭的变故等，也会使人产生各种心身疾病；严重的不良情绪也可导致心理障碍及精神疾病。比如，长期紧张会患神经衰弱，严重者还可导致抑郁症、焦虑症甚至精神分裂症等疾病。

俄国生理学和心理学家巴甫洛夫曾指出：“一切顽固的忧愁和焦虑，足以给疾病大开方便之门。”因此，我们应该保持平和、乐观的积极情绪，这样才能拥有一个健康的身体和心理状态 。

二、情绪与治疗和护理的关系

（一）情绪障碍

情绪障碍是指人对客观事物是否符合或满足自己需要的不同类型和程度的异常心理状态。在生活经历中可经常遇到。当然，面对压力，适度的悲伤或愤怒属正常的适应反应；但如果出现了强烈的情绪低落或高涨，甚至长期得不到解除，将严重影响到生活和工作。在病患护理中要高度重视。

1. 情感障碍的主要特点　①有情绪体验。②有情绪表现。③伴随相应的生理变化。④受社会、文化、历史等多种因素影响。⑤除表情淡漠外，具有感染性，可影响周围人。

2. 情感障碍的分类　①病理优势情感：焦虑、抑郁等。②情感反应性异常：易激惹性、情感爆发、情感脆弱、病理性激情等。③情感统一性正常：精神病患者可见道德情感倒错、情感矛盾等。

（二）情绪的调节

“情绪是心身的桥梁”，近年来国内外研究结果证明：情绪可以影响疾病的发生和发展，而疾病又反过来可以影响人的情绪变化，二者具有相互影响的关系。作为医务工作者，我们应当研究各种患者的情绪特点及影响因素，研究不良情绪对疾病过程的影响，学会调节自己及患者的不良情绪。

1. 形成良好的心态 谚语有云：“哭也好，笑也好，花儿照样开。”意思是说，事情已经发生，这是无法改变的，但我们能把握自己的心情。听到好友到老师那里告了你的“刁状”，你会如何反应？愤怒、伤心、高兴……很多学生感到遭人背叛，但不要急着生气，请反过来想想，他的心中如果无你，会这样做吗？最终对你而言是有好处还是有坏处？很多人之所以能拥有良好的心态，就是遇事时总习惯于朝好的方面去想。这样，即使遇到天灾人祸，他（她）也能保持健康的心态。

2. 多运用正性词汇 每个人都有自己习惯用的词，遇到事情这些词就会脱口而出。描述积极情绪的词是正性词，如高兴、愉快、兴奋、棒极了等；反之则为负性词，如郁闷、倒霉、烦死了等。当我们习惯运用正性词时，就容易产生积极的情绪体验，反之则产生消极的情绪体验。当你遇到了挑剔你的老师或护士长，你应该对自己说：“太棒了，我能学到更多，我能改正更多缺点……”；当老师或护士长布置了大量的任务，你应该对自己说：“太棒了，我有了更多的锻炼机会……”列出你常用的词，看看是正性的多还是负性的多，并试着用正性词代替那些负性词。

3. 善用比喻 人常用比喻来描绘自己的处境，如“我的生活像蜜一样”或“我的心胸想大海一样广阔”等。不同的比喻带来的影响是不一样的，大家试着想想下面的比喻。“学习、生活的压力就像一座巨大的石山一样压在我身上”“学习、生活的压力就像鸿毛一样压在我身上”，那个比喻让你更轻松？所以恰当地运用比喻可以减轻压力，形成积极的情绪。

第四节 情 商

链接

美国前总统威廉·哈里逊，小时候家里很穷，他沉默寡言，人们甚至认为他是个傻孩子。他家乡的人常拿他开玩笑。比如拿一枚5分硬币和一枚1角的硬币放在他面前，然后告诉他只准拿其中的一枚。每次，哈里逊都拿那5分的。

一次，一位妇女看他这样可怜，就问他：“孩子，你难道真的不知道哪个更值钱吗？”哈里逊回答说：“当然知道，夫人，可要是我拿了一枚1角的硬币，他们就再不会把硬币摆在面前，那么，我就连5分也拿不到了。”

一、情商概述

（一）情商

情商（emotional quotient，EQ）又称为情绪智力，是近年来心理学家们提出的与智力和智商相对应的概念。它主要是指人对情绪的认知、调控和利用的能力。以往认为，一个人能否在 一生中取得成就，智力水平是第一重要的，即智商越高，取得成就的可能性就越大。但现在心理学家们普遍认为，情商水平的高低对一个人能否取得成功也有着重大的影响作用，有时其作用甚至要超过智力水平。

（二）影响情商的因素

情商与智商一样都和遗传、环境和教育等因素有关。研究结果表明，智商与遗传因素的关系远大于社会环境因素，有 70%～80%智力差异源于遗传基因，20%～30%的智力差异系受到不同的环境影响。与之相比，情商的形成和发展，虽然也有先天的因素，例如，“人类的基本表情通见于全人类，具有跨文化的一致性”，但是，却有很大的文化差异。社会文化对人的情商具有塑造功能，这表现在不同文化的民族有其固有的民族性格。

情商开始于幼儿期，形成于儿童期和少年期，成熟于青年期。因此专家认为，一个人是否具有较高的情商，与童年时期的教育培养有着密切的关系。良好的家庭气氛不仅有助于使人具有适当的情绪反应方式，而且对家庭成员的一些高级社会性情感，如道德感、理智感、责任心等都有着积极的意义。另外，家庭教育方式、家庭结构和家庭观念，以及学校和社会因素等也对人的情商发展有重要影响。因此，培养情商越早越好，并且要持续培养。

二、情商的培养

（一）认识自我——找准人生的定位

人生如棋，一个人犹如棋盘上的一枚棋子，而每枚棋子都该有自己准确的位置。只有认识自己，才能使自己成为生活的主宰。所以每个人都需要对自己有一个清醒的认识和定位，这样，在面对生活的种种诱惑时，就不会迷失自己；在遭遇否定和嘲讽时，能始终保持自信，坚定自己追求理想的步伐。很多时候不是我们不努力也不是我们很难成功，而是我们根本就没有明确的方向，或者方向本身就是错的。所以，认识自己，找准自己的人生位置，并朝着目标不断努力，才能开拓成功的人生。

（二）掌控情绪——我的情绪我做主

当我们面对一些无助的事情或者一些不公平的待遇时，我们可能会做出一些不理智的决定和行为。其实，越是危急时刻，就越要冷静，手忙脚乱或让情绪控制住我们就会很容易使自己滑向深渊，甚至走上歧途。冷静应对才能化险为夷，创造奇迹。情绪不好或失控时，就会很容易失态，更容易犯错误，所以，在生活中我们一定要学会控制自己的情绪，时时保持一颗清醒的头脑，遇事理性冷静，有利于我们做出更好的判断和决定，绕过一道道障碍。乐观向上的情绪，不但有利于我们形成好人缘，帮助我们构建良好的人际关系，做起事来也能起到事半功倍的作用。

（三）善待他人——感情投资利最丰

中国有句古语：授人玫瑰，手留余香。可见，善待他人是人们在寻求成功、提升自我情商过程中应该遵守的一条基本准则。理解别人的感觉，察觉别人的真正需要，具有同情心。能够理解并适应别人的情绪，对人有一份理解和宽容，其实就是支持自己和帮助自己，善待他人就是善待自己。想做一个快乐成功的人，善待他人是必需的。

（四）心怀感恩——吃水不忘挖井人

在这个世界上有很多事情是我们自己做不了的，要靠别人帮助才能实现。因此，对于这些帮助我们的人，我们要心怀感恩，不仅对亲戚朋友，还有竞争者、对手都是如此。

（五）善于竞争——爱拼才会赢

大自然中如果没有竞争，就不会有优胜劣汰，也不会有动物界的进化。所以，动物们练就非凡的本领，正是你死我活生存竞争的结果。在现代社会中，同样充满了竞争，有人视竞争对手为眼中钉、肉中刺，殊不知，没有了竞争对手，我们的人生也很难完美。因为一个强劲的对手，会让你时刻有危机感，它会激发你更加旺盛的精神和斗志。

思考题

1. 情绪对我们的身心健康有何影响？如何调节人的情绪？
2. 你对情商有何见解？

（合肥职业技术学院　张　丽）

第四章 意志

学习目标

1. 掌握意志、意识、自我意识的概念，意志行动的基本阶段，意志行为的基本特征。

2. 熟悉意志与认识、情感的关系，意志的品质，意志品质的培养，自我意识的分类。

3. 了解几种不同的意识状态。

第一节 意志

人的认知活动是为了认识外界客观事实及其规律，但人的认识活动并不是随机的，而是有目的的，人的其他活动也一样，也是有目的的。人为了达到一定的目的而活动，但活动并非都是一帆风顺的，往往会遇到一些困难，这时候就需要有毅力和决心去克服困难，坚强不屈地去实现自己的目标。这种自觉地确定目的、克服困难、实现目标的心理过程就是意志。

一、概述

（一）意志的概念

人不仅通过认识活动来认识世界，通过情感活动体验客观事物与个体需要之间的关系，而且还能通过意志行动来能动地有目的、有计划地改造客观世界。在人们的实践活动中，基于自身的需要而激发动机之后，自觉地提出目的，通过自我调节，克服重重困难，努力实现预定目标的心理过程，就叫意志①②。

意志是人类所特有的心理现象。动物的行为是以直观反应为中介，不可能对外界环境

① 何德兰，李秀莲．医护心理学［M］．天津：天津科学技术出版社，1989.

② 易朝辉．医护心理学［M］．郑州：郑州大学出版社，2011.

产生有意识的影响，所以动物是没有自我意识的。人从动物中进化而来，在劳动的过程中逐渐发展了意识。由于生产力的发展，人和人之间开始分工和合作，于是人类在行动中的目的性不断增强。他们需要计划自己的行动，使行动服从于预定的目的。这种有计划有步骤地、能动地认识和改造外界客观事物的活动，就构成了人类活动的特点。人的活动的能动方面就构成了人的意志。意志就表现为意识对行为的调节。当然，这种调节要受到客观规律的制约[①]。

（二）意志与认知、情绪的关系

意志过程、认知过程和情绪过程共同构成了心理过程，是心理过程的三个不同的侧面。心理过程的这三个过程之间的关系不是互相割裂的，而是互相影响、互相渗透的统一的。发生在实际生活中的同一心理活动，通常既是认知的，又是情绪的，也是意志的。任何意志过程都包含有认知成分和情绪成分，任何认知过程和情绪过程也都包含有意志过程[①]。

1. 意志过程与认知过程的关系　认知过程是意志活动的前提和基础。人的意志活动受目的的支配，这种目的不是与生俱来的，也不是凭空想象出来的，意志过程与其他心理现象一样是反映外界客观事实的，是人的认知活动的结果。人对外界客观存在的认识越丰富，越深刻，意志活动和目的也就越有意义和价值，越有可能提出实现这一目标的策略、方法和手段，并坚持实现这一目的。相反，一个人对外界客观存在的认识不足，就很难制定出切合实际的目标，对自己确定的目标也会缺乏深刻的认识，也就难以提出适当的策略和措施来实现自己的目标。

意志是在认知活动的基础上产生的，又反过来对认知活动产生巨大的影响。一切随意的、有目的的认知过程，如学习一种新技术、观察一个事物、了解一个事件等，都要求人的意志努力，也都是意志活动的过程。可以说，没有意志活动，就不会有深入完全的认知过程。坚强的意志力会使人勤奋地学习和工作，使人不畏艰险地去探索未知的世界，在困难和失败面前不退缩，坚定信心、鼓足勇气、勇往直前。只有这样，才能有全面、系统和深入的认知活动[①]。

2. 意志过程和情绪过程的关系　意志过程受到情绪过程的影响。情绪渗透在人的意志行动的全过程，人总是在对事物持有一定的态度、抱有某种倾向的情况下进行意志行动的。人的情绪过程是人活动的内部动力之一，它既能鼓舞意志行动，也能阻碍意志行动。当某种情绪对人的行动有激励和支持作用时，这种情绪就成为意志行动的动力。热情、兴奋、激动、愉快等积极情绪能增强一个人的意志。相反，像冷漠、困惑、忧郁、悲观等消极情绪，就会成为意志行动的阻力，甚至可能会动摇和销蚀一个人的意志，使人的意志行动最终不能实现。

意志对情绪有调节和控制的作用。意志坚强的人，能够控制和驾驭自己的情绪，能够化悲痛为力量，把困难转化为动力，把消极情绪转变为积极情绪，不做消极情绪的奴隶，做消极情绪的主人。相反，意志薄弱的人，不能调节和控制自己的情绪而成为情绪的俘虏，使行动背离了目的，而达不到预定的目标。因此，只有锻炼出坚强的意志，才能调节和控制自己的情绪，克服困难，朝着预定的目标不断前进[①]。

---

① 胡佩诚．医护心理学［M］．北京：北京医科大学出版社、中国协和医科大学出版社，1998.

意志具有明确的目的，并非是头脑中固有的，而是认识活动的产物。意志行动是由思虑引起的、愿望推动的行动。对事物的认识、思索得越深刻，目的越发明确，意志的自觉性就越强。

意志是由动机激发的，是为满足某种需要所进行的活动过程。在这一过程中时刻伴随着情绪情感。如果意志行动能顺利进行，就会出现积极情绪，产生有效的行动；若意志行动受到挫折时，就会产生消极情绪。无论是消极的情绪，还是积极的情绪，对意志过程都能产生巨大的影响，同时，意志对情绪情感又具有调节作用①。

二、意志行动的基本阶段

意志行动是复杂的自觉的行动，一般分为两个阶段。

（一）采取决策阶段（准备阶段）

1. 确定行动目的　这是意志行动的开始阶段。行为目的的选择必须恰如其分。其一，必须根据每个目的的意义和价值考虑其必要性；其二，根据主客观条件考虑实现的可能性，权衡轻重缓急，做出先后或主次的安排。

2. 选择行动方法、拟定行动计划　在同一动机驱使下，还需拟定计划，以决定达到目的的手段或途径，这就要求分析和比较各种方法的有效性和合理性，拟定较为科学的行之有效的计划。这种选择取决于个人的知识、经验、能力水平及主客观条件①。

（二）执行决定阶段（执行阶段）

在坚定的理想和信念指导下，以正确的动机来支配自己的行动。将目的付诸实现是意志行动实现的关键，需要有坚韧的意志品质。在这一过程中要不断审视自己的计划，不能中途中辍，行动不要偏离基本方向，克服各种困难才可能实现预定目的②。

三、意志行动的基本特征

意志是通过行动而表现出来的，受意志支配的行动叫意志行动。意志主要体现在意志行动上。意志行动有三个最基本的特征：

1. 意志行动是有目的的行动　意志是在有目的的行动中表现出来，这个目的是自觉的、有意识的。动物有各种各样的行为，但动物没有意志，意志是人类所独有的。人之所以不同于动物，是由于人具有根据自觉的目的去行动的能力。目的在意志行动中起着极其重要的作用。它既能发动符合于目的的某些行动，同时又能制止不符合于目的的另一些行动。人们对于行动的目的越明确，实现目的的价值越大，克服困难的动力也越大，意志也就越坚强。

目的的确定，不是凭主观任意决定的，而是受客观现实的制约的。人的目的是否能实现，要看人的目的和行动是否符合客观现实的情况和社会历史发展的规律。如果符合，人的目的就有可能达到。现实的客观规律是不以人们的意志为转移的，人们不能改变它，消灭它。当人们还未掌握客观规律时，人们的行动就带有一定的盲目性。如果违反了客观规律，人们的意志就不能实现。但是，当人们一旦认识了自然和社会的规律以后，人们就能

---

① 胡佩诚．医护心理学［M］．北京：北京医科大学出版社、中国协和医科大学出版社，1998.

② 何德兰，李秀莲．医护心理学［M］．天津：天津科学技术出版社，1989.

摆脱对自然和社会的盲目性，从而获得自由，人们就能真正自由地发挥主观能动作用，自觉地改造客观现实。

2. 意志行动是克服困难的行动　意志行动是有目的的行动，目的的确定与实现，通常会遇到种种困难，而困难的克服过程也就是意志行动的过程。困难有两种：内部困难和外部困难。内部困难是指人在行动时有相反的要求和愿望的干扰，对意志行动所造成的困难来源于自身的困难，主要有心理上和生理上的困难。例如，当要实现某种计划时，缺乏饱满的信心，畏缩不前，这对计划的实现是十分不利的。计划一经确定，就必须满腔热情、信心百倍、勇往直前，要有不达目的决不罢休的英勇气概。外部困难是指外在条件的障碍，如缺乏必要的工具和工作条件，或来自他人的讥讽和打击等。困难的性质和程度有轻有重，意志行动有的简单，有的复杂，因此意志力的水平也就有强有弱。在执行计划时，有时由于情况的变化，计划必须加以修改和调整，预定的目的才能实现。

3. 意志行动以随意运动为基础　人的行动都是由简单的动作组成的。动作可分为不随意和随意两种。不随意动作主要是指那些不由自主的动作，不以人的意志为转移的、自发的、控制不了的运动，主要指的是由自主神经支配的内脏运动和反射运动。它们在出现以前，人并不是有意识地要那样做的。比如，眼受到强光的刺激，瞳孔立即缩小；手碰到刺，立即缩回。随意动作都是由意识指引的动作，是在生活实践中学会了的动作，可以由人的主观意识控制的运动，主要是由支配躯体骨骼肌的自主神经控制的躯干四肢的运动。它们是意志行动的必要组成部分。如果没有掌握这些必要的随意动作，意志行动就无法实现。有了随意动作，人们就可根据目的去组织、支配和调节一系列的动作，组成复杂的行动，从而实现预定的目的。

意志行动是有目的的行动，意志行动的目的性就决定了意志行动必须是在人的主观意识控制下的随意运动，所以随意运动是意志行动的基础。意志行动的这三个基本特征并不是互相割裂的，而是互相联系的。目的性是意志行动的前提，克服困难是意志行动的核心，随意运动是意志行动的基础。

四、意志的品质

人们在各种意志行动中，经常会带有稳定的特点，体现出一定的规律性，在心理学上就被归纳为几种不同的意志品质。良好的意志品质是保证活动顺利进行、实现预定目的的重要条件，包括以下几方面：

1. 自觉性　意志的自觉性是指个体自觉地确定行动目的，并独立自主地采取决定和执行决定。这反映了一个人在活动中坚定的立场和始终如一地追求目标。它贯穿于意志行动的始终，也是意志行动进行和发展的重要动力。具有自觉性的人，在行动中既能坚持独立性，不轻易受外界影响；又能不骄不躁，虚心听取有益的意见。

与自觉性相反的表现是易受暗示和独断。易受暗示是指缺乏主见，人云亦云，没有独立的见解和敢为天下先的勇气，为人处世易受他人影响，表现出过多的屈从和盲从。独断是指容易从主观出发，一意孤行，刚愎自用，听不进中肯的意见和合理的建议。历史上的马谡失街亭、曹操走华容、楚霸王四面楚歌，都是由于独断专行造成的后果。意志品质的自觉性应该是为了实现预定目的，既坚持正确的决策，不为他人所动，又能及时听取合理化建议，修正不合理的地方。

2. 果断性　意志的果断性是指面对复杂多变的情境，能够迅速而有效地采取决定，并实现做出的决定。要想迅速而有效地采取决定，不仅要大胆，更要心细。果断性是在全面地考虑行动的各个环节和环境的诸多因素的基础上，明辨是非，当机立断。在有些时候，果断性还同一个人的信仰和人生观有密切的联系。在危急关头，更需要深明大义，敢作敢为，甚至不惜牺牲自己的利益。具有果断性的人既顾全大局，处事严谨；又果敢坚决，雷厉风行。

与果断性相反的品质是优柔寡断和武断。前者面临选择常犹豫不决，摇摆不定，做出决定后又患得患失，踌躇不前。在个体身上表现出来的这种情况，一方面可能是情形复杂，不易做出判断；另一方面则是意志品质上的欠缺，瞻前顾后，过于小心。武断的表现是指处事冲动鲁莽，不等到时机成熟就草率从事。处事武断的人或是性格暴躁，懒于思考，或是目光短浅，不计后果，贸然行动。这两个方面都是意志品质果断性缺乏的表现。

3. 坚韧性　意志的坚韧性是指在执行决定阶段能矢志不渝，坚持到底，遇到困难和挫折时能顽强乐观地面对和克服。意志的坚忍性在于既能坚持原则，抵制各种内外干扰；又能审时度势，灵活机动地达到预定目的。鲁迅先生在“风雨如磐”的旧社会，既有坚定的信仰和不屈的战斗精神，又提倡“韧性的战斗”，不同意青年学生赤手空拳去白白地流血牺牲，可以说是意志品质坚韧性的最好体现。

与坚韧性相反的品质是动摇或执拗。前者在意志行动刚开始的时候，决心很大，干劲十足，一旦遇到困难，就灰心丧气，感觉前路茫茫，中途退缩。生活中这种虎头蛇尾的人不在少数，应属于意志薄弱者之列。后者在行动中认准目标后，就一成不变地按计划行事，遇到特殊情况或者客观条件发生了变化，也不能审时度势，寻求变通。平时我们说某人总是“一条道走到黑”，或是“不见黄河不死心”，就是指行为过于执拗，总是一意孤行。

4. 自制性　意志的自制性是指能够完全自觉、灵活地控制自己的情绪，约束自己的言行的意志品质。人生活在社会环境中，个人利益和愿望常会同他人或集体的愿望与利益发生冲突，这时就需要依据社会的道德标准和公共规范来调整自己的行为。此时，自制性就显得尤为可贵。具有自制力的人，有很强的组织纪律性，情绪稳定，注意力集中，通常被称为意志坚定的人，他们知道如何做自己应该做的事。具有自制力的人既能发动合乎目的性的行动，又能抑制与行动目标不一致或相违背的行动。

与自制性相反的表现是任性和怯懦。前者容易受情感左右，缺乏理智，常在需要克制冲动的时候任意为之，意气行事。后者表现为在需要采取行动，迎接挑战的时候却临阵退缩，不敢有所行动。这两种都是意志不坚定、缺乏自制力的表现①②。

五、意志品质的培养

每个人的意志品质各有差异，它是人格的一个组成部分。意志品质的优劣，要看其意志活动的社会价值；意志力的强弱，则看其意志表现程度。它的形成受到遗传和环境两方面的影响。要培养一个人的良好意志品质，至少应从以下几方面着手。

---

① 何德兰，李秀莲. 医护心理学［M］. 天津：天津科学技术出版社，1989.

② 郭争鸣，梁琼芳. 医护心理学［M］. 北京：北京大学医学出版社，2005.

(1) 树立远大的理想、形成健康的人生观。要加强共产主义理想和辩证唯物主义世界观的教育，培养正确的信念和道德情操。顽强意志的动力来自于远大的理想和健康的人生观。无数英雄和伟人，都是在崇高的理想、抱负激励下，克服种种困难而成功的。

(2) 加强困难磨炼。在困难和挫折面前，要善于驾驭自己的情感，约束自己的行为，努力克服在行动中所遇到的障碍，这样才能积累经验，培养起坚强的意志力。

(3) 提高认知水平。懂得意志品质是后天培养的、是自觉的，只有自己有较高的意愿，并努力付诸行动，方能不断增强。

(4) 干预个体的认识活动、情感活动及注意个体周围的环境，特别是社会环境等方面，帮助个体注意在日常生活中保持始终如一、从不马虎的态度，努力克服意志力薄弱的行为，成为具有优良意志品质的人。

第二节 意识与自我意识

一、意识

(一) 意识概述

意识是人类大脑所特有的反映功能，是人的心理和动物的心理的根本区别，是物质发展到最高阶段的产物，也是自然进化的最高产物。

意识是人们在日常生活中经常使用的一个字眼。比如，“我意识到自己错了”“他终于意识到了事态的严重性”等。所谓意识，就是指个人运用感觉、知觉、思维、记忆等心理活动，对自己的身心状态（内在的）与环境中人、事、物变化（外在的）的综合觉察与认识①。

意识是在觉醒状态下的觉知，觉知就是觉察。意识既包括对外界事物的觉知，也包括对自身内部状态的觉知；既涉及觉知时刻的各种直接经验如知觉、思维、情感和欲望，也包括对这些内容和自身行为的评价。

(二) 几种不同的意识状态

意识的形态可以分为不同的层次和水平，因为从无意识到意识是一个连续体，而且一种意识形态也会转化为其他的形态。以下说的是两种特殊的意识状态，即睡眠和梦。

1. 睡眠　人的一生大约有 1/3 的时间是在睡眠中度过的，睡眠可以使人的精力和体力恢复，而且从进化的角度来说，睡眠对机体也起着保护的作用，因为大多数动物在黑夜都不必为生计忙碌，通过睡眠可以保存能量，人们在很早以前就注意对睡眠的研究。近几十年来，科学家用脑电波的变化作为观察脑的活动的客观指标，获得了重要的成果。

根据脑电波的变化，可以将睡眠分为如下四个阶段：第一阶段的脑电波的频率较低、波幅较小。在这一阶段里，身体放松，呼吸变慢，很容易被外界刺激惊醒，这一阶段大约持续 10 分钟。第二阶段偶尔会出现短暂爆发的，频率高、波幅大的脑电波，叫睡眠锭。

---

① 易朝辉．医护心理学［M］．郑州：郑州大学出版社，2011.

在这一阶段里，个体很难被叫醒，这一阶段大约持续 20 分钟。第三阶段的脑电波的频率继续降低，波幅更大，有时会出现睡眠锭，这一阶段大约持续 40 分钟。第四阶段的脑电波频率更低、波幅更大。在这一阶段里，肌肉进一步放松，身体的各项功能指标都会变慢，称为深度睡眠阶段。这一阶段大约持续 20 分钟，且前半夜长、后半夜短。

2. 梦　做梦是人人都有的体验。它是指觉醒时回忆起似乎发生在一个非物质世界里的景象和事件。梦是一种正常的生理和心理现象，用眼动仪检测睡眠的话，在快速动眼睡眠期叫醒睡眠者，他通常都会报告说正在做梦。如果对快速眼动的睡眠进行剥夺，即只要发生快速眼动的现象就把睡眠者叫醒，几天内就可使被试者记忆力下降，情绪低沉，进而会影响健康。

梦的内容具有鲜明的形象性和幻想性，可以包括做梦时外界的刺激物，也可以是“日有所思，夜有所梦”。梦的刺激物可以是外界事物如声音、光或接触，也可以是人体内的器官（如胃肠、膀胱、肺、心脏等）。这些器官通过神经同大脑皮质密切相连。夜间当外部器官的活动变弱时，就能敏锐地感觉到体内器官产生的刺激，而出现某些不合时宜或不着边际的场景。现有人提出：某些刺激如果是由某种病理过程所引起的，在觉醒状态下不易感觉到，在睡眠或梦中能体验得到，可以根据这种梦来诊断体内发生的某种病变。

二、自我意识

（一）自我意识的概念

自我意识是指个体对自身及自身与客观世界关系的意识，如平时我们说“我觉得我观察问题有点粗心大意”，“我觉得我是一个急性子人”，“我认为我能完成这项工作”，“我觉得我对某某的感情发生了变化”等。这些对自己感知觉、情感、意志等心理活动的意识，对自己与客观世界的关系，尤其是人际关系的意识，以及对自身机体的状态的意识，都属于自我意识之列。

自我意识的核心部分是以完整的、系统的形式存在。自我意识担负着人的内心世界以及内部世界与客观世界之间的协调任务，标志着个体的社会化程度①。

（二）自我意识的分类

自我意识是一个双维度、多层系的心理系统。从心理内容上可以把自我意识分为物质自我、社会自我和心理自我。

1. 物质自我　是个体对自己生理状态和所有物的意识，包括占有感、支配感和爱护感，是个体对自己身体、衣着、金钱等所有物方面的一种意识，其中包括躯体、性别、体型、容貌、年龄、健康状况等生理方面的意识，又称生理自我，如认识到自己是个高个子或体质较好。生理自我是自我意识的最初形态，是个体把客观自己与客观事物区分开来，意识到生存是寄托在自己的躯体上的。出生后 8 个月婴儿开始出现生理自我，3 岁左右基本形成。

2. 社会自我　指个体对自己在社会关系、人际关系中的角色的意识，包括自己的地位、作用、应当承担的社会义务和享有的权利的意识等。比如，认识到自己作为学生的角色，要认真学习角色、实践角色，从 3 岁至青春期是个体接受社会文化影响最深刻的时

---

① 易朝辉. 医护心理学［M］. 郑州：郑州大学出版社，2011.

期，也是社会自我形成的重要时期。在社会自我出现的同时，心理自我也逐渐形成和发展起来。

3. 心理自我　是指个体对自己的心理活动包括心理过程和个体心理特征的意识，主要是对自己个性心理特征的意识，包括对自己的性格、能力、态度、道德、理想和信念，以及行为、习惯等的意识。比如，觉得自己比较温和、智商较高。心理自我从青春发动期到青年后期大约持续10年时间，是心理自我发展的时期。

另外，按自我观念划分，自我意识可分为现实自我、投射自我和理想自我。按自我意识的作用划分，可分为积极的自我意识和消极的自我意识。

思考题

1. 什么是意志、意识、自我意识？
2. 简述意志行动的基本阶段，意志行为的基本特征。
3. 简述意志与认知、情绪的关系。
4. 简述意志的品质有哪些？
5. 简述意志品质的培养。
6. 简述几种不同的意识状态。

（合肥职业技术学院　张　丽）

第五章 个性

学习目标

1. 解释个性、气质、能力、性格、需要、动机、兴趣的概念。
2. 掌握气质生理基础中的三个主要特征和四个基本类型、性格的结构特征。
3. 熟悉个性的心理结构、马斯洛的需要层次理论、动机冲突。
4. 了解影响能力的形成和发展的因素。

第一节 概 述

一、个性的概念

人们都是通过认知过程来认识环境，反映出环境和自己的关系，在此基础上体验到各种情感，并用意志调控着自己的心理活动和行动。但是，每个人在进行这些心理过程时，却又表现出了与他人不同的一些特征，例如，有的人感觉敏锐，有的人长于思辨；有的人温和，有的人暴躁；有的人百折不挠，有的人一蹶不振；有的人大公无私，有的人唯利是图；等等，不一而足。这就说明了每个人都有自己的心理特点，它将心理过程染上了各自的色彩，心理学用个性这个概念来描述这些独特的特点。

个性是指个体在适应社会生活的成长过程中，经遗传与环境的交互作用而形成的、比较稳定而独特的心理特征的总和。遗传等生物因素为个性的形成和发展提供了可能性和遗传潜势，而环境尤其是社会环境则在个性形成和发展中起到了决定性的作用，因为人类的心理及行为几乎完全是在社会生活中习得的。

二、个性的心理结构

个性具有一个复杂的结构系统，它包括个性倾向性、个性心理特征和自我意识三个子系统。

个性倾向性指的是个体的需要、动机、兴趣、信念等心理倾向，是激活并维持个体行动的内部驱动力，故也称个性的动力系统。在这些倾向中，需要和动机尤为活跃，是个性动力的源泉。个性的倾向决定着人对认识对象的趋向和选择，决定着人对现实的态度。

个性的心理特征系统是人的多种心理特点的独特的结合，构成了一个人独特的心理面貌。包括人的能力、气质和性格。能力是顺利地完成某种活动所必须具备的心理特征。气质是指个体心理活动的强度、速度和灵活性等动力特点方面的心理特征。性格则是指个体对现实比较稳定的态度以及与这种态度相适应的行为方式上的心理特征。

自我意识也称自我监控系统，是指人对自身以及对自己与客观世界关系的意识。包括自我认识、自我体验、自我调控等。

三、个性的基本特征

1. 独特性　是指人与人之间的心理和行为是各不相同的，强调的是个体差异。每个人的遗传素质不同，又在不同的环境条件下成长起来，所以每个人都有自己的独特特点。“人心不同，各如其面”说的就是这个道理。个体间心理方面的差异不仅表现在人们是否具有某些方面的特征，而且也表现在同一特征的不同水平上。当然，心理学在重视个性的独特性的同时，也同样认识到个性具有一定的共同性。生活在同一群体、阶层或民族的人们会形成一些共同的典型的心理特点，如美国人随和开朗，喜欢冒险；德国人谨慎多思；法国人喜欢浪漫；中国人勤劳勇敢。

2. 整体性　是指构成某个体个性的各种心理特征彼此交织，相互影响而成为一个有机的整体。它虽然不能被直接观察，但却体现在一个人的行为之中，让个体呈现出带有个人整体倾向的精神面貌。

3. 稳定性　是指由各种心理特征组成的比较稳定的个性结构，它对人的行为的影响是一贯的，是不受时间和地点限制的，即所谓的“江山易改，本性难移”。正是因为个性具有稳定性的特征，我们才能把一个人和另一个人在心理面貌上区分开来，并能预料一个人在某种情境下的心理和行为反应。当然，这也并不是说个性就是一成不变的。实际上，随着社会生活条件的变化和一个人的发展和成熟，他的个性特征或多或少地会发生一些变化。

4. 社会性　具有成熟神经系统的个体只有在社会生活中才能形成个性，不同社会的政治、经济、文化、生活方式以及成长中的具体境遇（家庭、学校、特殊经历等）影响和制约着个性的发展，使个体的个性带上了明显的社会性。如果个体没有经历正常的人类社会生活，就无法形成其个性，如印度“狼孩”的例子。

5. 功能性　环境刺激是通过个性来显现个体的应对性行为的，所以，一个人的行为总会带上他的个性的色彩。同样面对挫折，坚强的人不会灰心，怯懦的人则会一蹶不振。所以，个性可以决定一个人的生活方式，甚至能决定一个人的成败。

第二节 个性特征

一、气质

（一）气质的概念

气质是指个体心理活动在发生的强度、速度、稳定性、灵活性及指向性等动力方面表现出来的心理特征。例如，在认知过程方面，表现知觉的快慢、记忆的敏捷、思维的灵活、注意的持久等；在情感过程方面，表现为情绪反应的快慢强弱、情绪的波动等；在意志过程方面，表现为意志的努力程度等；在心理活动指向性方面，表现为倾向于外部事物还是内心世界等。气质总是以同样的表现在心理活动中，使个体的心理和行为都具备自己较为独特的背景色。例如，有的人温柔安静，有的人活泼好动；有的人沉着稳重，有的人粗鲁莽撞；有的人刻板木讷，有的人灵活健谈。心理学上的“气质”概念相当于日常生活中所说的“脾气”和“秉性”。公元前5世纪，古希腊医生希波克拉底（Hippocrates）提出了体液说。他认为人体内有四种液体：生于肝的黄胆汁，生于心脏的血液，生于脑的黏液及生于胃的黑胆汁。这四种液体构成了人们不同的体质。500年后罗马医生盖伦（C. Galen）对此理论进行整理并提出气质这一概念。他们认为气质类型取决于何种液体占优势，由此划分出胆汁质、多血质、黏液质和抑郁质四种类型。体液说的理论虽然没有科学根据，但由于人们在日常生活中的确能观察到符合该学说提出的四种类型的外在气质表现，因此一直沿用至今。

气质具有明显的先天性，受到生物性因素的制约较多，与高级神经活动的类型关系特别密切。因此，刚出生的婴儿在气质上就表现出其差异，如有的爱哭、爱闹、爱动，有的安静、平稳、怯生；而同卵双胞胎儿要比异卵双胞胎儿在气质上相似许多。也正因为如此，气质与其他的心理特征相比较，具有更强的稳定性。即使在社会环境和教育的影响下，可能发生一定程度的变化，但其改变也较其他的心理特征更为困难、缓慢。

链接

20世纪初，巴甫洛夫创立了高级神经活动学说，其学说可科学地解释气质的生理基础。巴甫洛夫指出高级神经活动有兴奋和抑制两个基本过程，在兴奋和抑制的过程中，又有3种特性，即强度、灵活性、平衡性。强度是指神经细胞接受刺激的强弱程度及神经细胞持久工作的能力，有强和弱的差异；灵活性是指兴奋和抑制相互转化的速度，有灵活与不灵活之分；平衡性是指兴奋和抑制两种过程的力量是否均衡，有平衡和不平衡的差异。巴甫洛夫认为，神经过程的这三种基本特性的不同组合就形成了许多高级神经活动的类型，其中最常见的基本类型有以下四种，即兴奋型、活泼型、安静型和抑制型，这四种类型和希波克拉底对气质的分类有着较为一致的对应关系。巴甫洛夫还指出，属于典型的某种气质的人较少，大多数人都是两种甚至三种类型的混合。

（二）气质的结构特性

1. 感受性和耐受性 感受性是指人的感觉器官对外界刺激的感觉能力。耐受性是指神经系统能够忍受外界刺激的强度和持续的时间。感受性高者，很弱的刺激就能感觉到，对较强刺激的耐受性就比较低。相反，感受性低者，较强的刺激才能感觉得到，对较强刺激的耐受性就比较高（表 5-1）。

2. 反应的敏捷性 是神经过程灵活性的外在表现，即反应的快慢、动作、言语、思维、记忆以及注意转移的速度等。

3. 可塑性 是指根据环境变化来改变自己的行为，以适应外界环境的可塑程度，也是神经过程灵活性的表现。

4. 情绪的兴奋性 是指情绪表现的强弱程度。有的人情绪兴奋性高而抑制能力低，有的人情绪兴奋性低但对情绪的控制能力较强。情绪的兴奋性是神经过程平衡性的表现。

5. 指向性 是指人的言语、思维和情感等常指向于外还是常指向于内，常指向于外者为外向，常指向于内者为内向。指向性和情绪的兴奋性有密切的联系，兴奋性占优势者外向，抑制性占优势者内向。

表 5-1 气质类型、特性与相应神经活动类型的关系

气质类型	高级神经活动类型	神经过程的特性			气质特性					
		强度	平衡性	灵活性	感受性	耐受性	敏捷性	可塑性	情绪的兴奋性	指向性
胆汁质	兴奋型	强	不平衡	灵活	低	高	快	不稳定	高而强、抑制力差	外倾明显
多血质	活泼型	强	平衡	灵活	低	高	快	较高	高而不强	外倾
黏液质	安静型	强	平衡	不灵活	低	高	迟缓	稳定	低而体验强烈	内倾
抑郁质	抑制型	弱	不平衡	不灵活	高	低	慢	低	高而体验深	严重内倾

（三）气质类型的外部表现

1. 胆汁质 胆汁质类型的人一般能坚持长时间的工作，显得精力旺盛，热情直率，反应迅速，思维敏捷但缺乏准确性，粗心，容易激动，易感情用事，急躁、爱发火，自控力较差，心理活动具有迅速而爆发的色彩。

2. 多血质 多血质的人活泼好动，热衷于感兴趣的事业，热情大方，有能力，适应性强，精神愉快，注意力易转移，兴趣广泛多变，情绪体验不深刻；他们富于幻想，办事凭兴趣，不愿做耐心细致的工作；他们喜欢交际，很容易适应新的环境，在集体中善于处事，显得朝气蓬勃。

3. 黏液质 黏液质类型的人具有较强的自我克制力，安静稳重、情绪不易外露，做事踏实认真，有耐久力，交际适度，不善言谈，反应缓慢，思维言语动作迟缓，很适宜从事有条理和持久的工作。

4. 抑郁质　抑郁质的人多疑多虑，内心体验深刻，显得孤僻，办事犹豫不决，反应缓慢，细心、谨慎，机智敏感，善于觉察别人易疏忽的细节，行动迟缓，不愿与人主动交往，情感细腻，富有自我体验。

（四）正确对待气质类型

1. 气质无好坏之分　在分析人的气质类型时，我们明显可以看到每种气质类型既有其积极的方面，也有消极的方面，在影响人的心理过程的进行和个性品质的形成上，都存在向好、坏两个方向发展的特点。因此，气质的类型没有好坏之分，不决定人的道德水平、智力水平和社会价值，重要的是每个人都应该了解自己的气质类型，并在社会实践中努力发扬气质中的积极方面，尽力克服其消极影响，以期获得更高的成就。

2. 气质与职业适应性　气质虽不决定成就高低，但却能影响一个人在不同性质的活动中的适应性，甚至活动的效率。例如，要求做出灵活、迅速反应的工作，对多血质和胆汁质的人较为合适，对黏液质与抑郁质的人则较难适应；反之，要求持久、细致的工作对黏液质和抑郁质的人较为合适，而胆汁质和多血质的人较难适应。因此，在选拔和培训某些特殊专业工作人员时应考虑其气质特征，如一般认为多血质、黏液质及各种混合型的气质，具有谨慎、深思、平静、可信赖、活泼、随和、健谈、开朗、善交际、易共鸣等特征，与护士角色个性特质较吻合，而典型的胆汁质和抑郁质与护士的职业要求相去甚远。

3. 气质与心理健康　虽然任何一种气质类型都有发展成不良心理的可能性，但相对而言，典型的胆汁质、抑郁质更容易出现心理失衡，影响心理健康。对于神经过程强而不平衡的胆汁质类型的人，如经常处于紧张和压力之下，会使其兴奋过程更强，抑制过程更弱，较容易出现过于狂暴、躁怒、失控现象。对于神经活动过程弱且不平衡的抑郁质类型的人，不顺、挫折更容易导致其产生强烈的焦虑、忧郁、恐惧等心理问题。因此，属于这两种类型的人，尤应注意自我调节，控制气质上的消极影响，发展其积极方面，则有助于保持心理健康。

二、能力与智力

（一）能力与智力的概念

能力是指人们顺利、有效地完成某种活动所必须具备的心理特征。能力在活动中体现，在活动中发展，并直接影响着人的活动效率和水平。

智力是能力的一种，指的是人们在获得知识并运用知识解决问题时所必须具备的心理特征，这些基本特征是从事任何一种活动都必须具备的，如观察力、记忆力、思维力、想象力等。智力的核心是思维力，体现着智力的发展水平。如果某些心理特征只是在从事某一活动时是必需的，如敏锐的听觉之于音乐、色彩鉴别能力之于美术、运动能力之于体育等，则不属于智力范畴。

（二）能力的类型

1. 按结构分型　可分为一般能力和特殊能力。一般能力即智力，与认知活动紧密地联系着。特殊能力是指进行某项专门活动所必需的能力。音乐能力、美术能力、体育能力等都是特殊能力。

2. 按功能分型　可分为认知能力、操作能力和社交能力。认知能力指人脑加工、储存和提取信息的能力，它是人们完成活动的最基本、最主要的条件。操作能力是指人们操纵自己的肢体以完成各种活动的能力。劳动、艺术表现、体育运动、实验操作能力都是操作能力。社交能力是指人们在社会交往活动中所表现出来的能力。主要表现为人际关系敏感性、人际关系调整能力和自我协调能力。

3. 按创造程度分型　可分为模仿能力和创造能力。模仿能力是仿效他人的言行举止而引起的与之相类似的行为活动的能力。创造能力是产生新思想、发现和创造新事物的能力。创造能力是成功地完成某种创造性活动所必需的条件，其中创造性思维和想象起着十分重要的作用。

（三）能力发展的个体差异

1. 能力类型差异　指的是人们在能力的不同方面上所表现出来的差异，包括感知觉能力、记忆力、思维能力、想象力，以及特殊能力等方面的明显差异。如有的人记忆力好，有的人思辨能力强，有的人想象力丰富，有的人善于分析，有的人擅长综合，有的人乐感很强，有的人对色彩的变化很敏锐。

2. 能力发展水平的差异　人能力发展的水平有高有低。就智力而言，处于各智商水平的人都有，高至 130 以上，低至 70 以下甚至为 0。据统计结果来看，人类智商水平的个体差异呈正态分布，多数人属于中等水平，其智商数在 90～110，只有少数人在 130 以上或 70 以下。

3. 能力表现早晚的差异　有的人在很小的时候就表现出优异的才能，称为“早慧”，如曹值 7 岁能诗，王勃 13 岁写出《滕王阁序》，歌德 8 岁时通晓英、法、意等多国文字，并能用这些文字进行写作。有的人才能的表现得较晚，到了中老年的时候才创造出成果，如达尔文 50 岁方写出《物种起源》，齐白石 40 岁才表现出绘画才能。早慧的人和大器晚成者都为少数，统计结果显示 35 岁左右是科学发明的最佳年龄。

（四）影响能力发展的因素

1. 先天素质的影响　先天素质是人们与生俱来的解剖生理特点，它包括感觉器官、运动器官以及神经系统和脑的特点。它是能力形成和发展的自然前提和物质基础。没有这个基础，任何能力都无从产生，也不可能发展。例如，先天听觉缺失者无法成为音乐家，先天盲的人也无法成为画家，早期脑损伤或发育不全的人，其智力发展会受严重影响。有基于血缘关系的研究显示，智力有 50% 是由遗传因素决定的。

2. 早期环境和教育　学龄前期是儿童智力发展的最快阶段，充足的营养供给是智力正常发展的物质保证。儿童能力的发展还离不开环境适当的刺激，如母亲与孩子的交往、适宜的玩具和丰富变化的环境等都对儿童的智力发展产生着重要的影响。教育包括家庭教育和学校教育。家庭教育包括家庭环境、生活方式，家庭成员的职业、文化修养、兴趣、爱好以及家长对孩子的教育方法与态度，这些都极大地影响着儿童能力的形成与发展。学校教育在学生能力发展中则起主导作用。学校教育有目的、有组织、有计划地对学生施加影响，不但能使学生掌握知识和技能，而且在学习和训练的同时促进了其能力的发展。

3. 社会生活实践　实践活动是人与客观现实相互作用的过程，是人所特有的积极主动的活动形式。前面提到的先天素质、环境和教育因素只有通过实践活动才能影响个体能力的形成与发展。因此可以说，实践活动是能力形成与发展的必要条件。

4. 个性因素　环境和教育是施加于个体的外部因素，外因能否起作用、能起多大作用还必须要看自身的努力程度。一个人要想发展自己的能力，就要充分发挥自身的主观能动性，树立远大理想，勤奋学习，不怕困难，积极投身于社会实践，才能最大限度地发展自己的能力。

三、性格

（一）性格的概念

性格是指一个人对现实比较稳定的态度以及与之相适应的惯常化的行为方式，是个性中具有核心意义的心理特征。性格是个体在后天的社会实践中，由外部环境与内部心理活动相互作用而形成的。因此与气质相比，不具有其天赋性，可塑性较气质为大。气质体现的是个性的生理基础，性格则更多地体现个性的社会属性，因此，个体之间的个性差异核心是性格上的差异。

（二）性格的结构特征

性格的结构非常复杂，是多种性格特征有机地综合在一起的统一体。为仔细地分析性格的特征，可以将其分解为态度特征、意志特征、情绪特征和理智特征四个方面。

1. 性格的态度特征　指的是个体对客观现实的稳定态度方面的特征，是性格结构中的核心部分。具体体现在三个方面：一是对社会和集体的态度，如有无社会责任感，是热爱集体还是对集体漠不关心，是大公无私还是见利忘义等；二是对学习、工作、劳动的态度，如是勤劳简朴还是懒惰奢华，是仔细认真还是马虎粗心，是有创新精神还是因循守旧等；三是对他人和对自己的态度，如是乐于助人还是自私自利，是谦虚谨慎还是骄傲自满，是自信自尊还是自卑自弃等。

2. 性格的情绪特征　是指人的情绪活动的强度、稳定性、持久性和主导心境等方面的特征。①情绪强度指的是情绪活动的强弱，有的人情绪活动强烈、精力旺盛，而有的人则安宁、淡漠。②稳定性指的是情绪的起伏程度，如有的人悲喜无常，有的人淡定从容。③情绪持久性指的是情绪维持时间的长短。如同样遇到悲伤事件，有的人悲伤情绪持续时间长、影响持久，而有的人则短。④主导心境指哪一种心境占主导地位。如有的人经常欢乐愉快，有的人则常常抑郁低沉。

3. 性格的理智特征　是指人在感知、记忆、思维、想象等认知活动中表现出来的心理特征。例如，在感知方面，有主动观察型和被动感知型；在记忆方面，有人记忆持久，有人健忘；在思维方面有人独立有人附和，前者善于独立地提出问题和解决问题，后者则回避问题，愿意借用现成的答案附和他人之见；在想象方面、在想象水平上，有创造想象型和再造想象型之分等。

4. 性格的意志特征　个体表现在对自己行为的调节方式和水平方面的心理特征，就是性格的意志特征。其主要从以下四个方面体现：①自觉性，如有的人目的明确、自觉，而有的人则盲目、冲动。②果断性，在紧急的情况下，能否判明情况，做出正确的决策。如有的人果断、决然，而有的人则武断或优柔寡断。③坚韧性，如遇到困难，有的人坚毅、不灰心，而有的人则动摇、一蹶不振。④自制力，如有的人冷静、沉着，而有的人则任性、怯懦等。

上述性格的几方面特征并不是彼此独立的，而是相互联系、相互制约，共同构成一个有机的整体。在分析一个人的性格时，应先抓住核心的态度特征，再结合所处场合，发现其其他方面的性格特征。

（三）性格的类型

性格的类型是指一类人身上所共有的性格特征的独特结合。心理学家们先后提出了多种分类方法，试图阐释一类人性格的主要特点及其实质，但由于性格结构的复杂性，还没有哪一种得到大家一致认可。现将几种常见的分类方法介绍如下。

1. 以心理机能优势来分　英国的培因（A. Bain）和法国的李波特（T. Ribot）提出此种分类。他们根据理智、情绪和意志三种心理机能哪一种在性格中占优势，将人的性格分为理智型、情绪型、意志型。理智型的人通常以理智来评判周围发生的一切，并以理智调控自己的活动，很少受情绪的影响；情绪型的人重感情，情绪波动大，言行举止往往带有浓厚的情绪色彩，缺乏理智感；意志型的人行动目标明确，积极主动，果敢坚定，有较强的自制力。在生活中，属于这三种典型类型的只有少数人，更多的是一些混合类型，如理智—意志型、情绪—意志型等。

2. 以心理活动的指向来分　瑞士心理学家荣格（C. G. Jung）根据心理活动的指向性将性格划分为内向型和外向型。内向型的心理活动指向于内部世界，一般特点为处世谨慎，深思熟虑，交际面较窄，适应环境能力较差；外向型的人心理活动指向于外部世界，一般特点为活泼开朗，热情大方，情绪外露，活动能力强，容易适应环境的变化。

3. 以个体独立性程度分类　美国心理学家威特金（H. A. Witkin）等根据人们认知方式的差异，即表现在对外界环境（“场”）的不同依赖程度，将人的性格分为场依存型和场独立型。场依存型的人倾向于以外在参照物作为信息加工的依据，他们易受环境或附加物的干扰，缺乏主见，易被他人的意见所左右，在突发事件面前常束手无策或惊慌失措；场独立型的人倾向以自身作为参照系，不易受外界事物的干扰，具有独立判断事物、发现问题、解决问题的能力，紧急情况下沉着冷静，能充分发挥自己的才能。

4. A 型性格、B 型性格和 C 型性格　根据人们在时间上的匆忙感、紧迫感和好胜心等特点可将性格分为 A 型、B 型和 C 型。A 型性格的特点是：性格急躁，没有耐心；争强好胜，求胜心切，追求成就，有很强的事业心；动作敏捷；时间观念强；情绪容易波动；对人有戒心；缺少运动。B 型性格的特点是：性情随和，不喜欢与人争斗；生活方式悠闲自在，不争名利，对成败得失看得较淡，不太在意成就的大小，对工作生活较容易满足；工作生活从容不迫，有条有理；时间紧迫感不强。C 型性格的特点是：多愁善感，情绪压抑，性格内向，常常克制自己的情绪，在行为上表现为过分合作，生活和工作中没有主意和目标，屈从于权威。

有统计结果显示：A 型性格人易患冠心病，发病率是 B 型人的 2 倍，心肌梗死复发率是 B 型人的 5 倍，C 型性格的人患癌症的比例较高。

第三节　个性倾向性

一、需要

（一）需要的概念

需要是有机体内部的一种不平衡状态，表现为有机体对内外环境条件的欲求。它是个体心理活动和行为的原始动力，通常以一种“缺乏感”体验着，被意识到后以意向、愿望的形式指向一定客观对象，驱使人朝向这个对象去活动，以满足这种需要。需要也是不断发展的，当一个需求满足后，又会出现新的需求，人们又会为满足新的需求而去追求新的对象。因此，需要是促使个体活动的原始动力。

（二）需要的分类

1. 根据需要产生的角度分类　可把需要分为生理性需要和社会性需要。生理性需要是由生理上的不平衡引起的需要，它是人和动物共有的，与有机体的生存和种族的延续有密切关系，包括对食物、水、氧气、性、排泄和休息等的需要。社会性需要特指人类在社会生活中形成的，为了维护在社会中的存在和发展而产生的需要。它是在社会政治、经济、文化、教育等因素广泛影响下而习得的，包括劳动的需要、交往的需要、成就的需要等。

2. 根据满足需要的对象分类　可把需要分为物质需要和精神需要。物质需要指向具体物质产品，如对食品、住房、衣物、书等需要；精神需要指向精神产品，如对文化知识的需要，美的需要，对荣誉、成就的需要等，是人类特有的需要。

（三）需要层次论

美国人本主义心理学家马斯洛（A. H. Maslow）1968 年提出的需要层次理论，在众多需要理论中影响较大。马斯洛将人类的主要需要依其发展顺序分为五个层次，从低到高分别为生理需要、安全需要、归属和爱的需要、尊重需要和自我实现的需要（图 5-1），后来他又详细论述了认知需要和审美需要，但同时指出不能将它们归属于基本需要当中。

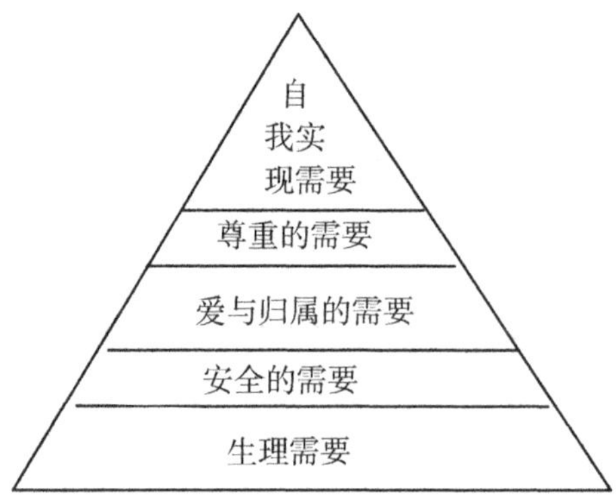

图 5-1　需要层次理论

1. 生理需要　维持个体生存和种族发展的需要，是人类最基本、最强烈的需要。它包括对食物、空气、水、睡眠、排泄和休息等的需要。在人类的需要中需优先加以满足。

2. 安全的需要　人需要一个安全、有秩序、稳定的和受保护的世界，避免受恐吓、焦虑和混乱的折磨。包括有稳定的工作、生活有保障、生命财产得到保护等需要。

3. 爱与归属的需要　人渴望归属于某一群体，希望在群体或家庭中拥有适当位置，并渴望与他人保持感情来往，即包括爱别人、被爱和有归属感、免遭遗弃和拒绝等需要。

4. 尊重需要　人希望自己得到一种稳定的高评价，包括受到别人的尊敬和自尊。尊重需要的满足可以使人感到有价值、有能力，使人自信心增强。

5. 自我实现的需要　是指人都希望能发挥自己的潜能达到实现自己的理想、抱负和人生价值的需要。满足这个最高层次的需要会使人感到最大的快乐。

马斯洛认为，层次越低的需要出现越早，需要的力量越强，它们是否满足直接关乎个体生存。当低级需要满足后较高层次的需要就会出现。某一时刻占优势地位的需要就是推动行为的主要力量。自我实现是人主动追求理想的需要，是需要的最高层次，只有当较低层次的需要都得到持续不断的满足时，人才会受到自我实现需要的支配。所以能达到这个层次的人只能是少数。

需要层次论把人的需要视为一多层次的组织系统，反映了人的需要由低级向高级发展的趋向，也显现了需要是行为的源动力，体现出一定的科学性，受到较多重视。但是，他的观点强调了需要的天赋性，忽视了人是社会的人，人的需要是对客观现实的反映，会受到社会历史条件的制约，未能充分认识到高级需要对低级需要的调节作用，具有一定的局限性。

二、动机

（一）动机的概念

动机是激发和维持人们进行活动，并引导活动朝向某一目标的内部心理过程或内在动力。动机是内隐的、不能直接被观察到，它激发的行为就是其外部的表现或结果。动机对于个体的行为具有激发、导向、维持和强化功能。

动机是在需要的基础上产生的。需要使机体内部产生了一种不平衡的状态，当这种不平衡被意识到，就会以意向、愿望的形式表现出来，由此激发个体采取一定行动。至此，需要就转化为了动机。因此说需要是人的积极性的基础和根源，而动机是推动人们活动的直接原因。行动虽然是由动机决定，但并非是一对一的关系。同一动机有时会产生不同行为，同样，类似的行动也可能为不同的动机所推动。

动机可由内驱力和诱因引起。内驱力是为推动个体恢复机体内部不平衡的状态。内驱力是个体产生行为的内部动力，有生理性和社会性两种。除了内部动力外，个体产生活动也可以由外界刺激引起，这样的外部刺激称为诱因。

（二）动机的分类

1. 生理性动机和社会性动机　生理性动机指的是由个体的生理性需要产生而来的动机，如吃饭、穿衣、睡眠、性欲等的动机；社会性动机是指以人类的社会文化需要为基础而产生的动机，如交往动机、成就动机、兴趣、爱好等。

2. 有意识动机和无意识动机　有意识动机是指个体能意识到自己行为活动的动机；无意识动机是指个体没有意识到或没有清楚地意识到的动机，比如心理定式就是成人身上存在的一种无意识动机。

3. 内在动机和外在动机　由个体内在需要引起的动机称为内在动机，在外部环境影响下产生的动机称为外在动机。例如，因为兴趣而努力学习的动机是内在动机，而为获得奖励而学习的动机是外在动机。

（三）动机的冲突

当个体有多个动机同时存在，有时会出现相互矛盾难以取舍的状态，表现为行动上的犹豫不决。个体必须先解决这种动机冲突，才能确定行动目的。一般动机冲突分为以下三种类型：

1. 双趋冲突　是指当一个人以同样强度的两个动机去追求两个并存的，但却不能同时实现的目的时产生的动机冲突。虽然明知“鱼与熊掌不能兼得”，但又难以割舍其中之一。

2. 双避冲突　是指一个人遇到两个都想避开的威胁性情境，但又不能全避开时的动机冲突。“前有狙击，后有追兵”指的就是这种情况。

3. 趋避冲突　当一个人对同一个事物产生两种相反的动机时，即既想要又怕要的动机冲突。例如，想获得好成绩却又害怕努力。

动机冲突可以使个体出现心理不平衡、不协调状态。严重或持久的心理冲突可以引起个体的心理障碍，影响心身健康。

三、兴趣

（一）兴趣的概念

兴趣是人认识某种事物或从事某种活动的心理倾向，是带有情绪色彩的认知需要。它体现了人们对客体的选择性态度，是推动人认识事物，探索真理的动机表现形式。

兴趣是在需要的基础上通过实践活动而形成发展起来的。人的需要多种多样，因人而异，因此人的兴趣也多种多样。例如，有的人对体育感兴趣，有的人对文艺感兴趣，有的人对军事感兴趣等。

当人的兴趣指向的是某种活动时，此时的兴趣也可称为爱好。兴趣和爱好都和人的积极情感相联系，培养良好的兴趣和爱好是推动人努力学习、积极工作的有效途径。

（二）兴趣的分类

1. 物质兴趣和精神兴趣　物质兴趣主要指人们对舒适的物质生活，如衣、食、住、行方面的兴趣和追求；精神兴趣主要指人们对精神生活，如学习、研究、文学艺术、知识的兴趣和追求。

2. 直接兴趣和间接兴趣　直接兴趣是指对活动过程的兴趣，如对体育活动、学习文化等过程本身而产生的兴趣；间接兴趣主要指对活动过程所产生结果的兴趣，如某些护生对学习过程并无兴趣，但对学好护理将来能做白衣天使感兴趣。间接兴趣往往与个人的目标相联系，有较强的目的性。直接兴趣和间接兴趣对于个人成就的发展来说都是十分有利的，都能促使一个人充分发挥积极性和创造性，持之以恒，走向成功。

（三）兴趣的品质

1. 兴趣的倾向性　是指一个人的兴趣所指向的是什么事物。由于兴趣的倾向性的不同，人与人之间会出现很大的不同，如有的人对文学感兴趣，有的人对数学感兴趣，有的人对音乐感兴趣等。

2. 兴趣的广度　是指一个人兴趣范围的大小。有些人对很多事都能产生兴趣，兴趣的范围广阔；有些人则把自己局限于一个小天地里，兴趣的范围极为狭窄。广阔的兴趣促使人去接触和注意多方面的事物，获得广博的知识，使智力得到多方面的发展，为成才创造有利条件。

3. 兴趣的稳定性　是指一个人的兴趣持续时间的长短。兴趣的稳定性与思想、信念、世界观直接相联，是个性稳定性的直接体现。兴趣的稳定性因人而异，有些人的专业兴趣稳定性可以持续十几年，甚至终生。而有些人的兴趣则经常转移。在学习和从事科研中，必须保持兴趣的稳定性，朝秦暮楚，见异思迁，那是难于取得成就的。

4. 兴趣的效能性　是指一个人的兴趣对活动所能产生的效果。兴趣效能有积极和消极两种，凡是对社会的进步和个人身心发展起推动作用的，就是具有积极效能的兴趣；反之，就是消极效能的兴趣。人们兴趣的效能性有很大的个体差异。

思考题

1. 通过气质问卷测定，鉴别出自己的气质类型，并做出自我评价。
2. 阐述马斯洛需要层次理论的基本思想与局限性。
3. 根据性格的结构特征，试着对自己的性格特点进行分析。

（湖南工业大学　郭少聃）

第六章 心理卫生

学习目标

1. 掌握心理卫生的概念。
2. 熟悉心理卫生的意义、任务与研究范围。
3. 了解不同生命周期的个体心理特点与心理卫生。

第一节 概 述

心理卫生学是探讨人类如何维护和保持心理健康的一门学科。它是心理学、卫生学和其他有关学科的多学科交叉科学。卫生学是预防科学的一个重要组成部分，它主要研究如何充分利用对健康的有利因素、防止不利因素及消灭不利因素的措施和方法，研究合乎卫生要求的主客观因素，从而预防疾病、增强人民的心身健康水平，提高学习和工作的效率。

人口的激增，知识信息的高度膨胀，人们对现代生产、生活高速度、高质量、高效率、高增长的追求，对资源、物质利益和社会地位的渴求与追逐更加强烈；科技的飞速发展，传统岗位、行业的萎缩、消失，人类社会化程度的日益提高，人际关系的日趋复杂，使人类面临着学习、生产、生活的多重竞争。个体在求学、就业、生存、发展中面临的压力空前加大，各种困难、矛盾、冲突、挫折、烦恼和意外事件给人的心理和社会适应带来巨大的冲击。心理卫生日益成为人们关心和重视的突出问题。

人人都希望自己健康，但对健康概念的理解往往局限于身体健康。如只注意讲求卫生、锻炼身体、足够的营养等，而忽略了心理健康。其实健康应包括身体健康和心理健康，要求得心理健康，就必须讲究心理卫生。

一、心理卫生的概念与意义

（一）心理卫生的概念

心理卫生就是按照人的不同年龄阶段的心理特点和心理发展规律，通过各种有益的教育与训练，以及家庭、社会良好的影响来培养和维护健全的人格和社会适应能力，使人在工作、学习及创造性活动中保持身心健康，预防各种病态心理、心身疾病和精神疾病的发生。心理卫生又称精神卫生，用以维护和促进心理健康、预防心理障碍和精神疾病，更好地适应社会的知识系统与实践活动。

许多人的一生，并不缺乏能力、才华和机遇，却总是与成就和财富擦肩而过，其根本原因就是因为还不具备健康的心理和良好的个性。实践告诉我们，一切智慧、成就、财富、幸福都始于健康的心理。

心理卫生是人们健康的心理与完善的人格。它强调个人心理环境的内在稳定状态，机体对环境的有效适应和协调客观环境（包括自然环境和社会环境）的能力。随着时代的发展和生活节奏日益加快，人们对来自社会各方面的压力亦感到逐渐加大。因而，根据不同年龄的特征，通过各种形式的教育和训练，培养人们有健全的人格和正常心理，使之能够适应不断发展的社会环境，与社会生活处于和谐的状态，保持健康的心理十分重要①。

（二）心理卫生的意义

开展心理卫生的理论研究和实践工作的意义如下：

1. 心理疾病患者的普遍性　据美国的统计资料，每 4 个人中有 1 人在其一生中因心理方面的原因而引起生理方面的疾病；每 12 个人中就有 1 人将因心理方面的困难而住入医院；每 22 人中就有 1 人在其一生中会得比较严重的心理疾病，并将因此而影响其工作与正常生活。美国的医院病床中，几乎有一半是被心理疾病患者所占据的。在我国，据有关资料报道，精神病残者已超过 1 000 万人。

2. 心理疾病患者对社会影响的严重性

（1）不能从事有益于社会的工作：非常影响其家属的工作与生活。

（2）对于社会安全的威胁：有些伤害性犯罪行为是由精神病患者所为。

（3）对家庭和社会造成不良影响：因患者不健全的心理疾患，常破坏家庭的和谐与幸福，影响与他人之间的关系，引起纷争或冲突。

（4）增加社会经济负担：此类患者的治疗与照顾，常需要很高的经费。

现代社会的发展更需要心理卫生事业。随着社会的发展，现代化工业的发达，人们的生活和工作节奏已大大加快，交往也更加频繁和广泛，由此产生的各种心理和社会的紧张刺激会越来越多，而这些紧张刺激的增加又会对人们的心身健康造成越来越严重的危害。因此，大力开展心理卫生学的研究和宣传普及的工作，防止和减少高度紧张的刺激，适当地提高人们对这些紧张心理刺激的承受能力，保持心理的健康状态，维持心态平衡，以预防各种疾病特别是心因性疾病的发生，无论是对于个体还是对于社会都具有重要的意义。

心理卫生的着眼点是健康人群的心理保健，追求的是全社会人口的心理健康。心理卫生建立在社会对人的要求之上。由于人们所处的自然环境，尤其是社会环境总是在不断地变化、发展，因而个体对环境的适应总是暂时的、相对的。因此，各种困扰和挫折导致的心理失衡与适应不良在所难免。心理卫生有助于个体主动、积极地调节自己的心理状态，改进自己适应客观环境的能力。从小培养健全的心理与完善的人格，成为适应现代文明社会的成员和促进社会进步的建设者。同时，心理卫生有助于社会群体乃至整个社会努力消除某些社会弊端，净化社会风气，为改善个体的生存环境创造最佳的社会条件，从而共同

---

① 余琳，詹泽群，余方．医护心理学［M］．南昌：江西科学技术出版社，2004.

达到预防各种心理障碍和精神疾病，提高人类的心理素质，促进社会精神文明的目的①。

总之，心理的健康状态是个人正常生活和工作应必备的条件，要维持正常的智能活动，更好地学习科学文化知识，需要心理卫生的保证，进而言之，要更快地提高整个民族的文化水平，心理卫生工作是不容忽视的一环。崇高的理想，健全的修养，良好的人际关系，努力工作，遵纪守法，维护社会公德是一个人心理健康的重要标志。因此，开展心理卫生工作，也是社会主义精神文明建设的一个重要方面①。

二、心理卫生的任务与研究范围

（一）心理卫生的任务

心理卫生的基本任务是研究维护和促进人类心理健康的途径、规律和措施，提高个体的心身素质和社会的精神文明水平，包括以下三个方面：

（1）揭示影响人的心理健康的因素及其作用的规律，促进个体学习、工作和生活中形成良好的心理调节能力及环境适应能力。影响人的心理健康的因素一般有心理因素、生理因素、社会文化因素及物质生活环境因素等。心理因素主要是紧张状态、消极情绪、动机冲突及各种形式的挫折等。这些不良的心理刺激的长期存在，会对人的心理健康产生极为不利的影响，以至于导致各种精神疾病。但是，这些不良的心理刺激主要是由社会—文化关系失调和物质生活环境的有害因素造成的。常见的社会—文化关系失调如家庭关系、职业关系、伦理道理关系、经济关系、恋爱、婚姻、升学、就业等矛盾和冲突。在日常生活中每个人都可能遇到这样或那样的、大大小小的、急剧的或缓慢的变动，称为社会生活事件，这就要求人们及时地进行自我调整，以便重新适应变化的社会生活事件。这个过程需要人们做出主观的努力，付出一定的代价。由于每个人的主观条件不同，同一件事发生在不同人身上就可能造成社会—文化关系的不同程度的失调，由此产生情绪紧张，并给身心健康带来影响，甚至造成各种躯体及精神的疾患。心理卫生学就要研究人在不同的主观条件下，如何防止这些社会—文化关系的失调给心理健康带来不利影响。

（2）研究和发现个体与群体的心理卫生问题并揭示其规律，提出解决这些问题以维持和促进心理健康的措施和方法。对于不同的个体或不同的群体，其产生的心理卫生问题亦不同。不同的个体其发展阶段、个性特征及生活环境等也不尽相同，因而其产生的心理卫生问题也会有其特殊性。同样，不同类型的群体，其组织形式、服务对象、工作条件的不同，也会产生各自不同的心理卫生问题。心理卫生学要研究这些不同群体的特殊问题，以找到解决这些问题的相应办法。但是，解决各种心理卫生问题的措施和办法，从广义上说，总离不开上面已分析过的影响心理健康的不利因素的改善或消除。所以，心理卫生学在这方面的研究重点应放在人体心理如何适应社会—文化关系、物质生活环境与自身生理因素的变化，如何改善社会及生活环境条件等问题上，以减少或消除对心理健康的消极影响，维护和促进人们的心理健康。

（3）研究、探讨人生不同阶段的心理保健原则与措施，开展心理卫生的宣传教育和普及工作，以及咨询、服务活动，以增进广大人民群众的心理健康水平。心理卫生知识只有被每个人所掌握，才能最大限度地发挥其作用，以更好地实现心理卫生的目标和任务。心

① 郭争鸣，梁琼芳．医护心理学［M］．北京：北京大学医学出版社，2005.

理卫生工作者可以通过各种信息传播渠道，广泛宣传心理卫生知识，或举办各种形式的心理卫生咨询活动，解答人们提出的各种心理卫生问题，帮助机关、企业、群众团体等从有利于心理卫生的角度改善人们的工作、居住、服务及管理等条件。通过心理卫生的科普工作，使父母、教师、医务工作者、政府有关部门及其所属成员，懂得心理卫生对人心身健康的重要性，懂得如何预防各种病态心理或精神疾病。另外，有条件时还可以指导开设有益于心理卫生的必要服务机构。如残缺儿童的专门学校、各种托幼机构；对上班时间无人照顾的儿童或老人设日托部，增设少年宫，在青年群体中开展各种有益的文化娱乐及体育活动，开办各种专业的夜校和电视教育等。

（二）心理卫生的研究范围

1. 微观的心理卫生研究（不同年龄段的心理卫生）　即以纵向心理卫生的研究为方向，着眼于个体的心理卫生。这种研究按个体生长发育进程来开展；研究从优生优育胎教开始，直至老年各阶段的心理特点、心理卫生要求与措施。同一年龄阶段的人群存在着大致相似的生理和心理特点，而与其他年龄阶段的人则存在着明显差异，再加上不同的年龄阶段其所扮演的社会角色不同，所以各年龄阶段间便存在不同的心理矛盾，构成各阶段独特的心理卫生问题。

2. 宏观的心理卫生研究（不同群体心理卫生）　即以横向心理卫生的研究为方向，着眼于群体的心理卫生。以家庭、学校、工作单位、社区等特定群体为对象，探讨群体心理卫生的规律、整体要求与宏观策略。从群体角度谈心理卫生，首先是家庭的心理卫生。因为家庭是最基本的社会群体。多数家庭是由夫妇、子女，有时老少三代同居，由血缘关系维系，以主要成员的经济收入为基础的结合体。各个成员所承担的责任和义务不同，要求和作用也不一样，朝夕相处，相互影响很深。其次是学校中的心理卫生。学校是个体成长中获得知识、技能、培养健全个性，为社会输送德才兼备的人才的地方；个体走向社会后能否取得成就和做出贡献，学校教育是关键。除了学校教育之外，社会教育中的许多问题也应该引起重视。社会风气、各种文化艺术、宣传活动、娱乐活动等对人们的身心健康有着极大影响，不良的社会风气都在危害着人们，特别是青少年的心理健康。

3. 日常生活中的心理卫生　从日常生活及物质生活环境的角度谈心理卫生。在日常生活中，衣食住行、睡眠等是人们每天都要进行的活动。在这些活动中，如何培养和保持个人健康、稳定的心理素质以及健全的个性，预防一些不良因素对心理健康可能造成的损害，是日常生活中的心理卫生的课题。

心理卫生涉及多方面的知识，除了心理学知识以外，还需要社会学、教育学、医学、人类学、遗传学、生理学等众多知识的支持和综合运用。同时，心理卫生还需要社会各界的广泛参与和配合①。

（三）心理健康的判断标准

1. 马斯诺的判断标准　一共有 10 条：①是否有充分的安全感；②是否对自己有充分的理解，并能恰当地评价自己的能力；③自己的生活理想和目标是否切合实际；④能否与周围环境保持良好的接触；⑤能否保持自身人格的完整与和谐；⑥是否具备从经验中学习的能力；⑦能否保持适当和良好的人际关系；⑧能否适度地表达和控制自己的情绪；⑨能

① 郭争鸣，梁琼芳. 医护心理学［M］. 北京：北京大学医学出版社，2005.

否在集体允许的前提下，有限度地发挥自己的个性；⑩能否在社会规范的范围内，适度地满足个人的基本需求。

2. 我国心理学者提出的判断标准 主要有以下 5 条：

（1）智力正常：能正确反映客观事物，有正常的学习能力。

（2）情绪良好：情绪积极、乐观、稳定，能自我控制。

（3）人际和谐：与人为善、不强加于人，能与他人和谐相处。

（4）社会适应：能接受社会规范，适应社会环境及其他变化。

（5）人格完整：包括良好的自我意识，勤奋、积极的人生态度和客观、理智的行为习惯等。

综上所述，心理健康的标准可以理解为两条：一是能正确认识自己、他人和社会；二是在处理自己、他人和社会的关系时把握好"度"。达到这两条标准的人，就能始终受到社会的肯定和赞许；始终受到他人的认同和帮助；自己也始终感到满足和愉悦，就是心理健康的人①。

第二节 不同生命周期的个体心理特点与心理卫生

个体的心理卫生覆盖着人的一生，而人的一生是发展变化的。遗传因素是个体生理、心理发展的基础，后天环境（包括生活环境、家庭环境、学习环境和社会环境）是个体生理、心理发展的主要条件。

由于心理是脑的功能，个体的心理发展与其生理的发展尤其是脑的发展密切相关。所以，个体心理卫生是根据个体不同发展阶段的生理、心理特点，确定不同的目标与措施，循序渐进地通过创造良好后天环境的办法，使个体的心理朝着健康的方向发展。其中，由于儿童缺乏识别能力、抵御能力及调节能力，极易受到外界影响，往往经历什么就接受什么而无论好、坏。所以，儿童心理卫生不仅有助于儿童期的心身健康，亦对以后的人格健全与一生的心理健康有至关重要的作用。可以说，一个国家的心理健康状况是以儿童所达到的心理健康程度而言的，尤其要高度重视。

一、胎儿期心理卫生

优生是个体心理卫生的基础。生来大脑发育不全或在胎儿期、产程中大脑受到损伤的人，很难成为心理健康的人。所以，心理卫生应当从个体父母的婚恋开始抓起。

（一）婚姻质量对后代心理健康的影响

1. 配偶选择 包办婚姻、买卖婚姻容易使夫妻不和，甚至家庭破裂，损害孩子的心理健康。即使是自由恋爱也不可感情用事：不能近亲结婚，婚前一定要做健康检查和遗传咨询，尽可能避免下一代患遗传性疾病（包括躯体性遗传病，精神、神经性遗传病）。

2. 受孕年龄与质量 科学研究证明：受孕的最佳年龄为 22～28 岁，这一阶段胎儿的生存率最高、质量最好，而流产率、死胎率、早产率和畸形儿率最低。即使在最佳年龄，

① 郭争鸣，梁琼芳．医护心理学［M］．北京：北京大学医学出版社，2005.

夫妻若有烟、酒、药物，尤其是毒品等嗜好也会因为损害生殖细胞而影响胎儿的大脑发育，从而影响心理健康。

3. 夫妻感情与家庭氛围　和睦美满的家庭氛围有利于孩子的身心发展。整天在父母相互争吵、谩骂、攻击之中生活的孩子容易焦虑、恐惧、退缩、自卑。父母离婚，孩子的心理常常会出现畸形的发展，而且很难矫正。所以身心健康、志同道合的青年男女成婚是确保后代身心健康的基本保证。

（二）孕妇心身状态对胎儿心理健康的影响

1. 营养与疾病　母体营养不足或营养过剩均可影响胎儿的发育，尤其是智力的发育。母亲患有严重心脏病、肝病等疾病或妊娠早期患风疹等病毒感染性疾病、过多受到 X 线辐射都会影响胎儿的心身发育。因此，平衡而足够的营养和预防保健对孕妇是十分重要的。

2. 情绪　研究发现，第一、二次世界大战期间，新生儿神经系统畸形的发生率明显高于战前和战后。心理学家发现：孕妇经常焦虑，子女长大后往往多动、易激惹、好哭闹，甚至影响要奶和睡眠；孕妇经常忧愁苦闷、急躁烦恼、悲伤恐惧不但会使胎儿脑的供血量减少，还会产生一些有害神经系统的化学性物质，影响脑的发育，并容易导致难产，使胎儿发生宫内窒息、缺氧，损害脑和神经系统。因此要多方面努力控制孕妇的心理社会环境，确保孕妇心境平和、情绪乐观、稳定。

3. 生活习惯　研究发现，吸烟母亲所生子女的阅读理解力、数学计算力和一般能力都比较落后，并与母亲妊娠期的吸烟量成正比。母亲大量饮酒则会造成“胎儿酒精中毒综合征”。母亲过度劳累、熬夜或过度卧床，不按时起床、就寝、生活无规律，都会通过神经、内分泌的改变而影响胎儿健康。

（三）胎教对胎儿心理健康的影响

所谓胎教，就是有目的、有计划地为胎儿生长发育实施的最佳措施。现代医学、胚胎学、儿科学、儿科心理学都证实：胎儿不仅可以通过母亲间接地接受外界刺激和影响（如母亲的情绪），也可直接接受外界的刺激和影响。如有人用内窥镜发现胎儿的眼睛能随光线活动，触及手足可产生收缩反应，外界音响可传入胎儿听觉器官。因此，在医护人员指导下，对胎儿进行抚摸训练或让胎儿通过母亲腹壁“欣赏”高雅优美的音乐，不仅可以使产妇产生愉悦、宁静的心境，也可改善胎盘供血从而促进胎儿大脑的发育①。

近十几年来，我国关于胎教方法的研究发展十分迅速。其中通过音乐、语言、爱抚、漂浮、光照等方法的成功实例不胜枚举。为早期开发孩子的潜能做了有益的尝试。但也应该十分注意，任何事情都有个度和量的问题。胎教训练也应该在心理学家、早教专家及妇产科医生指导下完成，以免盲目执行、操之过急、违背了自然发展规律②。

二、乳儿期心理卫生

乳儿期是指从出生至 1 周岁的儿童。此期心理发展的主要特点是感觉、运动发展迅速，也是产生依恋性的阶段。这一时期，儿童心身各方面都有显著的发展：从完全没有随意动作过渡到学会用手操作物体和直立行走等随意动作；从完全不能说话过渡到能够掌握

① 郭争鸣，梁琼芳．医护心理学［M］．北京：北京大学医学出版社，2005.

② 胡佩诚，医护心理学［M］．北京医科大学出版社、中国协和医科大学出版社，1998.

一些简单的词进行言语交流。随着大脑皮层发育，条件反射日益增多完善，兴奋过程占据优势，易激惹，易发生痉挛。情绪开始分化，有消极与积极之分，有喜悦、愤怒、惊骇、厌恶等情绪反应。儿童的依恋期也在这一阶段产生。乳儿期是动作发展最迅速的时期，从全身性的、笼统散漫的整体动作逐渐分化为局部的、准确的、专门化的动作，学习走路，扩大交往范围，均对智力发展具有重要作用①。

（一）乳儿期心理特点

1. 消化功能　乳儿的消化功能尚不健全，但生长发育迅速，需要大量以母乳为主要来源的营养物质。

2. 情绪发展　其规律是从泛化的愉快或不愉快逐渐分化为较复杂的情绪。出生后 3 月末可出现欲求、喜悦、厌恶、愤怒、惊骇、烦闷等 6 种情绪反应。5 个月后有害怕、恐惧等情绪。

3. 大脑皮层　此期是小儿发育最快的时期。最初脑重平均为 390 克，6 个月时达 600 克，9 个月时达 900 克，出生后 2 周左右条件反射建立，标志着心理活动开始萌发。随着大脑皮质的发育，条件反射日益增多。乳儿的运动由完全没有随意动作过渡到用手操作一些简单物体和直立行走等随意动作；从完全不能说话过渡到能采用一些简单词语交往。

（二）乳儿期心理卫生

1. 母乳喂养与科学断奶　一方面，母乳中的营养成分、多种抗体乃至母乳的温度都适合乳儿消化吸收；另一方面，母乳喂养能密切母子之间亲密的依恋关系，使乳儿获得情感上的满足，有利于健康情绪的发展。母亲喂奶时心不在焉或在自己情绪激动的时候喂奶，都会影响乳儿的身心健康。据研究，一个人良好的习惯、有规律的生活方式，往往与乳儿期吃奶的良好习惯有关。

断奶一般在乳儿 10~12 个月时进行。断奶对孩子来说是件大事，不能搞“突然袭击”，更不能采用让母亲与孩子暂时隔离以及在乳头上涂辣椒末等粗暴的办法。而应有计划地通过逐渐增加蛋糕、奶糊、稀粥的办法，循序渐进地断奶；否则，会给乳儿造成重大的精神刺激。

2. 重视感官训练　及早对乳儿进行多种动作的训练，耐心地与乳儿进行言语交流，优雅轻松的乐曲、丰富多彩的玩具和生动活泼的房间布置，使乳儿的眼、耳等感觉器官能获得经常性的适宜刺激，不仅有助于大脑、小脑的发育，也有利于言语能力、智力和感觉整合功能的协调发展。

3. 情感呵护　乳儿期是情绪急剧分化、丰富、发展的重要时期。经常抚摸、搂抱、轻拍逗笑乳儿，让乳儿与母亲体肤接触、听到熟悉的母亲的心跳声，使之获得爱抚感、依恋感和安全感，从而满足孩子对情感的需要。这一点甚至比喂奶更重要，对培养孩子健康的情绪，促进智力的发展有重要意义。6~12 个月是乳儿心理急剧发展的时期，也是建立母子关系的关键时期。如果孩子长期得不到母爱（即所谓“情感剥夺”），不但会产生夜惊、好哭、拒食、消化功能紊乱等症状，而且会影响心理发展，甚至长大后出现人格病态②。

---

① 易朝辉．医护心理学［M］．郑州：郑州大学出版社，2011 年．

② 郭争鸣，梁琼芳．医护心理学［M］．北京：北京大学医学出版社，2005.

三、婴儿期心理卫生

婴儿期是指 1~3 岁的儿童，也称幼儿前期。此期心理发展的主要特点是：动作发展意义重大；触觉在认识活动中占主导地位；依恋行为继续发展；口头语言发展很快。

（一）婴儿期主要心理特点

婴儿时期是身体发育比较快的时期。在这一时期，由于婴儿接受周围环境的刺激，脑细胞逐渐增多，神经纤维髓鞘化也逐步发育，神经纤维变长，数目增多，大脑皮层发育，脑重量增加。由于身体和神经系统迅速的发育，使婴儿新生儿时单纯依靠皮层下中枢进行的无条件反射活动逐步形成条件反射。这标志着心理活动开始萌发。婴儿期的心理活动水平迅速发展，初生婴儿就会吃奶，但一定要把奶头放进嘴里。这时的情绪分化只有两种反应，即当生理需要获得满足时，表现为愉快，生理需要不能满足时表现为不愉快。随着社会性交往日益增多，使他产生了对母亲或接近者的依恋关系。因此，这个时期是婴儿心理活动急剧发展时期，也是建立母子关系的关键时期，此期母子经常接触孩子容易培养良好的情绪。若此期孩子长期得不到母爱，就会产生夜惊、拒食、消化紊乱等症状，甚至以后会患病态人格①。

这一时期，婴儿开始出现一些比较复杂的情感体验。认识过程和各种感觉迅速发展，感觉是发生最早达到完善化的心理过程。知觉开始发展。有没有知觉表现在儿童各个分析器能否协调活动。新生儿最初的注意是在无条件反射基础上出现的，这只是无意注意的萌芽②。

（二）婴儿期心理卫生

1. 注意进行早期教育　日本社团法人才能教育研究会会长铃木，通过实践和研究证明，培养儿童的能力必须从一出生就开始。

婴儿一出生就能感受到温柔的抚摸和听到声音，大人要同他轻声说话，给他唱摇篮曲，让他听音乐。当婴儿能看见东西时，不要挡住他的视线，让他看你来回走动，发现房间里的东西、墙上的彩画、床边的小灯、头顶上悬挂着的彩色玩具。常常抱着孩子出去散步，扩大他的观察范围，让他发现新的形状、新的气味，充分训练他的感觉器官。因此，用优化环境的方式去开发婴儿的智力是有利于早期教育的。

2. 自幼培养孩子良好的情绪和性格　让孩子多多感受和睦家庭的温暖，对培养其良好的情绪和性格有十分重要的意义。在一个和睦家庭里人们尊老爱幼，互相关心互相爱护，这种和谐而温暖的气氛有利于婴儿的心理卫生。婴儿 1 岁以内是情绪情感急剧分化、丰富、发展的重要时期，此时如能有丰富的精神接触与爱抚及良好的母子关系，婴儿则活跃愉快，反应灵敏，接受新颖刺激。未能获得这种良好关系的婴儿，长大后易产生对社会不适应的现象，如对抗、孤僻、羞怯、冷漠、不擅与人相处等。

研究证明，家庭不和睦，甚至父母经常吵嘴打架，孩子经常恐惧不安，或者母病、离婚等致使婴儿得不到感情的爱抚时，婴儿易患口吃、胃病，甚至长大后人格障碍。因此，

---

① 何德兰，李秀莲．医护心理学［M］．天津：天津科学技术出版社，1989 年．

② 易朝辉．医护心理学［M］．郑州：郑州大学出版社，2011.

为了自幼培养婴儿良好的情绪和个性就必须从父母做起，从优美和谐的家庭环境抓起①。

四、幼儿期心理卫生

幼儿期是指4岁至6~7岁的儿童，也称学龄前期，是儿童社会化迅速的时期。此期心理发展的主要特点是：强烈的好奇心和求知欲是其人格发展的主要特点；智力发展迅速；自主意识明显发展但自制力不强；游戏成为幼儿特殊的社会生活方式。此时大脑细胞活动能力增强，可从事复杂的智力活动。神经系统内抑制加工有利于更精确的识别事物。第二信号系统活动增强，词汇在综合分析活动中的作用加强，有利于学习更多的知识。在此期间纯音听觉和词语听觉的敏锐度还有差距，视觉敏锐度继续增加。此期的孩子能独立观察事物，但随机性很明显，且不会系统观察，这与被动注意占优势有关。主动注意不稳定、易转移。此外，他们的记忆具有明显具体形象性和机械性，而对抽象的词句记忆不足。想象力很活跃，但多为随意想象，有时可能把想象与现实混为一体。此期言语发展很快，孩子已能运用一些复合句来表达自己的思想。思维主要是形象思维。性格倾向初步形成。

（一）幼儿期主要心理特点

1. 幼儿期的好奇心和求知欲　幼儿期的感知、运动和言语功能进一步发展，视觉和听觉逐渐在儿童认识活动中占主导地位。随着词汇量的急增，言语理解力、思想想象力、观察力等的增强，儿童活动与交往范围明显扩大，不再局限在家庭小圈子中。城镇幼儿大多开始上幼儿园。他们不再像2~3岁儿童那样向成人提“是什么”的问题，而是开始指向事物的内在道理、本质特征，不厌其烦地提出大量“为什么”的问题。如“为什么电视机里面有人”，“为什么月亮比星星大”，“为什么她是女孩我是男孩”等。同时，智力也得到快速发展，4岁时智力已达17岁时的50%，7岁时达到80%，模仿能力、表现欲（如“人来疯”）也随之增强。

2. 独立性的觉醒——第一反抗期　随着身体尤其是大脑的快速发育，知识、能力的增加，活动范围与关注领域的扩大和好奇心、探索欲的驱使，尤其是经历了因依恋父母不愿上幼儿园但最终还是进了幼儿园的“事变”之后，幼儿的依恋情绪减弱。从2~3开始出现的自我意识得到快速发展，终于出现独立意识的觉醒，进入“自我中心”时期：小小年纪就有了自己的主意，总是不按“规矩”行事，什么事都想自己干，有时甚至自不量力，还常常拒绝父母的指示、要求和帮助，使父母、成人软硬兼施的努力付之东流，显得非常违拗。加上此期幼儿心理上的敏感性、脆弱性和自控力差，情绪异变、易冲动的特点，幼儿常常不分大小、尊长、主客，对父母、成人的要求置之不理，但特别在乎父母、成人对他的承诺。一旦成人“变心”，便容易与父母、成人发生冲突，淘气、任性时有发生。与同伴相处常出现攻击行为，这便是人们所说的“第一反抗期”。但这种“反抗期”又是个体成长的必经阶段，有积极的一面。据研究，意志力正常发展的幼儿，84%经历过反抗期，成人后自主性较强，而意志力薄弱的幼儿中只有21%经历过反抗期，成人后多显得被动、缺乏主见。至幼儿晚期，这种“反抗”逐渐收敛。

3. 社会需要迅速发展　此期，幼儿出现一些初级的社会需要，如与小伙伴亲和的需要，希望被注意、被重视等。其社会性情感也得到发展，有了同情心、初步的友谊感和道

① 何德兰，李秀莲．医护心理学［M］．天津：天津科学技术出版社，1989.

德感。

（二）幼儿期心理卫生

幼儿期心理卫生的主要任务是发展感知觉能力，保护好奇心，淡化与限制“自我中心”。

1. 智力开发　利用以往的经验解决问题，取得成效并获得新经验的过程高低取决于先天的遗传素质与脑发育水平、年龄及教育训练状况。3 岁以后的儿童，行走活动自如，这些都有利于他们同外界环境的交往，有利于他们观察、认识世界的能力不断增长，从而提高其智力水平。如果在这段时期不及时、正确地引导儿童，发展理解和运用语言的能力，建立数的概念，养成自己动手的良好习惯，注意培养记忆能力，就不能迅速提高儿童的智力。有许多家长正是按照孩子的兴趣，因材施教，及时给予启发和鼓励并培养出了智力超群的儿童。但也有一些家长违背儿童生理、心理发展的规律，强迫孩子做一些不感兴趣的困难作业，一心想培养出小神童、小影星或小提琴家，或进行紧张的外部训练。这样做，不但不能开发他们的智商反而给他们加上沉重的精神压力，使幼小的心灵又经常处于紧张状态，其结果往往事与愿违。孩子还可能出现厌世行为，反复出现一些难以抑制的思想、动作，或产生其他心理依附。

2. 保持好奇心　学龄前儿童，活动范围扩大了，言语思维能力发展很快，开创了创造性思维活动。他们喜欢探索，求知欲很旺盛，对外界事物好奇心很重，对周围的一切都要打破砂锅问到底。这和好奇心有很大的关系。儿童好奇心还是驱动他们去认识周围世界、学习知识的原动力，同样这种好奇心也是自我创新和想象力的体现。这种好奇心源于婴幼儿期独立自主倾向的发展和培养的结果。缺乏自主感的儿童对探索外界缺乏兴趣，当然也就缺乏好奇心。

3. 重视游戏　第一，游戏是幼儿认识周围环境、认识事物的主要途径，是抒发情感的主要方式。幼儿在游戏过程中增加了知识，提高了语言能力，而幼儿的言语发展水平，将会影响孩子将来从事的职业和社会交往的基本能力。第二，游戏可以发展幼儿的感知觉、注意、思维和解决问题的意志等心理活动。第三，游戏可以发展幼儿的想象力、创造能力，在游戏中实现自我。幼儿的想象十分丰富，他们好像生活在两个世界里，一是现实的世界，一是想象的世界，在游戏中发展和丰富起来的想象力对他们将来的学习、成长有重要的影响。第四，游戏，尤其是结伴的、合作性的游戏可以培养孩子的纪律性与协作精神，在游戏中学会如何坚持自己的意志，如何谦让、接纳别人的意见，如何按游戏规则控制自己。此外，有些游戏还可以增强体质等。游戏既是幼儿最主要的需要之一，也是促进儿童心身发展的最好活动方式。但是，对孩子的游戏要进行合理的选择，多种游戏搭配并尽可能给予指导和引导，以充分发挥游戏的积极作用。

4. 科学精神与求学意识的启蒙教育　知识经济时代和学习化社会的到来要求儿童将来要有较强的学习能力、掌握扎实的科学知识。应充分利用幼儿的好奇心、探索欲，尽可能耐心、准确地回答他们提出的各种问题，不要因工作忙、情绪不好而敷衍、应付孩子。那样将会把儿童的求知欲“扼杀在摇篮里”，使他们从此缺乏学习、进取的锐气，丧失成长的起步机会。同时，应尽可能利用一切机会（如日常生活、游戏等）有选择地介绍各种幼儿能接受的科学常识，尤其是在幼儿后期，应采取各种方法激发幼儿的求学欲望，为将来上学读书奠定基础。

5. 将社会规范引进幼儿生活　处于“自我中心”时期的幼儿自控能力差，缺乏基本的是非观念；加上易冲动的情绪特点，攻击行为较为普通，尤其是受到溺爱的幼儿。这对儿童的社会化发展极为不利，容易导致入学后甚至长期的社会适应不良。英国大教育家约翰·洛克指出：“礼貌是儿童和青少年应特别小心地养成习惯的第一件大事。”因此，随着世界性的儿童成熟速度加快，有必要将一些基本的社会规范引进幼儿的生活。而且，幼儿快速发展的智力及依然存在的对父母、成人的依恋、依赖关系为这种“引进”提供了可行性。例如，引导幼儿摆正自己的位置，认识自己的角色地位，尊敬长辈，关心家庭；爱护公共财物、公共设施；爱护环境，不乱扔脏物；在幼儿的生活、游戏、学习等过程中，努力让孩子学会关心他人，学会谦让，分享和同情老弱病残，学会相互帮助等初步的亲社会行为，并以各种适当的鼓励、奖励方式加以强化；对其各种独占、任性、违拗、攻击等行为进行是非教育与适当的冷落、惩处。简单地训斥与打骂不仅不能解决问题，甚至会适得其反，容易使幼儿更加任性，或使幼儿形成自卑、被动、退缩、保守的性格。

总之，幼儿期是实施早期教育的一个十分重要的时期。父母的个性与教养管理方式极为重要和关键。既尊重幼儿的独立性，又坚持对幼儿的合理要求，采用关爱、引导、表扬、鼓励、说理等积极的民主方式，最有利于幼儿形成自信、活泼、知足、礼貌、爱探索、自控力强、富有创造性和建设性的健全心理①②。

五、童年期心理卫生

童年期是指6~7岁至11~12岁的儿童时期，属小学阶段。此期是个体心理发展的重要转折期。此期心理发展的主要特点是：学习成为儿童的主导活动，认知能力发展迅速；模仿力强，常以兴趣左右自己的行为；心理压力大，学与玩的矛盾突出；性格的可塑性大，情商的培养极为重要；社会性初步发展，与同伴交往的关系密切。

（一）童年期主要心理特点

1. 生理、心理发育为正规学习奠定了基础　童年期除生殖系统外，其他系统、器官的发育逐渐接近成人。此期儿童精力旺盛、情感外露，其标志为活泼好动，天真烂漫，有口无心，体现出“童心”的内在特点。儿童求知欲旺盛、感知力增强并向目的性和有意性方向发展；注意的稳定性逐渐增强并向有意注意发展；记忆也从无意记忆向有意记忆发展；思维虽以具体形象思维为主，但10岁左右时逐步向逻辑思维过渡。此期是儿童认知能力迅速发展的时期，若能受到良好的学校教育与家庭教育，儿童可表现出较强的学习能力和创新能力。

2. 情感外露，兴趣易变，往往以兴趣左右自己的行为　随着活动范围与内容、交往对象的增多及活动能力的增强，儿童情感活动的机会与类型增加。所以人们常有“幸福的童年”的感觉：喜、怒、哀、乐溢于言表，细小的成绩可使其得意忘形，微小的挫折又可使其垂头丧气；对什么都感兴趣，但对许多事物的兴趣都难以持久。家庭和社会都希望儿童对学习有持久的兴趣。因此，关注和引导儿童的兴趣应当引起家长和教师的充分重视。

3. 模仿能力强、是非辨别能力差　儿童模仿能力很强，不少儿童在小学阶段就能习得

---

① 郭争鸣，梁琼芳．医护心理学［M］．北京：北京大学医学出版社，2005.

② 胡佩诚．医护心理学［M］．北京：北京医科大学出版社、中国协和医科大学出版社，1998.

良好的书法、美术、体育、器乐、声乐、表演、制作等方面的能力与技巧。但由于是非辨别能力差，社会上的不良风气如讲粗话、斗殴、抽烟、喝酒、送礼、穿奇装异服、拉帮结派等也可成为儿童尤其是高年级儿童模仿的对象。

4. 自控力发展但对挫折的耐受力差　此期儿童一般能按学校和家庭的要求做到按时作息、完成作业、遵守纪律和行为规范，但男孩差一些。由于考试、评比、学习成绩等评价因素的出现，儿童的自我意识受到敲打。尤其是学习上的挫折如果得不到家长和学校的正确引导与安慰、鼓励，会导致儿童痛苦的自我体验（委屈、羞辱感）和低下的自我评价（愚蠢、无能），极易使儿童自卑、自暴自弃而走上厌学、恐学、逃学的歧途，甚至发生“学校恐怖症”而难以坚持上学。

5. 社会交往的转折期　进入学校后，儿童的社会交往从依从家长逐渐转化依从作为权威人物的教师。此时，教师的言行比家长更有举足轻重的作用。到小学三四年级时，儿童之间活跃的学习生活与集体活动使不同个体在班集体中的地位、作用发生分化，出现类似“物以类聚，人以群分”的现象，儿童的交往开始向“伙伴”方向发展；至五六年级时，“伙伴交往”倾向更加突出并继续发展，对父母、教师的依从关系明显下降。

伙伴交往是儿童社会性发展的非常重要的途径，对儿童的人格发展和社会性发展具有不可忽视的作用。心理卫生有必要把握这种社会交往的发展趋势。

（二）童年期心理卫生

童年期心理卫生要解决的主要矛盾是学与玩的矛盾。

1. 培养对学习和学校的兴趣　优雅的学校教育、教学环境，丰富多彩的校园活动都有助于吸引学生。更重要的是，所有的教师尤其是班主任应当深刻领会“知之者不如好之者，好之者不如乐之者”的道理，懂得“学习的最好刺激乃是对所学材料的兴趣”，要充分利用学生的学习兴趣，让他们听得有趣，学得高兴，记得愉快、牢固，这也有利于增强儿童注意力的稳定性，进而培养良好的学习动机，积极的学习态度，养成良好的学习习惯。要开展多种业余文体、娱乐活动，将儿童的兴趣尽可能拴在学习和生活相对净化的校园里，尽量减少社会不良风气对儿童的影响。

2. 正确处理学与玩的关系　爱玩是儿童的天性，只宜引导，不宜压制。知识的激增与社会对人才的渴求迫使教育不得不提高了对儿童的要求，就学就业的竞争使几乎所有的家长都对儿童的学习抱有很大的期望。来自学校和家长的双重压力不可避免地落在了天真无邪、心理微弱的孩子身上，从而使学与玩的矛盾变得十分突出。学校与家长如果不能认真协调两者的关系，将严重影响儿童的身心健康，使儿童不仅难以成才，甚至难以成人。

要解决这个问题，应努力做好以下几点：

（1）端正对学与玩的认识：①学与玩可以相得益彰。学，不仅仅是学科学知识，还包括学技能、学家务、学做人、学生活；玩，不仅仅是娱乐，也有利于育智、育德、育体、育美。所谓“寓教于乐”，就是尽可能使“学”有“玩”的味道（尤其是低年级），使“玩”有“学”的成分。将学与玩对立起来或强制儿童接受“学习第一，玩耍第二”的观念是没有必要的。②学与玩可以相互调节心理。一般而言，学习，尤其是考试会给人带来一定的精神紧张；玩耍，则可以使人获得相对的精神松弛。俗话说“一张一弛，文武之道”。开心的玩耍、娱乐有利于儿童以良好的心情和体力去从事学习活动、提高学习效率。③理智对待学业成绩。“终生学习”是当今学习化社会的要求，用“分数”浇灭儿童学习的兴趣与自信心是最得不偿失的。对儿童的学业成绩尤其是考试分数不宜过于期待，过于敏感，过于激动。理智地与儿童一起查找失败的原因，总结成功的经验会更加有利于儿童的学习。

（2）处理学与玩的策略：关键是把握好学与玩的“度”，并努力使孩子做到该学的时候认真学，该玩的时候开心玩，并选择好玩的内容。①减轻课业负担。儿童的心理特征与承受能力决定过重的课业负担会泯灭儿童的创造力，甚至会泯灭儿童对学习的兴趣与动力，使儿童视学习为灾难，从而千方百计逃避学习，并与家长、学校发生冲突，降低学习效果。②量力而行选择课余特长培养项目。根据儿童的能力、爱好与生活条件适当选择书法、美术、体育、英语、音乐等课余特长培养项目对提高儿童综合素质是必要的，但切忌过多与强制。③引导儿童的健康娱乐。如选择有利于德、智、体、美全面发展的游戏；观看适合儿童理解能力的知识性、趣味性电视栏目等；阅读生动的科普类的课外读物，开展能够激发创新能力的制作活动等。④初建时间运筹意识。帮助孩子制订计划，合理安排学习、玩耍、家务劳动的时间，不仅有利于儿童学会充分、合理地利用时间，养成有条理的学习、工作习惯，而且有利于儿童发展自我控制能力，学会注意力的适时转移。⑤尽可能兑现带孩子玩耍的许诺。家长对孩子的失信，很容易导致孩子的报复，如孩子对学习的失信，并影响儿童“诚实守信”品德的培养。⑥不要试图培养“标准儿童”。家长和老师不要要求儿童事事听自己的指挥，不要干涉过多。要让儿童有一定的独立性，有自己的思维、决策空间，有自己的主见。否则，一旦没有大人的指点，就会茫然不知所措，缺乏有效地适应环境的应变能力。

3. 注重智力因素与非智力因素的协同发展　小学阶段是打基础的阶段，不仅是智力因素发展的重要时期，也是非智力因素（即“情商”）发展的重要时期。教育心理学家的大量研究表明：智商高不一定使人成功，情商高更易使人成功。只重视智力因素，忽视非智力因素的偏向是十分幼稚、缺乏远见的。智力因素主要包括记忆、理解力、联想力、分析力、学习方法与策略等。童年期的非智力因素主要体现在以下几方面：①从小立志。引导儿童从各种媒体了解科学家、政治家、企业家、艺术家的成长故事，激发儿童以他们为自己人生的楷模，从小立志成为对国家、民族、人类有贡献的人才。②良好的各种习惯，如自觉守时的作息习惯；勤俭节约、生活自理、不浪费、不奢华、爱劳动、爱整洁的生活习惯；独立完成作业，刻苦、认真、勤学好问的学习习惯；细观察、善比较、爱探索、勤分析的思维习惯；与人为善，礼貌谦虚，尊老爱幼，诚实守信，助人合作的人际交往习惯等。③坚强的毅力。包括克服困难的勇气，抗挫折能力，抗诱惑能力和坚持不懈、始终如一的精神。④责任意识。包括关心他人、关心家庭、关心集体、关心环境的意识。童年期儿童性格的可塑性大，必须长期注重非智力因素与智力因素的同步发展，方能使儿童顺利完成后续的中学、大学学业，形成健全的人格，适应飞速发展的社会；否则，可造成儿童懒惰、依赖、孤僻、任性、自我中心、霸道、放纵等不良性格而难以成长，甚至被社会所淘汰[①]。

---

①　郭争鸣，梁琼芳. 医护心理学［M］. 北京：北京大学医学出版社，2005.

六、少年期心理卫生

少年期是指11~12岁至14~15岁从儿童向成人的过渡时期，是人类个体生命全程中一个十分特殊的阶段，也是个体心理卫生的困难期、危机期。其主要心理特点是：由于身心发展不平衡，心理矛盾冲突增多，儿童自我调节能力不足却又常常不服从父母、师长的教育、指导，成为心理发展的第二反抗期。

（一）少年期主要心理特点

1. 盲目的成熟感——第二反抗期　少年期是个体生长发育的鼎盛时期，身高、体重、肩宽、胸围的成长全面加速，进入“第二加速期”（第一加速期为0~1岁）。同时，出现世界性的“青春期缩短”现象：变声、体毛发生、乳房发育、月经初潮、遗精现象都提早出现，并在短期内达到初步成熟。

这种快速的生理发育在毫无思想准备的情况下悄悄地发生，他们突然感到自己长大“成人”了，能自己做主干很多事情了，对自然社会、人际交往等问题似乎也有了自己的观念与看法（其实，他们的这些观念和看法常常是幼稚、主观片面的和绝对化的）。然而许多事情他们还不得不依赖父母和师长（如花钱），尤其令他们烦恼的是，父母、师长“居然”还把他们当孩子，给他们设置了许多规矩和限制（如游戏）。他们觉得，一定是大人们错了。同时，性的初步成熟使他们又新奇、激动，又羞怯、不安；环境和舆论的限制使他们没法表达自己的“心思”，只能隐藏在心理和日记中。

2. 增长的交友需求　第二反抗期的出现常使工作繁忙的父母来不及认真、及时地消除与孩子的冲突和隔阂；日益紧张的功课也使追求独立人格的孩子有了疏远家长的理由；他们渴望得到别人的接纳与尊重，非常注重自己在同学、朋友、同龄人中的地位，而“相似性吸引”的人际交往规律更为他们的同学、同伴中寻求“知心朋友”创造了条件，他们与同龄朋友的关系日益密切，常出现“同龄人集群”现象，形成小团体。这种小团体的发展方向应当引起家长和学校、社会的关注与重视。

3. 动摇的求学意识　少年期学生常常处于这样一种心理环境中：第一，随着学习科目的增加，竞争性更强，学习压力更大；第二，家长望子成龙、要求严格，孩子苦恼；第三，教师、学校、同学的关注和鼓励多集中在少数优秀学生身上，成绩差甚至成绩一般的学生难以找到自尊；第四，现代社会都市化的繁荣与发展，电视、电脑等娱乐活动对自制力脆弱的学生有巨大的诱惑力；第五，不良伙伴之间负性情绪的相互强化；第六，成人往往缺乏对上述环境的深刻认识和耐心、有效的心理疏导。这一切极易动摇少年的求学意识，同时，由于少年期情绪不易自控的特点，常常凭兴趣对待学习，不容易做到持之以恒，所以，学业成绩的两极分化也多在初中阶段渐趋明显，学习问题成为少年期主要的心理问题之一，而且男孩比女孩多见。

4. 苦恼的性心理　生殖器官的发育和第二性征的出现对少年的心理、行为带来较大而持久的冲击：不适来临的强弱不等的性冲动感和接近异性的欲念，以及自己被异性关注、打量、议论的情景使他们感到心慌意乱。就在他们迫切需要科学的性知识，尤其是性心理知识与应对策略的时候，《生理卫生》课本上只有一些不痛不痒的纯生理性的简单介绍；家长和老师更不能满足他们性认知上的要求；想问又不敢多问，想说还不好意思说，他们不得不在奥秘的生理感受和心理体验中独自猜测、探索，往往陷入“青春期烦躁”中，这些烦躁又常常和他们在学习、交友与家长关系上的烦心事交织在一起，使他们的情绪反应变得十分敏感、强烈、冲动而不稳定，以致不少少年染上种种苦不堪言的心理疾病，甚至走上犯罪道路①。

（二）少年期心理卫生

少年期心理卫生要解决的主要矛盾是心身发展不平衡与社会规范的矛盾。

1. 帮助少年顺利渡过反抗期　反抗期矛盾的焦点是：少年对自身发展的认识超前，忽略自己心理不成熟的一面；而父母对他们发展的认识滞后，忽略其“成熟感”的事实。在反抗期，亲子关系的处理尤其重要。如果处理得不好，父母一碰到孩子顶嘴、反抗，就非要治治孩子，会使矛盾激化，使孩子长期陷入压抑感中难以自拔，或者使他们患上心理疾病，或者把他们逼上歧途。父母也会因此而失去应有的教育权，失去子女的尊敬、爱戴，家庭也失去欢乐。

父母要充分认识到每个人都是从依从父母、老师，最后发展到独立自主的。孩子有了独立要求、独立思维、独立能力是孩子成长中的正常现象，有利于孩子独立人格的形成，是值得高兴的事。一方面，父母应当有成人的自信，完全可以合理利用孩子尚不能独立生活，还需要依赖父母的一面来发挥自己的教育力和影响力。另一方面，父母要抛弃专制主义作风，不能像孩子一样控制不了自己的情绪，要求孩子一切都照自己的主张去做。要和孩子建立朋友似的友谊关系，尊重他们的自主权与隐私权，耐心倾听他们的意见和要求，然后利用自己的知识、经验和能力加以引导。如果引导不成功，也要有允许他们选择，允许他们出偏差、出错误，允许他们改正偏差、错误的长者风范。让孩子充分认识和体验到知识、经验、能力的重要，认识到“成熟”的不易，体验到“成熟”的魅力，促进孩子形成积极而不鲁莽，热情而不冲动，顽强而不执拗的独立意识，平稳地渡过“心理断乳期”，以便顺利地进入成人社会。

此外，由于少年疏远父母的倾向更为明显，所以家长与教师的相互沟通、配合，更利于少年渡过反抗期。

2. 关注少年的“伙伴世界”　据研究，从小学高年级开始，儿童的伙伴关系依从性进入高峰期，孩子更注重朋友间共有的价值观，更重视同伴对自己的评价。家长和教师因忙于工作与生活很难进入孩子的“伙伴世界”。如何填补这个心理卫生的空白点，应当引起家长、学校与社会的高度重视。

良好的伙伴关系有助于满足学生独立、尊重、归属的心理需要，促进健康价值观的形成和社会化的发展，不良的伙伴关系轻则使孩子的人际关系越来越被物化而出现实用主义的倾向，重则可能使孩子走上歧途，成为犯罪团伙的一员。

要按照联合国教科文组织提出的《学会关心》宣言的要求，教育少年像关心自身健康与学习一样，关心真理、关心他人、关心家庭、关心国家和社会；要组织多种集体活动，教会学生明辨是非，掌握交友的基本原则；要努力防止各种腐朽、淫秽的书刊、视频污染少年的心灵。

3. 学会学习　“学会学习”是对所有人整个一生的要求，但在少年阶段加以强调很有必要。著名教育心理学家第斯多惠说过：“一个坏的教师奉送真理，一个好的教师则教

---

① 郭争鸣，梁琼芳．医护心理学［M］．北京：北京大学医学出版社，2005.

人发现真理。”在强调学习没有捷径，勤奋永远是第一要诀的前提下，充分利用少年迅速发展的智力与独立意识，教会学生多种学习方法，其重要意义是多方面的。

4. 科学的性知识教育　与动物不同，人类的性由生物、心理、社会三因素组成，很大程度上会由心理因素（即动机、态度、情绪、人格等）出现性敏感、性饥渴、性冲动，仅仅进行性生理的“纯性知识教育”会导致少年性认知的偏差，甚至促使其早恋与犯罪；但仅仅以法代教又不利于消除少年因性无知而导致的性行为、性幻想和性紧张等心理问题。所以，吴阶平指出：坚持性知识教育与性道德、性法制教育的统一，是开展性知识教育的一个重要的原则。

在针对性地解决少女对月经的惶惑，对自己容貌、体像的自我评价，白日梦，性幻想，以及少男对遗精的惶惑，手淫、性梦、性幻想等具体心理问题的同时，应强调人类对性是具有自控力的，青少年应将主要精力放在德、智、体的发展中去，这有利于将来获得美满的恋爱、婚姻生活①②。

七、青年期心理卫生

青年期是指 14~15 岁至 35 岁左右的一段时期。部分人可以在此阶段进入成人期，还有部分人也许只能达到“准成人”的程度。其关键在于前者在少年、儿童期就获得了良好的心理发展，而且在青年早期持续了这种发展。青年期是人生中生命力最旺盛、最富有理想和朝气、最美好的“黄金时代”，也是个体脱离少儿的认知方式与生活方式向成人时代迈进的质变期。生理成熟快、心理成熟慢与社会要求高的矛盾成为这个过程中的主要矛盾，因此青年期是个体一生中心理变化最为剧烈复杂和动荡、也最容易发生各种心理行为问题乃至精神疾病的高峰期。

（一）青年期主要心理特点

1. 智力发展的高峰期　随着生理发育的成熟，青年人逐渐获得敏锐的观察力、良好的记忆力、理解力和概括力；注意力稳定而又可灵活转移；逻辑思维能力基本完成；对新事物极为敏感，容易接受，表现出认知旺盛的特点，分析问题、解决问题的能力得到充分发展。智力，尤其是液态智力的发展达到高峰。

2. 自我意识的形成期　青年早期，他们评价别人的意识与能力强于自我评价，随着智力的迅速发展，知识的全面增加和视野的持续扩大，青年人开始并不断憧憬着自己的未来，审视、思考着自己的现在。“理想我”与“现实我”不断地碰撞，催促着青年人自我意识的发展：我是谁？我的知识能力、品行习惯、容貌身体、爱好特长有哪些优势？别人怎样看我？我该以谁作为自己效法的榜样？我该向什么方向发展？我能适应将来的社会吗？我的努力是否有价值？我选择的事业是否有前途？我在未来社会中应该具有什么地位？我该怎样做才能实现我的理想？我能找到一个志同道合的人生伴侣吗？自我意识的形成过程使青年们或兴奋、激动，或苦恼沮丧。当客观现实与个人的期待、判断相统一时，他们便产生自我认同感，否则就会出现心理冲突，迷失自我，甚至发展为自我拒绝。

可见，青年期自我意识的发展过程主要是自我概念、自我评价和自我理想的整合与统

① 郭争鸣，梁琼芳．医护心理学［M］．北京：北京大学医学出版社，2005.

② 胡佩诚．医护心理学［M］．北京：北京医科大学出版社、中国协和医科大学出版社，1998.

一的过程。

3. 理智弱于情绪的冲动期　青年期旺盛的精力，迅速增长的知识、才干和自我意识使他们产生一种愿意介入成人社会，面对一切竞争与挑战的锐气。他们敢想敢说，敢闯敢干。这种锐气如果能获得成人的理解、信任、宽容、引导与把握，他们常常能抓住机遇，取得令人瞩目的成就，甚至在关键时刻挺身而出，做出惊天动地的壮举。然而由于这种锐气更多的是一种好胜的情绪而非理智使然，一旦为哥们义气或坏人所左右，他们也可能干出伤天害理、危害社会的事来。大多数情况下，由于青年期注定要面对就学、就业、恋爱、婚姻、人际交往、环境变迁、社会适应等多方面的不确定因素和选择，有限的经历使他们没有，也不可能有足够的思想准备与应对措施。当困难、挫折、批评、责难或成功、喜讯、机会向他们袭来的时候，心理尚未成熟的他们很难理智地对待，加上情绪反应的速度本来就比思维的速度要快 3~4 倍，处于认知旺盛期的青年，其反应便会很快地从情绪上体现出来。他们情绪活动的主要特点是敏感、丰富、强烈、冲动、不稳定、难持久，有时热情似火，有时会冷若冰霜，容易受环境变化的影响。遇事容易激动、偏激，“血气方刚”。即使是腼腆、矜持的女青年，情绪活动的表露不明显，但内心的体验极为细腻、微妙和剧烈，特别是有抑郁倾向者，一个对别人也许微不足道的小刺激，却可能无法容受，甚至促使其走向绝路。

4. 与他人、集体、社会的磨合期　青年期旺盛的生命活力与增长的知识才干常常使一些青年自我感觉良好。他们或不愿受集体的约束，或对集体、社会的责任意识十分淡薄。他们幼稚地以为父母师长的忠告是对他们自由的干预，或者是危言耸听。他们满足于在同辈人中探索他们自己认可而非社会认可的标准。然而他们必须融入社会，他们也急于融入社会，但他们毕竟涉世不深，对纷繁复杂的社会问题没有深刻的体验。当他们发现社会对他们这群冒冒失失、不知天高地厚的青年板起面孔时，他们才会感到社会的强大和自己的弱小；才会发现高速发展的当代社会对个体的要求越来越高；才会醒悟，只有个人适应社会才是唯一出路，只有全方位达到社会要求的标准，才能被社会挑选和接纳，才有可能实现自己的理想和人才价值。

有些人在青年期可以完成这个磨合过程而宏图大展，有的人则迟迟不能反省自己、调节自己而失去极好的发展机会，甚至造成终生的遗憾。

（二）青年期心理卫生

青年期心理卫生要解决的主要矛盾是心身发展不平衡和社会要求高的矛盾。

1. 树立正确的自我观念　正确的自我观念是心理健康的重要条件。学校和家长首先要端正成才与成人的关系：孩子仅会学习，不会做人，将来不但难成气候，甚至难以在社会上立足！因此，要千方百计教育孩子学会正确地自我分析与自我评价。自我估计过高常导致个性的扩张，心中只有自己，没有他人、家庭、集体和社会，最终必然会造成对自己不利的人际环境，甚至为社会所抛弃；自我估计过低也会导致个性的萎缩，缺乏克服困难、挫折的勇气和应对竞争、挑战的信心，最终难以生存。为防止出现不适应社会需要的病态人格，青年从学生时代起就要在学好科学文化知识、参加社会实践活动的同时，学会把自我放在与社会、集体、他人及自身前后的对比中认识和评价，充分了解自己的长处与不足，在获得客观而清晰的自我评价后，主动地进行自我调节、自我控制和自我教育，从而以良好的心态融入社会，并赢得自信。

2. 确定适度的抱负水平　青年期是一个人开始走向社会，开始对自己、他人、家庭及社会承担责任和义务，开始实践和发扬人类文化和思想，奠定自己今后大半生的幸福生活与生命价值意义的起点，当代青年正处于一个开放、多元、变化的社会环境中，一个理想与磨砺并存，挑战与机遇共存，希望和绝望相伴，幸福与困苦紧随的时代。确定一个适度的抱负水平是至关重要的。超越现实的理想容易导致挫折与失败，引起心理的创伤；过低的抱负会使自己失去进取的动力，降低自己的人生价值。

3. 建立和谐的人际关系　除了个性、能力之外，最能影响一个人成就大小、生活幸福的就是良好的人际交往能力与和谐的人际关系。

青年早期，由于学习的压力，家长、学校常常只注重科学知识的培养而忽略人文精神的培养，不少青年人进入社会后出现交往困难。有的青年交往的范围非常狭窄，常常只限于“圈子内”的几个伙伴，尤其不愿与成人和长辈沟通交往。结果由于信息量少、思维局限、狭隘、与集体疏离，最终导致与同龄人交往困难，与异性交往困难，与其他年龄段和不同社会阶层的人交往困难，严重影响个性的发展和生存质量。

相形之下，那些在学校期间能接受学校教育，正确处理自己、他人与集体关系，乐于助人、乐于为集体承担义务的青年则既有知心伙伴，又能获得大家的好感，并经常得到学校老师、领导的指点，进入社会后，个人的发展就顺利得多。

4. 兼顾竞争意识和团队精神　当代社会的竞争不仅仅是个体间的竞争，更是团体之间、国家民族之间的竞争。团队不能没有个体，个体也离不开团队。缺乏创新精神和竞争意识的人，不可能有独立自尊的人格，也就不能体现自身的社会存在价值，很难立足于社会；过分看重个人的力量和一己的私利，缺乏团队精神与合作意识的人，首先不能获得团队的认同与接纳，不仅个人的竞争无从谈起，也会因找不到自己的归属与自尊而承受心理压力，甚至出现心理障碍。因此青年人在求学、就业、创业的过程中应始终坚持竞争意识与团队精神统一的原则。

5. 培养坚忍不拔的创业精神　当代社会给青年人提供了很多机会，但竞争性也很强，没有人能够随随便便成功。人生苦短，青年人首先要有勇于创业的意识。在广泛收集多方面信息的基础上，客观衡量自己的能力，并要有承受挫折和失败的风险意识和心理准备，克服青年人经历少、好胜而缺乏韧性的弱点，瞄准方向、脚踏实地、坚持不懈地去努力奋斗。要有一种“拼命去争取成功，别指望一定成功”的心态和“不怕从头再来”的韧劲，尤其不要见困难就退让，朝三暮四，轻易改变自己看准了的方向。否则不仅一事无成，还可能在挫折、失败面前产生强烈、持久的心理应激反应，甚至导致心理障碍与疾病。

6. 树立正确的友谊观和婚恋观　爱结交朋友是青年期重要的行为特征之一，恋爱、婚姻也是青年期要解决的一件大事。良好的友谊与婚姻会给情感生活带来美好幸福；不良的友谊和婚姻轻则给人带来心灵的创伤，重则甚至会毁掉人的一生，并给其他人和社会带来危害，绝不可小视和轻率。

正确的友谊观包括：①择友的原则。应选择有积极的人生态度、人生理想，爱生活、爱学习、爱劳动，有道德、有进取心、有责任心的人交朋友。②交友的原则。能同甘共苦、共患难、重义轻利，能求大同、存小异、保持距离。因为距离产生美，再好的朋友，也应保持各自的独立性。

正确的婚恋观包括：①婚姻应以双方的爱情为基础，爱情以双方的利他精神而建立。

②恋爱婚姻意味着自己对对方的责任，应理智对待。③应在道德和法制的框架内恋爱、结婚。青年人体内变化不定的性激素有时会使人出现性冲动甚至性攻击，应当克制。而且恋爱婚姻应以不影响他人幸福与社会安宁为前提。④正确权衡恋爱婚姻对学业、事业和后代的影响，不可感情用事。⑤青年早期把精力放在德、智、体诸方面的全面发展上更易获得良好的恋爱、婚姻质量[①]。

自我意识的出现对青年期人生观的形成，价值观与道德观的确立，有着重要的关系。应该让青年在人生历程的顺与逆、苦与乐、生与死的矛盾中，得到正确的引导与教育，使其学会有意识地调节和控制自己的情绪行为，树立正确的道德风尚，培养积极的个性心理特征，摆脱孤独与空虚的精神情境，使心理得到健康发展[②]。

八、中年心理卫生

按世界卫生组织提出的标准，中年期是指 45～59 岁的人群。我国习惯上是指 35～60 岁这一时期。中年期是个体心身发展的成熟期，是生命的鼎盛时期，也是建功立业，对社会影响最大的辉煌时期。由于中年是社会的中坚、家庭的支柱，各种压力都要由中年人承担，各种矛盾都要由中年人来解决，因此，中年期是个体一生中身心负荷最为沉重的时期。

（一）中年期的主要心理特点

一般来说，中年人的生理功能和心理状态都处于成熟而比较稳定的状态。人体组织器官已定型，中枢神经系统的兴奋和抑制过程比较平衡，但随着年龄增长，神经纤维和突触的传导速度随年龄的增长而减慢，所以神经、精神反应速度逐渐趋向缓慢。脑组织对氧及葡萄糖的消耗率也减少。人体基础代谢率有逐渐减低的趋势。总之，人体各个系统均有相应的改变。

中年是一个人发挥创造能力，在事业上多出成果的阶段。此时智力发展达到最佳水平，知识的积累达到较高程度。中年人是社会和家庭的中坚，在社会上是各项工作的骨干，任务多，强度大，责任重、起着承上启下的作用，在家庭中也是主力和中心，既要孝敬、赡养老人，使其安度晚年；又得抚养、教育子女，使其德，智、体全面发展。因此，中年人早起晚睡，整天忙碌，很少参加文体活动，容易积劳成疾，损伤心身健康。

（二）中年期的心理卫生

1. 保持健康的情绪　中年人心身的负担都很繁重，各种矛盾都可能引起心理上较大的波动。因此必须善于控制自己的情绪。情绪带有主观的性质，每个人都能对自己的情绪施加影响。借助适当的学习和训练手段，可以正确认识和对待客观的外界变化及自身变化，并积极地去适应它，尤其遇到烦恼、悲哀等不顺心的事，应学会自我控制、自我教育，看到事物的光明和美好方面，从而保持健康的情绪和心理上的平衡，以增进心身健康。

2. 善于用脑及合理用脑　人脑的功能有较大的潜力，但应用不当会使其功能得不到有效的发挥。中年人大都是生产、科研及其他工作第一线的骨干，平时还要为家庭、子女、各种人际关系等操心，对各种矛盾一时难以排解，都可造成紧张状态。思想负担过重、用

---

① 郭争鸣，梁琼芳. 医护心理学［M］. 北京：北京大学医学出版社，2005.

② 安之璧，施榕. 医护心理学［M］. 上海：上海科学技术文献出版社，1990.

脑过度可产生失眠与疲劳反应，久之可发生神经衰弱，记忆力减退。因此，中年人必须学会善于用脑与合理用脑，即运用正确的思维方法和工作方法来指导工作和处理好各种矛盾，做到实事求是，不操之过急，不要让一些无谓的烦恼来加重大脑的负担，注意用脑卫生，让大脑的工作和休息符合生理规律，做到脑力劳动和体力劳动相结合，劳逸结合，改变一些不良的睡眠习惯，积极调整心身的平衡。

3. 培养良好的个性　中年阶段，个性趋于成熟，但此时个性仍存在较高的可塑性。良好的个性应当保护巩固，而不良的个性可通过适当的锻炼去改造。如对一些人来说必须克服虚荣、嫉妒、冲动的个性，以培养踏实、克制和有涵养的个性，而另一些人则必须改变软弱、孤僻、过分内向，以培养勇敢、坚韧、热心公益的个性。不良的个性，经常导致纷繁的心理冲突或加剧冲突，易造成心身疾病和行为的偏差。所以中年人应该在良好个性的基础上，结合亲身的经历和知识，进一步完善自己的个性。

4. 加强体育锻炼　中年人的生活节奏往往像高速旋转的陀螺，此时容易忽视体育锻炼。有的人因为青年时期身体不好而不习惯锻炼，也有的人因年轻时身强力壮而认为不必锻炼，这都是不正确的。生命在于运动，运动可以增强体质，使青春常驻，适当的运动可以帮助恢复心理状态的平衡，提高工作效率和进行积极的休息，以保持生命的活力，促进心理和躯体的健康。人到中年，体力不如青年，体育锻炼要选择适合自身情况的活动，量力而行，持之以恒①。

九、老年心理卫生

一般将 60 岁以上的年龄段称为老年期。老年期的主要心理特点是生理功能衰退、疾病增加、生活满意度下降；由于退出社会，出现失落感与孤独感。积极的人生态度不但能减缓衰老，还能做到老有所为。

（一）老年期的主要心理特点

人到老年，脑的结构和功能渐趋老化、退化，人脑的重量在 30 岁最高，以后随年龄增长脑重量逐渐减少，70 岁时为本人最重时的 95%。这时由于脑组织萎缩而致体积减小，脑血流量减少，脑代谢率、神经传导功能降低。随之往往表现为视力减退，听力降低，手足笨拙，智力衰变。但由于老人经验丰富、知识面广，理解判断能力较强，加之脑本身有巨大潜在能力，老人的智慧不一定都明显降低。随着年龄的增高，人体各组织器官的功能逐渐地退变，特别是大脑机能的衰退，机体调节机能及代谢过程的减弱，老年人会出现思考能力降低，记忆力减退，精力不足，运动能力减弱，机体的免疫力及抗病能力也降低，从而出现体弱多病的现象②。

大脑是人体最高司令部，神经系统调节躯体和内脏的活动，随着大脑衰老，必然导致全身各系统器官的老化。由于内分泌功能和肠道对钙和维生素的吸收不良，以及肌肉附着处对骨膜的作用减弱，可造成骨质疏松，容易发生骨折，心脏负荷能力减弱，血管弹性消失，外周阻力增加，肺通气量和肺活量减少，造成呼吸和循环系统功能减弱。泌尿、消化、生殖等系统亦普遍衰老，功能下降，因而，容易出现一些心身障碍。

---

① 何德兰，李秀莲．医护心理学［M］．天津：天津科学技术出版社，1989.

② 安之壁，施榕，医护心理学［M］．上海：上海科学技术文献出版社，1990.

老年人的组织器官的老年性变化引起了生理功能的衰退，从而逐渐开始衰老，这是一个不可抗拒的自然规律。随着国家干部制度的改革及工人退休制度的完善，在短短的几年内，有数百万的工人、干部从各种岗位上退下来。这一历史性的变动，对一个即将退休的老人来说，无疑是一件大事。他们由长期工作到在家休息，必然产生心理上的不适应。他们感到不习惯、无聊，有的产生无所事事的烦恼，加上社会职能的改变，引起人际关系的变化，以及体弱多病，子女又独立成家忙于事业，无暇照顾，更加重了他们的被抛弃感、孤独感、老朽感。因而容易发生抑郁状态，严重者可患抑郁症。

（二）老年期的心理卫生

1. 兴趣爱好是调节生活的杠杆　人到老年应该培养多种兴趣和广泛的爱好，这是延年益寿的好方法，也是保持精神健康的滑润剂。一个没有任何爱好，对什么都不感兴趣的人，往往生活单调，性格孤僻，情绪沉闷。因为他们无所事事，大脑的兴奋得不到转移，紧张的神经不易松弛，疲劳也不易消除。这样长期下去就容易得心身疾病。如果一个人兴趣广泛，爱好较多，生活总是充满情趣和活力，就精神饱满，心情愉快，这对身体大有裨益。兴趣爱好的内容繁多，如娱乐、学习、锻炼、劳动、种菜、养花、书法、绘画、裁剪、旅游等。

2. 情绪的好坏是通向健康和疾病的桥梁　生活在人类长河中的个体，要保持与瞬息万变的客观环境的平衡，必须通过人的心理活动来调解，但所有心理活动总是与人的某种情绪活动相关联的。喜、怒、忧、思、悲、恐、惊就是人们经常产生的情绪，古称七情。众所周知，“人逢喜事精神爽”，这就是说积极、愉快的情绪对人体的生命活动起良好的作用，使人体保持健康。相反，若长时间情绪消极，如恐惧、焦虑、忧愁就会导致神经功能失调，对肌体健康产生十分不利的影响。研究发现，凡遇事焦虑、易怒或抑郁、悲伤的老人易患高血压、冠心病、支气管哮喘、消化性溃疡等心身疾病。

3. 夫妻恩爱是老人心理卫生的核心　常言道：“少年夫妻老来伴。”说明人到老年，夫妻俩亲密无间，互相尊重，互相照顾，白头偕老，可以直接地、长期地使双方的心情愉快，以利于长寿。有关资料表明，夫妻恩爱者不易得心身疾病，夫妻间经常吵嘴、生气者易患高血压、支气管哮喘、糖尿病。这些事实有力地证明了夫妻关系在老人心理卫生中占有重要的地位。人到老年由于精力、体力都受到一定限制，有的生活不能完全自理，需要老伴体贴、照顾，以消除孤独感，所以要搞好老人心理卫生，夫妻间就要做到互敬互爱、互谅互让、互帮互助，以保证双方获得心理上的最大程度的满足，使家庭充满和谐融洽的最佳气氛，有利于保持良好的心情，祛病延年。

4. 学会与子女保持最佳情感　尊老爱幼是我国人民的传统美德，要搞好老人的心理卫生，就要寻求教育子女，与子女保持情感沟通。教育子女尊重老人的经历、经验，父母也要体谅子女的困难，正确对待子女符合时代色彩的衣着打扮、行为习惯，在力所能及的情况下，协助子女搞些家务，如带带孩子，既可消除寂寞，又能增进和保持两代人的感情。

5. 坚持活动，有规律地生活　生命在于运动，调查表明，90%以上的离退休老人退而未休。经常活动（包括工作）的人，一则可以继续让余热生辉，二则可以使生活内容充实，精神焕发，正如北宋文学家欧阳修所说：“……勤运动，有作为，劳其形，便可延年。”另外，老年人生活要有规律，起居有常，饮食有节，早睡早起，不过劳，不熬夜，不喝酒，不抽烟，亦有利于心身健康①。

思考题

1. 什么是心理卫生？
2. 简述心理卫生的意义、任务与研究范围。
3. 简述不同生命周期的个体心理特点与心理卫生
4. 著名心理学家华生说这样一句话：给我一打儿童，我能把他们变成科学家、艺术家，也能把他们变成流氓和小偷。谈谈你对这句话的看法。

（合肥职业技术学院　张　丽）
（湖南中医药高等专科学校　郭争鸣）

① 何德兰，李秀莲．医护心理学［M］．天津：天津科学技术出版社，1989.

第七章 医护人员的心理素质培养

学习目标

1. 掌握交际能力、自信心、适应能力、抗挫折力、其他能力的培养方法。
2. 运用交际能力、自信心、适应能力、抗挫折力、其他能力的培养方法培养自己的能力。

心理素质是以生理素质为基础，在实践活动中通过主体与客体的相互作用，而逐步发展和形成的独特的精神面貌，它反映个体对己和对人对事的态度、情感、行为等规范体系。心理素质的高低，对个体有深远的影响。拥有好的心理素质，对医护人员是非常重要的。

第一节 医护人员应具备的心理素质

一、交际能力

人不仅具有生物性，而且具有社会性，要想更好地生存于社会之中，就需要具有良好的交际能力。医务工作者要想有好的工作环境，需要与领导、同事、患者等处理好关系，因此良好的交际能力对于医务工作者尤其重要。

二、自信心

自信心是个体对自己的肯定和信任，个体越相信自己，自信心就越强。自信无论是在人际交往上、事业上还是在工作上都非常重要，有自信的人易于成功。如果一个护士在给患者注射时没有自信，她就会紧张、焦虑，手发抖、流汗、青筋突出等，无论出现一种或几种反应，都会给人紧张、不自信的印象，往往会导致患者紧张、肌肉收缩，从而增加了注射的难度。可见，拥有自信对医务工作者是十分重要的。

三、适应能力

适应能力是指人为了更好生存而进行的心理上、生理上以及行为上的各种适应性的改变，与社会达到和谐状态的能力。良好的适应能力可帮助个体更好地生存。现代医学正在迅猛发展，需要良好的适应能力；医院的工作是与人打交道，工作环境变化大，也需要良好的适应能力。

四、抗挫折能力

抗挫折能力，是指个体在遇到挫折的时候，其生理和心理的承受能力。目前我国医疗资源缺乏，医务工作繁重，医患之间关系紧张，等等，对医务工作者产生了巨大的压力。有统计显示，因这些压力，导致不少医务工作者产生了职业倦怠，或产生了各种各样的心理、生理问题。但从另一角度而言，也有大量的医务工作者拥有健康的生理和心理，这是因为他们具有良好的抗挫折能力。

五、其他能力

除此之外，作为一个医务工作者，还应该具有敏锐的观察力、良好的记忆能力、较深厚的专业知识和熟练的操作技能。观察是发现事物典型特征的能力，如果我们能留意到患者病情、行为的细微变化，就能掌握患者的心理和生理活动状况，从而为治疗、护理、康复等提供决策依据。我们每天都要面对众多患者，且每一个患者的病情是不断变化的，良好的记忆能力有助于我们及时准确地处理信息。较深厚的专业知识和熟练的操作技能不仅是我们工作的需要，同时也能给患者留下良好的印象，使得患者相信我们，这可以无形中提高我们的治疗效果。

第二节　医护人员心理素质的培养

一、交际能力的培养

交际能力就是指在社会中与人交往的能力。交际能力强的人，朋友多，容易得到他人的帮助，更易在社会中生存；反之，交际能力差的人，得到的帮助就会少，其社会生存就相对艰难些。学习和掌握一些社交心理和社交技巧，将有助于提高自己的交际能力。

（一）人际交往原则

人际交往有一些基本原则，如能遵守这些原则，将有利于我们的人际交往。

1. 平等互利　首先，人与人之间的关系是平等的，从大的方面说，人们之间只有社会分工和职责范围的差别，而没有高低贵贱之分，不论职位高低、能力大小，还是职业差别、经济状况不同，人人享有平等的政治、法律权利和人格的尊严，都应得到同等的对待；从小的方面看，与地位高的人交往易感到压抑，与地位低的人交往需要处处小心，而与平等的人交往心理负担最小。其次，人们之间的交往带有一定的目的，互助互惠，是人际交往的客观需求，因此，在人际交往中既有索取又有给予，通常来说，善于给予的人其人际关系更好，所以，要想有好的人际关系，应该学会给予。

2. 理解尊重　人们一般习惯从自己的角度去看待一切，因而对于同样的行为，交往的双方的看法并不一定相同。一方可能认为我这样做是为了对方的利益，而另一方却有可能认为对方只想到了他自己，这样往往会导致双方产生矛盾。因此，学会理解是非常重要的。此外，尊重别人是做人最起码的道德，也是友情赖以存在的条件，是搞好朋友关系的基础。要想得到别人的尊重，首先应尊重别人。

3. 诚实守信　诚实守信是做人的基本准则，是人际交往得以延续和发展的保证，人与人之间以诚相待，才能相互理解、接纳、信任，才能形成良好的人际关系。诚实守信，是现代社会事业成功的客观要求。就人生而言，仅靠个人微薄的力量是难以到达成功、幸福境界的。交往中要真诚待人，实事求是，胸怀坦荡，言行一致，才能建立良好的人际关系。

4. 适度得体　适度就是把握分寸，得体就是恰到好处。人际交往中有一些约定俗成的礼仪，也就是一种度。礼仪无论是表示尊敬还是热情都有一个度的问题，没有度，就可能进入误区。

（二）交际能力的培养方法

交际能力的培养方法很多，下面介绍两种适合团体训练的方法。

1. 模仿训练　在生活中可能有人有过这样的境遇：第一次遇见了某人，交往不多，但却对其产生了好感，莫名其妙地喜欢上了对方。这是为什么呢？心理学认为，这可能是因为你在对方身上看到了自己的影子。因此，有人提出，要想让对方快速地喜欢上你，最好的方法就是模仿。当然，在模仿对方的时候不能让对方察觉，否则会带来相反的效果。专家建议，我们可以模仿对方的语音、语调、语速，以及某些习惯性的言语和动作。当然，对方的缺陷行为不在此列。

可以三到五人一组，一人为模仿者，一人为被模仿者，二人交流 5~10 分钟，可视情况而定，其他人观察，活动之后要求被模仿者谈谈感受，观察者可提出自己的看法，然后进行交换，继续模仿。

2. 赞美训练　人是喜欢听赞美之言的，适度得体的赞美可让人心情舒畅，有利于形成良好的人际关系；学会赞美可使人眼光转向他人的优点，发现他人的可爱之处，扩大了可交往的人群。

教师可以抽取一定的时间让学生在课堂上赞美他人，也可让学生以作业的方式进行。先要求学生举出自己朋友的优点，然后是一般同学，再次是有矛盾的甚至是敌对的个体。

二、自信心的培养

自信心是相信自己成功、成才的心理素质，是对自身能力的科学估价。自信才能有主见，才能做出他人未做之事。缺乏自信心，就会产成心理上的自我鄙视、自我否定、自我挫败。因此说自信是人生的关键。

那应该如何提高自己的自信呢？可以试试以下几种方法：

1. 将自己与自己的行为分开　每个人都有做错事、说错话的时候，但这并不表示你是错的，错的只是你的某次行为而已。

2. 学会赞美自己　前面我们讲到要学会赞美他人，其实人更需要赞美自己，看到自己的优点，优点多了人就自信了。可以找些小卡片，把它们分成两种颜色：一种代表优点，另一种代表缺点，每张卡片写一个优点或缺点。然后检验一下那些优点还没发挥，怎么去发挥这些优点；想想哪些缺点是可以利用的，缺点利用得好就可以转化为优点；还有哪些缺点是可以不在乎且可以忽略的，把这些可以忽略的、不在乎的缺点丢掉。这样做你就不会过分保护自己，会发现自己的优点比缺点多。这样做能集中发挥自己的优点，转化自己的缺点。

3. 像自信的人那样去做　很多人认为有自信才有自信的行为，其实有了自信的行为也可以培养自信。所以我们应该向自信的人学习，走路快一点、说话大声点、学会引人注意。有很多方式引人注意，如上课的时候坐在第一排，听到老师提问就举手，等等。

4. 学会想象　不自信的人不愿行动，害怕做错了导致别人的嘲笑，甚至在未做之前就想到了别人嘲笑自己的画面，结果就更不敢行动了。如何应对呢？可以在行动之前想想自己成功的画面，有时我们的大脑不太分得清这一画面是真的还是想出来的，往往会按我们的想法去进行，所以，当我们想到失败时往往会失败，而想到成功时也往往会成功，而成功会给我们带来自信。

要想自信，最重要的是行动，俗话说，心动不如行动，只要去做，你就会变得越来越自信。

三、适应能力的培养

面对复杂多变、竞争激烈的社会环境，只有具备较强适应能力的人才能够获得充分的生存与发展的条件，才能够成为社会所需要的合格人才。适应能力的培养可从下面几个方面着手。

（一）做到三个“学会”

1. 学会做人　现今的社会，很难依靠个人的力量取得成功，需要借助他人的力量。俗话说：“得道多助，失道寡助。”这里的道，不仅指道义，而且指做人。会做人，得到的帮助就多，适应能力就强，即使遇到困难，有人帮忙，再大的困难也容易克服。

小王和小李是一个公司的职员，都是做文秘的，两人都很热心，也很能干。平常大家有事都喜欢喊她们去做。可惜遇到公司裁员，两人都提前一个月接到通知，被裁员了，在公司干最后一个月。第二天上班，两人的眼睛都是红肿的。一上班，小王就请人帮忙说情，似乎有点效果，有阵子显得高兴，但并无结果，小王又开始找人诉说：“自己能力强，会做事，为什么被裁的是我。”见人就说，刚开始大家挺同情的，慢慢就开始回避了。小李仍在做自己的事，大家看到她们被裁了，就不好意思喊她们买这买那了，小李知道了，仍然会抢着去做。一个月的时间到了，小王被裁了，而小李留了下来，公司的老总说，像小李这样的员工，公司永远不会嫌多。

2. 学会做事　现在很多单位招人，都强调要有工作经验，认为有工作经验的人就会做事。如果一个人工作了五年，那么他有几年的工作经验？可能有人说，这么简单的问题，就算是小孩也能回答，其实不然，工作了五年，不等于有五年的工作经验，如果这个人肯动脑筋，总是想着如何将工作做到最好，他在工作中就能够不断积累相关的做事经验；而如果这个人第一年在学习做事，后面的几年只是简单地重复第一年学到的东西，那他的工作经验就只有一年。

链接

两个同龄的年轻人同时受雇于一家店铺，并且拿同样的薪水。可是一段时间后，叫阿诺德的那个小伙子青云直上，而那个叫布鲁诺的小伙子却仍在原地踏步。布鲁诺很不满意老板的不公正待遇。终于有一天他到老板那儿发牢骚了。老板一边耐心地听着他的抱怨，一边在心里盘算着怎样向他解释清楚他和阿诺德之间的差别。

“布鲁诺先生，”老板开口说话了，“您现在到集市上去一下，看看今天早上有什么卖的。”布鲁诺从集市上回来向老板汇报说，今早集市上只有一个农民拉了一车土豆在卖。

“有多少？”老板问。

布鲁诺赶快戴上帽子又跑到集上，然后回来告诉老板一共40袋土豆。

“价格是多少？”

布鲁诺又第三次跑到集上问来了价格。

“好吧，”老板对他说，“现在请您坐到这把椅子上一句话也不要说，看看别人怎么说。”

阿诺德很快就从集市上回来了，向老板汇报说到现在为止只有一个农民在卖土豆，一共40口袋，价格是多少；土豆质量很不错，他带回来一个让老板看看。这个农民一个钟头以后还会弄来几箱西红柿，据他看价格非常公道。昨天他们铺子的西红柿卖得很快，库存已经不多了。

他想这么便宜的西红柿老板肯定会要进一些的，所以他不仅带回了一个西红柿当作样品，而且把那个农民也带来了，他现在正在外面等回话呢。

此时老板转向了布鲁诺，说：“现在您肯定知道为什么阿诺德的薪水比您高了吧？”

3. 学会学习　学习是一个终身的任务。大学生应该热爱学习，不断用新的知识充实自己，不但学习本专业知识，而且学习与之相适应的各种人文和自然科学知识。实际上，不管我们在大学里学到多少，都需要在实践中继续学习，所以学会学习是最重要的，学会了学习，我们可以随时学习新的知识，从而不会因为知识的更新而被社会淘汰。

（二）全面发展自我能力

一般认为，个体的能力越强，适应能力就越强。

1. 发展能力　个体应增进和发展多方面的能力，包括智力、体力、社交能力等，有能力是树立自信心的基础。

2. 培养情商　就是要学会掌控和表达自己的情绪、了解和掌控他人的情绪。

3. 树立目标　大多数学生感到在高中阶段生活的充实，而进入大学后却有点迷茫，很重要的一个原因是他们在高中阶段有一个目标——高考，而进入大学后，原有的目标已经消失，新的目标尚未建立。树立目标就明确了努力的方向。

四、抗挫折能力的培养

有人说，人生不可能一帆风顺，总会遇到这样或那样的挫折，所以要培养自己的抗挫折力。很多国家都重视抗挫折力的培养，如澳大利亚奉行“再富也要苦孩子”，日本、美国等国均有挫折教育机构。抗挫折力最好的培养方法不仅在于此，更重要在于个体心态的培养。中国有句俗话“失败是成功之母”，但成功的人不这样看，他们认为“成功才是成功之母”。

链接

爱迪生在发明灯丝之前，进行了1 000多次实验，结果均失败了。当地报纸的一名记者，前去采访爱迪生。爱迪生当时已经非常有名了，发明了很多东西，他们谈了各种话题，然后开始讲灯泡问题，那个记者对爱迪生说：“爱迪生先生，您致力于灯泡研究许多年了，整个科学界都在进行相同研究，但毫无所获。您已经进行了1 000多次实验，失败了1 000多次，放弃吧。”爱迪生回答：“我没有失败1 000多次，是成功了1 000多次，我成功证明了哪些东西是不适合作为灯丝的。”

爱迪生之所以能够成功，是因为他在失败中看到了成功的曙光，坚持到底，最终成功。这就是一种积极的心态，拥有这种心态的人，能在挫折中看到希望，不会因为挫折而丧失信心，所以不会被挫折所击倒。

五、其他能力的培养

（一）观察力的培养

观察是有目的、有计划、比较持久的知觉活动，是人对客观世界感性认识的一种主动表现。它作为一种认识方法，在人的一切实践活动中，有着广泛的适用性，对我们的生活、学习和工作都有着重要的意义。

那么怎样培养精确的观察能力呢？

1. 首先要做好观察前的准备　一是明确观察的目的和任务：明确观察什么，怎样观察，达到什么目的，做到有的放矢，这样才能把观察的注意力集中到事物的主要方面，以抓住其本质特征；二是丰富相应的知识：有了相应的知识，才能做到深入细致的观察，否则只能是走马观花；三是培养浓厚的观察兴趣：这是培养观察能力的重要前提条件。为了锻炼观察能力，必须培养每个人广泛的兴趣，这样才能促使人们津津有味地进行多样观察。同时，还要有中心兴趣。有了中心兴趣，就会全神贯注地对某一领域进行深入的观察。

2. 观察中的技能　一是有顺序地进行：有顺序地进行可以保证信息加工结果表达的条理性和全面性；二是多感官参与：有效地发动各种感知器官，分工合作，协同活动，这样可以提高观察的效果，即要做到“五到”，就是眼到、耳到、口到、手到和心到，目的是要通过多种感知的渠道，提高观察的效力；三是要有积极的思维：人的视觉不如雄鹰，嗅觉不如狗，但人的观察力远远胜过所有动物，这是因为有思维的参与，运用思维进行观察，可以从相似中发现差异，从不同中发现相同，从现象看到本质，等等。

3. 观察力训练的小游戏

（1）回忆法：这是达·芬奇常用的一种方法。先注意某个物体，然后闭目回想它的所有细节，之后重新看这个物体，检查一下头脑中的表象有多少和原物符合，有多少不符合。

（2）找不同：找不同是大家较为熟悉的游戏，从两幅图中找出不同的地方。大家可先从简单的开始，如将两幅图形并排放到一起找出不同。逐步过渡到较难的，观察完原图后，闭目回想，在脑海中将两幅图并排放在一起，进而找出它们的不同之处。

（二）记忆能力的训练

记忆在人们的学习、工作和生活中均有非常重要的作用，如何提高我们的记忆能力呢？

1. 集中注意　记忆时只要聚精会神、专心致志，排除杂念和外界干扰，大脑皮层就会留下深刻的记忆痕迹而不容易遗忘。如果精神涣散，一心二用，就会大大降低记忆效率。

2. 培养对学习材料的兴趣　如果对学习材料、知识对象索然无味，即使花再多时间，也难以记住。因此要培养对学习材料的兴趣，如对学习对象本身无直接兴趣，可列出学习材料的作用，包括近期的、远期的，从而培养出对学习材料的间接兴趣 。

3. 理解记忆　理解是记忆的基础。只有理解的东西才能记得牢记得久。仅靠死记硬背，则不容易记得住。对于重要的学习内容，如能做到理解和背诵相结合，记忆效果会更好。

4. 过度学习　即对学习材料在记住的基础上，多记几遍，达到熟记、牢记的程度。

5. 及时复习　遗忘的速度是先快后慢。对刚学过的知识，趁热打铁，及时温习巩固，是强化记忆痕迹、防止遗忘的有效手段。

6. 放松学习　人在放松的时候记忆效果是最好的，这时人的脑波主要是 α 波，最适合于学习。有些音乐能帮人形成 α 波，如巴洛克音乐，学习的时候以巴洛克音乐为背景，可提高学习和记忆的效果。

7. 多感官结合　如疯狂英语就强调用口腔肌肉帮助记忆。

8. 转化为形象记忆　同样的内容，电影给人留下的印象远超过小说，可见，形象记忆容易记住且不容易忘记。我们每个人的大脑都是一台摄像机，可以将我们的学习材料“拍成”电影，然后在脑海中放上几遍，就不容易遗忘。

9. 科学用脑　在保证营养、积极休息、进行体育锻炼等基础上，科学用脑。大脑经过一段时间的工作，摄入了大量的信息，适当的休息，不仅可使大脑得到休整，而且也使得我们的潜意识有时间整理刚刚摄入的材料，从而大大提高大脑的工作效率。这是提高记忆力的关键。

思考题

1. 我的交际能力如何？应如何培养我的交际能力？
2. 如何提高我的自信心？
3. 如何培养自己的抗挫折力？

（合肥职业技术学院　吴　莉）

第八章

心理应激与心身疾病

学习目标

1. 掌握心理应激、应激源、应激反应与心身疾病的基本概念。

2. 熟悉心理应激的中介因素，应激的应对，心身疾病的诊断、预防、治疗原则。

3. 了解影响应激反应强度的因素、心身疾病的发病机制。

在社会心理因素与健康、疾病的联系中，心理应激是一个十分重要的中间环节。它是机体在适应内外环境变化过程中产生的。人的一生中可遇到各种不同的心理应激。适度的心理应激不但对个体的成长、发展，而且对人的健康和功能活动都有积极的促进作用；但心理应激超过个体的适应承受能力，则可使机体的生理、心理产生损伤性的变化而使机体抗病能力下降，使已有的疾病加速或复发，还可使人罹患心身疾病。

随着医学的发展，人们在临床工作中发现，不少的躯体疾病其发生、发展与心理和社会因素密切相关，而采用心理和社会支持的办法有助于这些疾病的预防、缓解和康复。人们把这类躯体疾病称为心身疾病。

第一节　心理应激

一、心理应激的概念

1936 年，加拿大著名的生理学家塞里将“应激”这个词引入到生物学和医学领域，第一个将外界刺激（应激源）和疾病与健康联系起来。塞里通过对患者的观察和大量动物实验后提出了应激学说。他认为“应激是机体对紧张刺激的一种非特异性的适应性反映”，其作用在于调动机体的潜能去应对紧张刺激，塞里把这一系列反应称为“全身适应综合征”，由三个连续的生理阶段组成：

1. 警觉阶段　当机体受到伤害性刺激之后，会产生一系列生理生化的变化，以唤起体内的整体防御能力，故亦称为动员阶段。主要表现有肾上腺素分泌增加，心率和呼吸加快、血压增高、出汗、手足发凉等。此时，全身血液优先供应到心、脑、肺和骨骼肌系统，以确保机体处于“战”或“逃”的准备阶段。

2. 阻抗阶段　生理和生化改变继续存在，合成代谢增强，如垂体促肾上腺皮质激素和肾上腺皮质激素分泌增加，以增强应对应激源的抵抗程度。在大多数情况下，应激只引起这两个阶段的变化，即可达到适应，机体功能恢复正常。

3. 衰竭阶段　如果应激源持续存在，阻抗阶段延长，机体会丧失所获得的抵抗能力，最终进入衰竭阶段，表现为淋巴组织、脾、肌肉和其他器官发生变化，导致躯体的损伤而产生所谓的“适应性疾病”，甚至死亡。

塞里的应激概念被称为生理应激。继塞里之后，以马森和拉扎洛斯为代表的学者对应激的研究不再局限于应激的生理方面，而是更多地关注应激对机体心理功能和健康、疾病的影响。目前，在医学心理学领域内，应激的含义有了很大的发展，已不再局限于塞里最初的定义，而可归纳为以下三个方面：

（1）应激是一种刺激物即应激源：这种刺激物来源十分广泛，可以是躯体的、心理的、社会的和文化的，而且应激源不一定都是不愉快的，如庆典、结婚等重大活动。这些刺激物构成心理应激源。

（2）应激是机体对刺激的反应：应激是一种机体对环境需求的反应，是机体固有的、具有保护性和适应性功能的整体防卫反应。

（3）应激是一种察觉到的威胁或挑战：应激的发生并不伴随于特定的刺激或特定的反应，而是发生于个体察觉或估计到这种刺激物具有某种威胁或挑战之时。这种估计来自对环境需求的情境以及个体处理这些需求的能力的评价，并将心理应激看作是以认知评价因素为核心的过程，从应激源、应激中介因素和应激反应三个方面及其相互关系来进行认识（图 8-1）。

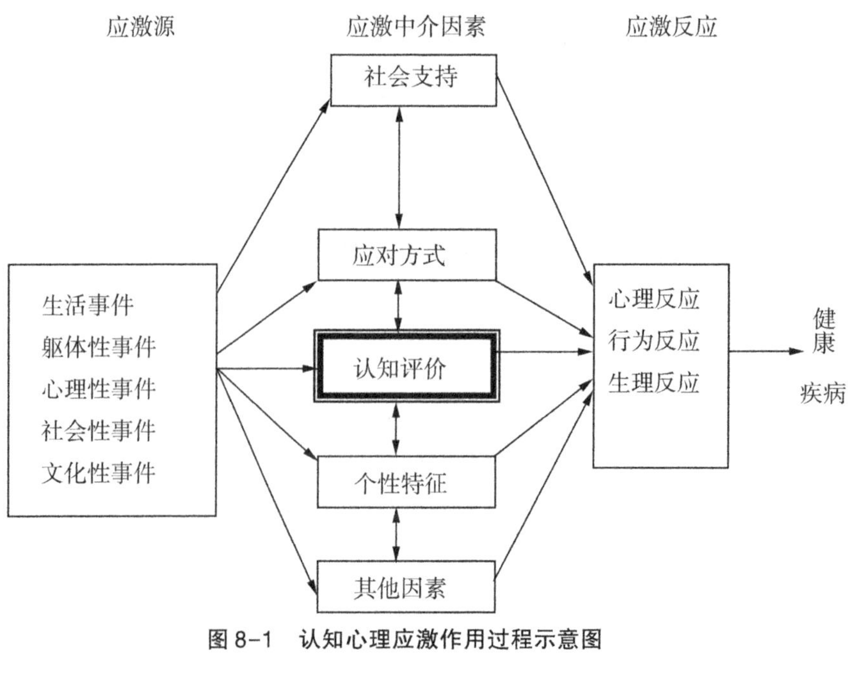

图 8-1　认知心理应激作用过程示意图

综上所述，心理应激是个体察觉到内外环境的需求和机体满足需求的能力不平衡时倾向于通过心理和生理反应所表现出的调节应对过程，反应可以是适应或适应不良。心理应激有时也称为心理社会应激、紧张状态、心理压力，或简称应激。

二、心理应激与健康

世界是物质的，物质处于不断的运动之中。无论是自然环境、社会环境，还是人类本身，都处于不断的发展、变化当中。这些发展、变化达到一定的强度或持续到一定的程度，便可能成为应激源而引起人的心理应激。通常，人们比较关注心理应激对健康的消极影响，然而当我们回顾人类的过去，便会发现，自然界风、雪、雷、电、地震、台风等应激性事件不但造就了大批自然科学家，也使人类面对这些刺激不再像动物那样慌乱、紧张和束手无策；人类社会的政治、经济、军事、文化上的激烈竞争不但造就了大批出类拔萃的政治家、经济学家、军事家和文化巨匠，也使人类在残酷的生存竞争中不再去怨天尤人，而是冷静、积极地去学习、去工作、去创造，从而在赢得生存的同时，赢得了自尊。可见，心理应激对人的健康（注意：人的健康包括生理、心理和社会适应三个部分）既有积极的影响也有消极的影响。

（一）心理应激对健康的积极影响

1. 心理应激是个体成长和发展的必要条件　个体的成长发育取决于先天遗传和后天环境这两个主要方面。心理应激可以被看作是一种环境因素。研究表明，个体的早期特别是青少年时期，适度的心理应激经历可以提高个体后来在生活中的应对与适应能力。

2. 心理应激是维持正常功能活动的必要条件　人的生理、心理和社会功能都需要刺激的存在。心理学的实验研究证明，人在被剥夺感情或处于缺乏刺激的单调状态超过一定时间限度后，会出现幻觉、错觉和智力功能障碍等身心功能损害。

（二）心理应激对健康的消极影响

1. 直接引起生理和心理反应，使人出现身体不适与精神痛苦　强烈的心理刺激作用于体弱或应激能力差的人，便可发生这种情况。①急性心理应激状态。临床常见的有急性焦虑反应、血管迷走反应和过度换气综合征等。②慢性心理应激状态。强度虽小但长期的心理应激常使个体出现头晕、疲惫、乏力、心悸、胸闷伴心率加快、血压升高等症状和体征，还可以出现各种神经症表现、情感性精神障碍和精神分裂样表现，并常常被医生忽略而久治不愈。

2. 加重已有的精神和躯体疾病，或使旧病复发　已患有各种疾病的个体，抵抗应激的心理、生理功能较低，心理应激很容易加重原有疾病或导致旧病复发。如高血压患者在工作压力增大时病情加重；冠心患者在争执或激烈辩论时应激发生心肌梗死；病情已得到控制的哮喘患儿，在母亲离开后哮喘继续发作等。

3. 导致机体抗病能力下降　人是心、身的统一体，身可以影响心，心也可影响身。严重的心理应激引起个体过度的心理和生理反应，造成内环境的紊乱，各器官、系统的协调失常，从而使机体的抗病能力下降，机体处于对疾病的易感状态。生活中，那些因亲人突然亡故而痛不欲生者，常常一病不起。

三、应激源

应激源是指能够引起个体应激反应的各种内外刺激因素，又常被称为生活事件。按应激源的内容可分为四类：

（一）躯体性应激源

躯体性应激源是指直接作用于躯体的刺激因素。如高温、低温、噪声、电击、毒物等理化因素和病原微生物与疾病等生物因素。过去认为这些刺激物只能引起生理反应，现在认为这些刺激物在引起生理反应的同时，也常常改变人的情绪，导致心理反应。

（二）心理性应激源

心理性应激源是指来自人们头脑中的紧张性信息，这是最多见的应激来源。一类是个体不切实际的过高期望或不祥预感，如对友谊、爱情、生活、工作的过度苛求，对他人的过分嫉妒或崇拜依恋，对各类伤病的过度担忧与恐惧等。但更多的是另一类，即个体生存中的压力、挫折、烦恼、冲突和人际关系矛盾、意外事件等。

（三）环境性应激源

环境性应激源是指来自社会、自然环境的刺激因素，可以分为：①社会大环境的变迁与动荡，如战争、民族纷争，政权更迭，暴力泛滥等，常席卷着每个社会成员。②自然环境的重大变化，一类是自然变故事件，如洪水、风暴、地震、泥石流、野兽袭击等带来的紧张与恐惧；另一类是人为变故事件，如工业、交通等造成的噪声污染，火灾，工业泄露与排污造成的空气污染、水污染。

（四）文化性应激源

文化性应激源是指观念、信仰、生活方式、语言、习俗以及不同价值观与宗教信仰等方面给人带来的刺激。例如，从边远农村迁入闹市，或从城市迁入乡村遇到的生活方式等方面的变迁；从一国迁入他国的语言障碍、生活方式的变化等冲突。

为检测生活事件对个体的心理刺激强度，1967 年美国学者霍尔姆斯（Holmes）和雷赫（Rahe）通过对 5 000 多人进行社会调查和实验所获得的资料编制了《社会再适应评定量表》（SRRS），将 43 项不同类型的生活事件予以量化，标以不同的“生活变化单位”（Llfe change units，LCU）。利用此表曾查得 LCU 的升高与多种疾病明显相关，并可预测来年健康或患病的可能性。

霍尔姆斯早期研究发现，LCU 一年累计超过 300，第二年患病的可能性达 86%；若在 150~300 之间，次年患病的可能性达 50%；若 150 以下者，次年基本健康。我国学者根据中国国情也各自编制了一些量表，如张明园等 1987 年编制的《生活事件量表》（Life event scals，LES），通过对 1 364 名正常人的测试，取得了不同年龄组的常模，已在国内临床和研究中应用（表 8-1）。

表 8-1　正常人生活事件评定（LES）常模项目

序号	生活事件	合计	青年	中年	更年	老年	序号	生活事件	合计	青年	中年	更年	老年
1	丧偶	110	113	112	110	104	34	性生活障碍	37	42	36	32	19
2	子女死亡	102	102	106	97	84	35	家属行政处分	36	31	40	42	36
3	父母死亡	96	110	95	81	60	36	名誉受损	36	37	37	35	33
4	离婚	65	65	68	61	60	37	中额借贷	36	32	38	40	33
5	父母离婚	62	73	58	53	54	38	财产损失	36	29	40	43	34

续表

序号	生活事件	合计	青年	中年	更年	老年	序号	生活事件	合计	青年	中年	更年	老年
6	夫妻感情破裂	60	64	60	53	56	39	退学	35	44	30	33	33
7	子女出生	58	62	60	49	48	40	好友去世	34	40	33	28	26
8	开除	57	61	52	54	74	41	法律纠纷	34	32	35	34	37
9	刑事处分	57	49	59	62	80	42	收入显著增减	34	28	38	42	23
10	家属亡故	53	60	52	44	32	43	遗失重要物品	33	31	34	39	31
11	家属重病	52	56	53	48	37	44	留级	33	38	29	30	26
12	政治性冲击	51	48	52	51	71	45	夫妻严重争执	32	30	34	29	28
13	子女行为不端	50	51	52	47	46	46	搬家	32	22	36	39	25
14	结婚	50	50	50	50	50	47	领养寄子	31	32	32	29	16
15	家属刑事处分	50	42	53	54	53	48	好友决裂	30	36	28	25	23
16	失恋	48	55	45	44	42	49	工作显著增加	30	25	31	35	38
17	婚外两性关系	48	48	52	41	39	50	小量借贷	30	23	30	32	20
18	大量借贷	48	43	50	49	53	51	退休	26	18	28	35	29
19	突出成就荣誉	47	43	49	47	47	52	工种更动	26	25	27	26	25
20	恢复政治名誉	45	41	46	51	47	53	学习困难	25	26	25	23	17
21	重病外伤	43	42	43	46	46	54	流产	25	25	26	25	23
22	严重差错事故	42	42	41	47	40	55	家庭成员纠纷	25	23	25	29	19
23	开始恋爱	41	45	36	38	57	56	和上级冲突	24	21	27	23	30
24	行政纪律处分	40	36	43	42	43	57	入学或就业	24	26	25	23	14
25	复婚	40	42	40	36	35	58	参军复员	23	20	23	32	25
26	子女学习困难	40	34	44	44	29	59	受惊	20	20	21	25	14
27	子女就业	40	29	44	52	39	60	业余培训	20	20	21	22	16
28	怀孕	39	44	38	33	27	61	家庭成员外迁	19	17	20	20	19
29	升学就业受挫	39	41	39	41	26	62	邻居纠纷	18	16	20	21	17
30	晋升	39	28	44	47	40	63	同事纠纷	18	16	20	19	16
31	入党入团	39	29	41	53	59	64	睡眠重大改变	17	12	19	21	25
32	子女结婚	38	34	41	39	33	65	暂去外地	16	12	18	18	22
33	免去职务	37	36	38	36	34							

四、心理应激的中介因素

（一）认知评价

认知评价是大脑的功能。个体对应激源的认知评价直接影响个体的应对活动和心身反应，同样是一次失败，不同的个体会产生不同的认知评价，采用不同的应对方式，从而可以决定这一生活事件是否引起应激反应及反应的强烈程度（图 8-2）。正如塞里所指出的："问题不在于发生了什么，而在于你如何对待它。"

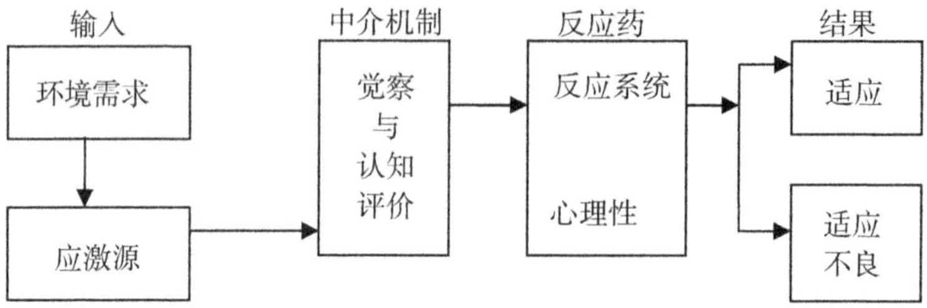

图 8-2　心理应激过程的模式

认知评价包括两个方面：一是对生活事件的性质、程度及其与自己的利害关系做出评价和判断；二是对自己处理该生活事件的能力、对策做出评价和判断。认知评价与个体本身的价值观、道德观、性格特征、身体状况、年龄、性别、知识经验、能力才干甚至社会关系、经济实力等诸多因素有关。可见，提高个体各方面的素质，有利于正确的认知评价，减缓应激对心身的损害。

（二）应对方式

应对是指个体对生活事件以及因生活事件而出现的自身不平衡状态所采取的认知和行为措施。我国著名心理学家姜乾金认为，应对的内涵非常丰富，应当是多维的。应对是人们为缓解应激对个体的影响，摆脱心身紧张状态，有意识地综合评价、判断生活事件的严重程度，分析自己的能力与现实条件，权衡利弊及可能产生的后果，选择、确定自认为恰当的应对手段时产生的心理活动与行为策略。

同认知评价一样，个体应对方式与其认知水平、性格特征、经验经历、性别年龄及对社会支持的信念等诸多因素有关。例如，随着年龄的增加，男性多选择自控、求助等积极成熟的应对方式，而女性趋向于选择逃避、自责等消极不成熟的应对方式。

应对方式对生活事件给机体带来的影响具有举足轻重的作用。恰当的应对有利于解决生活事件，减轻事件对个体的影响，测量一个人的应对方式与水平，有助于了解其抗应激的能力。

（三）社会支持

社会支持是指个体的家庭、亲友、同事、党团、工会组织所给予的精神与物质上的帮助和支援。它是应激过程中个体的"可利用的外部资源"。它本身对健康并无直接作用，而是通过提高个体对生活事件的应对能力和顺应性达到缓冲应激反应的作用，或通过维持个体良好情绪、体验，增强抗应激信心而有益于健康。对于人类，与世隔绝的老人比与社会有密切联系的老人相对死亡率高。孕妇分娩时有丈夫在场则产程明显顺利，孕妇并发症相对低少、恢复较快。可见，社会支持对健康的积极作用是肯定的。

心理应激的中介因素还有个性特征、遗传因素、年龄、性别、健康状况等。

五、应激反应

当个体觉察到应激源威胁后，就会引起生理与心理、行为的变化，这种变化称为应激反应。

（一）应激的心理反应

1. 应激的心理反应类型　应激引起的心理反应可分两类：积极的心理反应和消极的心理反应。积极的心理反应是指适度的皮层唤醒和情绪唤醒，注意力的集中，积极的思维和动机的调整等。这些心理反应可以帮助人维持应激期间的心理平衡，准确地评定应激源的性质，做出符合理智的判断，恰当选择应对策略，有效地适应环境。消极的心理反应是指过度唤醒，包括过度焦虑、紧张、情绪过分波动、愤怒或忧郁等，行为上表现为攻击、逃避和退缩。这些反应又会造成人的认识紊乱和自我评价的降低，干扰人对现实的考察和对问题的有效解决，使人不能准确地评定应激源，做出正确的决策，采取适当的行动，对应激源造成的心身变化不能有效地处理。

2. 心理应激反应的阶段性　当人们突然遭受急性应激事件，如遇到意外打击或听到噩耗时，就会产生急性心理应激反应，急性应激反应通常要经历三个阶段。

（1）冲击阶段：发生在暴露于应激源后不久或当时。轻者，主要的心理反应为焦虑不安；如果应激反应严重或太突然，则会出现惊呆、麻木、手足无措、晕厥等一系列表现。

（2）镇定阶段：此时当事人采取各种心理防御机制，控制焦虑，调节情绪，努力恢复心理平衡和认识功能，或争取家庭、亲友、同事的支持，使自己从应激冲动中安定下来。

（3）解决阶段：当事人将注意力转向应激源，并设法处理、解决它。解决的方式可能会通过改变自己的行为和策略提高应付能力，或改变应激环境的条件缓和应激影响，或避开应激源采取逃避行动，或直接面对应激源努力消除其影响。

慢性应激心理反应的阶段性和强度一般没有急性应激那么明显和强烈，但二者有共同性。上述三个阶段的反应有不同又可以有重叠。

3. 应激的心理反应表现

（1）认识反应：轻度的应激状态有助于增强感知，活跃思维，提高认识能力，但中度以上的应激则对认识产生不良影响。如感知过敏或歪曲，思维和言语的迟钝或混乱，注意的强化与分散，自知力下降，自我评价能力降低等。认识活动障碍的原因，一种是强烈的焦虑情绪和冲动行为破坏了人心理上的内稳态，另一种原因与不能恰当使用自我防御有关，妨碍或歪曲了对应激源的认识。

（2）情绪反应：主要表现为焦虑、恐惧、愤怒、抑郁等情绪反应。①焦虑：是指预料要发生某种不良后果时的一种紧张不安，是心理应激条件下最普遍的一种心理反应。②恐惧：是指面临危险或即将受到伤害时所产生的害怕感。通常伴有逃避倾向，即避免进入危险的境界或从威胁性环境逃走。轻度的恐惧具有一定的积极意义，因为适度的危机感有助于促进积极的应对行为。③愤怒：多出现于一个人在追求某一目标的道路上遇到障碍、受到挫折的情境。由于有目的的活动受阻，自尊心受到伤害，为了排除障碍恢复自尊，常可激起愤怒。如果愤怒的情绪既没有机会在攻击性行为中得以发泄，又未得到及时疏导化解，积结于心，对健康十分不利。④抑郁：是指诸如悲观、失望、绝望和失助等一组消极低沉的情绪。如愉快感丧失、自我感觉不良，对日常生活的兴趣缺乏，常有自责倾向，自我评价降低，多伴有睡眠和食欲障碍。

（3）行为反应：应激状态下机体的行为可表现为“战”或“逃”，或不“战”不“逃”。应激状态下产生的各种行为反应都具有一定的适应意义，在一定范围内和一定限度内是有益的，但超越了一定范围与限度则应视为有害。

（4）防御反应：是指在挫折和应激条件下，个体不自觉采用的自我保护方法，其目的在于避免精神上过分的痛苦、不快或不安，这种心理反应，大多是在潜意识中进行的，又称心理防御机制。

（二）应激的生理反应

在应激的生理反应中，下丘脑、垂体和肾上腺系统起着重要作用。应激源作用于人体时，中枢神经系统对应激信息接收、整合，传递至下丘脑。下丘脑通过兴奋交感—肾上腺髓质机制，引起大量儿茶酚胺释放，增加心、脑、骨骼肌的血液供应。同时下丘脑还分泌神经激素。如肾上腺皮质激素释放因子（CRF）等，兴奋垂体—肾上腺皮质机制，广泛影响体内各系统的功能，以利于机体进一步全面动员，从而更有效地适应外部刺激（图8-3）。

在日常生活中，当人们遇到一些有刺激性的生活事件，如考试、与陌生人会见、接受一项重要任务而造成紧张时，体内释放的肾上腺素会不断增加通向心、脑等器官的血流，提高机体感知能力，增加能量以便应付这些事件。同时，还引起一系列生理反应，如心率加快、心排出量增加，血压增高，胃肠分泌液减少，蠕动减慢，支气管痉挛及呼吸加快、尿频、出汗、手脚发冷、厌食、恶心，腹胀及失眠多梦等。直到人们适应了外界环境之后，这些生理反应才会逐渐消失而恢复常态。

如果人们遇到一些意外灾祸或遭受重大失败挫折而面临紧急危难场面，承受强烈而持

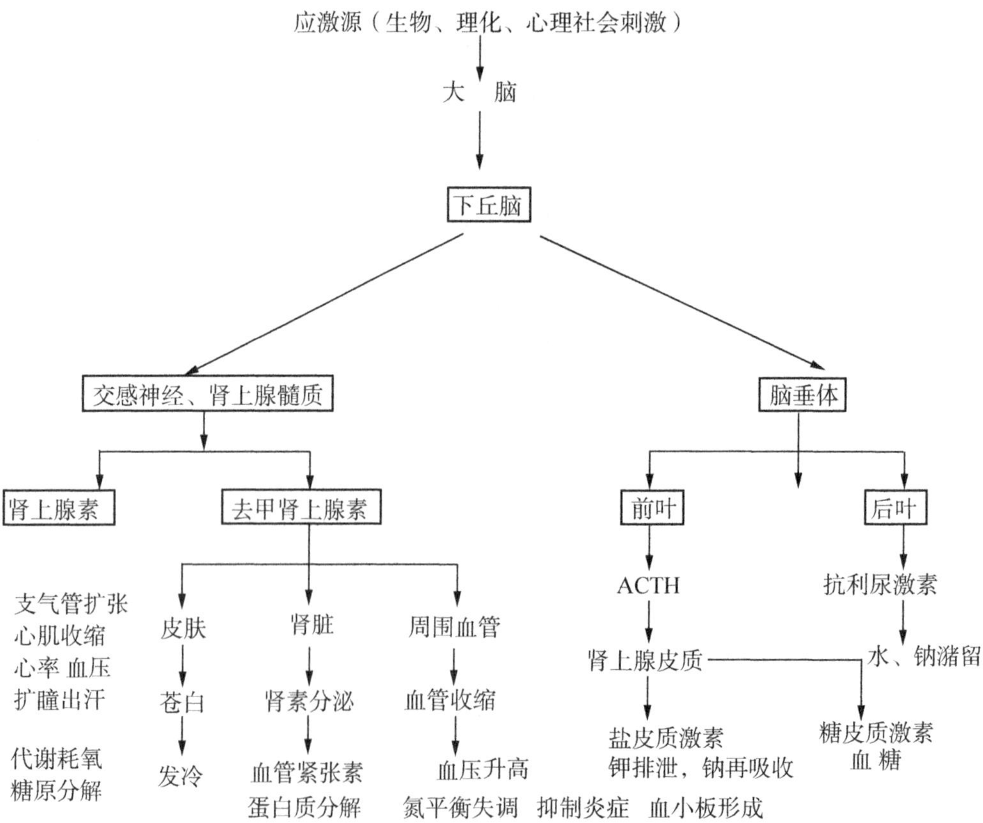

图8-3　应激反应中的生理变化

续的精神刺激时，将发生一系列更为显著的生理反应：肾上腺素大量释放会引起心肌收缩、心动过速、糖原分解及血糖升高、代谢加速及耗氧增加；去甲肾上腺素释放使周围血管收缩，皮肤苍白、血压升高、肾血流量减少；肾素分泌进一步加剧血压及水盐代谢变化，皮质激素大量分泌，对血压、血糖、水盐代谢、脂蛋白代谢、细胞膜稳定性、胃蛋白酶分泌以及脑电活动均产生显著影响。此外，糖皮质激素大量分泌，还会抑制免疫功能，降低细胞免疫力，干扰抗体形成。总之，严重的应激可引起机体生理功能的紊乱、失衡以至于产生病理性改变。

六、影响应激反应强度的因素

应激反应的产生必须有引起它的应激源存在。但是有了应激源不一定必然产生应激反应。这是因为还有许多因素在起作用。既有刺激物本身的客观因素，例如刺激物本身的强度、作用时间的长短与作用的方式等，同时也有刺激承受者（主体）个人的主观因素，例如主体的认知评价、个性特征、应对能力、身体素质、社会支持等，与应激反应产生与否有很大关系。

第二节 心身疾病

一、心身疾病的概念和范围

（一）心身疾病的概念

心身疾病有广义和狭义之分。广义的心身疾病是指心理社会因素在发病发展过程中起重要作用的躯体器质性疾病（如原发性高血压等）和躯体功能性障碍（如偏头痛等）。狭义的心身疾病是指其发病、发展、转归和防治都与心理因素密切相关的躯体器质性疾病。由于具有生理上的障碍，心身疾病又称为心理生理疾病。心身疾病的定位可参考图8-4。

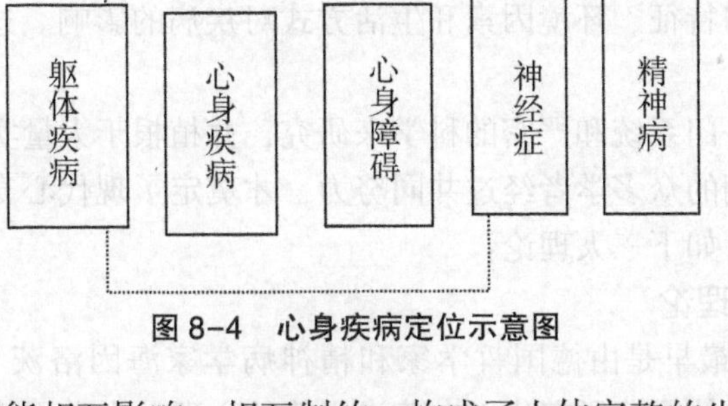

图8-4 心身疾病定位示意图

心理功能和生理功能相互影响、相互制约，构成了人体完整的生命活动。机体通过心理和生理的统一活动，与自然界和社会环境不断进行物质、能量和信息交换，以适应环境条件的变化，保持人体的健康。显然，自然、社会、心理和生理四个方面的因素都与人体的各种疾病有关。但是，在不同的疾病中，各种因素所起的作用是不同的。在一种疾病的发生和发展变化中，总是有某个或某些因素在起着主导作用。心身疾病就是指那些主要或完全由心理社会因素引起个体的心理冲突，情绪紧张，或者因个体的不良习惯与人格特征，导致机体的生理功能持续紊乱、组织损害和结构改变的器质性躯体疾病。

心身疾病与一般生理性躯体疾病的不同主要表现在病因与发病机制上；心身疾病也与神经症不同，神经症往往只有比较模糊的躯体症状，而很难找到具体的器质性病变。

（二）心身疾病的范围

现代医学研究表明：影响人类健康的因素中，生活方式、行为和环境因素已占66.5%，而综合国内外流行病学资料，心身疾病在临床各科疾病中，已达1/3左右，而且呈上升趋势。

心身疾病广泛分布于全身各个系统，尤其多见于自主神经支配的器官与系统。

然而，要十分准确地划分出心身疾病是很难的。一方面，过去被列入心身疾病名单的许多患者未必都符合心身疾病的诊断标准。例如，不少原发性高血压患者的病因中就并无明显的心理社会因素。另一方面，许多未列入心身疾病名单的疾病，其发病与发展与心理社会因素有明显的相关性。例如，近年来日益为人们重视的乙型肝炎患者中常常存在较多的心身或身心问题。基于这样的现实，近年来有逐渐淡化心身疾病诊断的倾向，而倾向于具体问题具体分析，针对具体的患者，从天人合一、心身相关的角度来分析、处理临床疾病问题。

二、心身疾病的主要理论

心身医学虽形成于近代，但早在2 000多年前，心身统一的思想就出现在古代医学著作中。我国经典医著《黄帝内经》关于“形神合一”的记载和论述，表明古人对于心理因素与疾病之间关系的重视。“悲哀忧愁则心动，心动则五脏六腑皆摇”，“法于阴阳，和于术数，食欲有节，起居有常，不妄作劳，故能形与神俱，而尽终其天年，度百岁乃去”。《黄帝内经》的这种论述不仅把有害的情绪因素和不健康的行为视作致病原因，而且还认为这些因素可以影响疾病的整个过程和决定预后。而如果能做到生理卫生和心理卫生并重，便能“形与神俱”，保持身心健康，得以延年益寿。祖国医学还强调情绪能致病也能治病。即“怒伤肝，悲胜怒，喜伤心，恐胜喜，思伤脾，怒胜思”及“以情胜情”等。西方医学之父希波克拉底（Hippocrates）认为医生医治的不仅是病而且是患者，主张在治疗上必须注意人的性格特征、环境因素和生活方式对疾病的影响。这些观点是心身医学最早的理论假设雏形。

把心身医学作为一门系统和严密的科学来研究，并植根于大量实验研究之上，是从20世纪开始的。不同时期的众多学者经过共同努力，才奠定了现代心身疾病的理论基础。目前有关心身疾病主要有如下三大理论：

（一）心理动力学理论

“心身”这个术语最早是由德国哲学家和精神病学家海因洛茨（Heinroth. J）于1918年提出的，而心身相关的早期研究建立在弗洛伊德的心理动力学理论基础上。他认为心理冲突是被压抑的精神活动能量的来源，当这种能量通过生理渠道被释放时，就会对人体构成损害，从而导致“心身疾病”的发生。

链接

美国著名心理学家亚历山大（F. G. Alexander）认为心身疾病的发展有三个要素：①未解决的心理冲突；②身体器官的脆弱易感倾向；③自主神经系统的过度活动性。心理冲突多产生于童年时代，常被压抑到潜意识之中而不表现出来。以后一旦遇到生活变故或社会因素的激发，这些冲突会重新出现。如果这些复现的心理冲突找不到恰当的出口疏泄，就会通过过度活动的自主神经系统而发放，从而引起自主神经系统的功能障碍和它所支配的脆弱器官的损伤，如某些哮喘的发作常常是由于童年时与母亲的矛盾冲突被压抑在潜意识中，以后在某种应激源的激发下，试图消除这种被压抑的情绪时，患者不是以意识的行为，而是以自主神经的过度活动来疏泄，导致其脆弱器官如气管支气管的损伤和病变，于是，哮喘便发作了。这派学者认为，只要查明致病的潜意识冲突即可弄清发病机制。

（二）心理生理学说

20 世纪初，巴甫洛夫提出高级神经活动学说，认为躯体各器官都受大脑皮层调节。高级神经活动异常时可使内脏功能失调。20 世纪 20 年代，美国生理学家坎农（Cannon）揭示了情绪与生理过程之间的关系，认为强烈的情绪反应（恐惧、愤怒等）会使动物产生“战斗或逃避”反应，通过自主神经系统影响下丘脑激素的分泌，导致心血管系统活动的改变。如果不良情绪长期反复地出现，就会引起生理功能紊乱和病理改变。20 世纪 30 年代加拿大学者塞里（H. Selye）在他的应激适应学说中指出，各种有害因素，包括物理性、化学性、生物性、社会心理性因素作用于机体后，都会出现一种非特异性应激反应。人在进入应激衰竭期后，个体会出现焦虑、头痛、血压升高等一系列症状而最后导致心身疾病的产生。20 世纪 50 年代以后，美国的沃尔夫（Wolff）等人在纽约大学经过 30 多年生理心理疾患研究实验后，提出了心理生理学理论。他们以坎农的情绪生理学说和巴甫洛夫的高级神经活动类型学说以及塞里的应激学说为基础，采用客观方法把生活中的应激与生理学反应联系起来，认为持久的生理变化可导致结构的改变，提出生活情景与情绪对躯体疾病有重要影响。一切外部应激源，如社会、自然、文化、心理的因素，一切内部的易感因素，个体遗传学特点，易感性心理素质，个体人格特征，躯体病理生化改变均可作为刺激源作用于机体，通过主观认知评价产生相应的情绪体验，借助于神经生理生化、内分泌和免疫系统三个中介影响机体，产生疾病或促进康复。

（三）行为学习理论

行为学习理论的主要代表人物有米勒，他提出了关于“内脏学习”理论并进行了一系列实验研究，结论是人类的某些生理功能（如血糖增高或降低、腺体分泌能力的增强或减弱、肌肉的舒张与收缩等）可以通过学习而获得。某些社会环境刺激可引发个体习得性心理和生理反应，如情绪紧张、呼吸加快、血糖升高等。由于个体素质上的问题或特殊环境因素的强化或通过泛化作用，使得这些习得性心理和生理反应可被固定下来而演变成为症状和疾病，如紧张性头痛、过度换气综合征、高血压等心身疾病症状的形成。

行为学习理论对心身疾病产生机制提供了一种新解释，且为这类疾病的治疗开创了新途径。目前基于米勒的理论而提出的生物反馈疗法和其他行为技术已被广泛地应用于心身疾病治疗中，且取得了较好的效果。

三、心身疾病的发病机制

一般躯体性疾病中，病因（如病原微生物）侵入机体后常因与特定器官的亲和力而引起特定器官的病变。在心身疾病中，目前并未发现病因与特定器官的亲和、病变关系。同样的病因作用于不同的个体，可引起相同或不相同的心身疾病。显然，作为信号的心理社会刺激作用于机体后，经历了一个内在的加工过程，才导致心身疾病的发生。这个内在的加工过程是心身疾病发生的中间环节。正是这个中间环节即中介机制，将心理（精神）变化与生理变化联结在一起，从而导致了心因性的躯体疾病，即心身疾病。心身疾病的发病机制可大致表示如图 8-5 所示。

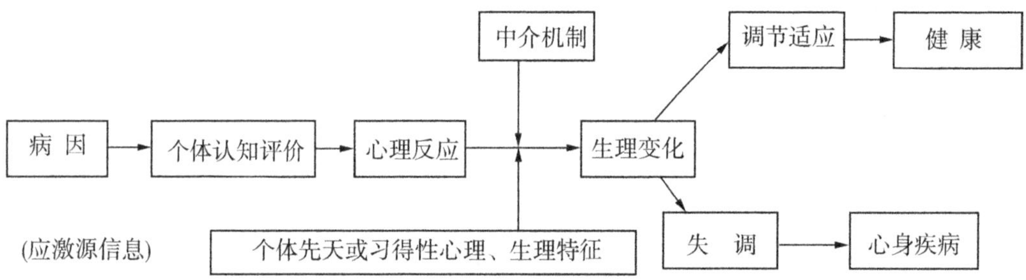

图 8-5 心身疾病的发病机制

心身疾病的发病机制是个体对应激源经过认知评价，察觉威胁或挑战的存在后，大脑边缘系统去唤醒应激系统，并影响包括免疫系统在内的各种内脏活动。这一系列的活动如超过个体的承受能力（反应阈值），破坏了机体的稳态，便会产生心身疾病。

（一）中枢神经系统的作用

神经心理学研究表明，一切心理活动都离不开以大脑皮质为中心的中枢神经系统。各种心理、社会因素作为信息（刺激）传入，首先被大脑皮层觉察并认知评价而产生一定的情绪，而情绪对机体的生理功能产生影响。如果反应强烈而持久，就可能引起相应的病理改变。

情绪是大脑皮层和皮层下中枢（边缘系、下丘脑、脑干网状系）协调活动的产物，即情绪不但受大脑皮层调节，且直接与边缘系和下丘脑有关。情绪的直接中枢在边缘系，而边缘系与下丘脑有广泛的神经联系。

（二）神经内分泌的作用

情绪活动与神经内分泌有密切联系。长期持续的不良情绪体验和心理矛盾是通过两条途径来产生各种躯体反应的，其中下丘脑起了重要作用。

1. 大脑边缘系—下丘脑—自主神经通路　即交感—肾上腺髓质系统的效应作用。情绪的直接中枢在边缘系，而边缘系与下丘脑有广泛的神经联系。长期的不良情绪可使下丘脑兴奋交感神经—肾上腺髓质机制，引起大量儿茶酚胺（肾上腺素、去甲肾上腺素）释放，导致生理反应如血液循环加快（以增加心脑、骨骼肌的血液供应），外周血管收缩，血压升高及呼吸加速等。

2. 大脑边缘系—下丘脑—垂体前叶—肾上腺皮质通路　下丘脑可分泌多种神经激素。如分泌促肾上腺皮质激素释放因子作为一种化学信息兴奋垂体前叶—肾上腺皮质机制，使垂体前叶分泌促肾上腺皮质激素（ACTH），进而促进肾上腺皮质激素特别是糖皮质激素（氢化可的松）的合成与分泌，以利机体产生相应的生理、行为变化。通过神经内分泌机制，心理社会因素引起的情绪反应经上述两条途径转变为躯体的生理反应。

（三）免疫系统的作用

近代免疫学研究已证实，免疫功能受中枢神经系统特别是下丘脑调节。紧张刺激或情绪可通过下丘脑及由其控制分泌的激素影响免疫功能，如产生胸腺退化，影响T细胞成熟，使细胞免疫功能降低；皮质类固醇的增高对巨噬细胞有抑制作用，可降低吞噬功能，使病原迅速扩散，影响B细胞产生抗体，降低抵抗力而致病。

综上所述，心理社会因素作用于人体，经中枢神经系评估而产生情绪，神经内分泌系统和免疫系统共同作用，可将精神因素转变为生理、躯体的因素。若持续、强烈地存在不良情绪刺激，可使上述三个系统作用失衡，从而引起心身疾病。

四、心身疾病的诊断、预防和治疗原则

（一）心身疾病的诊断标准

心身疾病的诊断除了采集病史和体格检查之外，还应在心身疾病有关理论指导下，结合病史通过晤谈和相关心理测验对患者的心理社会因素做出评估，按以下标准做出诊断：

（1）有确切、具体的躯体病变存在。暂未发现病变者须有相对固定而局限的躯体症状。

（2）发病前有明确的心理社会因素存在。

（3）病情的缓解和加剧与情绪因素密切相关。

（4）一定的个性特征成为对某些疾病的易感因素。

（二）心身疾病的鉴别诊断

心身疾病主要和一些神经症及某些精神疾病相鉴别，尤其是前者，如焦虑症、疑病症等。它们虽与心理社会因素有关，也有各种躯体方面的不适，甚至有明显的躯体症状，但常广泛而反复无常，仅表现为功能障碍，无确定的躯体病变部位，无明显的器质性病变；而心身疾病既有明显的躯体症状，又有明确而具体的病变部位，一般累及自主神经所支配的脆弱器官。

（三）心身疾病的预防和治疗原则

1. 心身疾病的预防　心身疾病是心理、社会和生物学多种因素相互作用的产物，其预防不能只着眼于生物学因素，而应从更广泛的方面设计预防方案和具体措施，才能保持生理、心理和社会适应三方面的健全状态，收到良好的效果。

心身疾病的心理学预防应尽早做起。具体的预防工作包括：对那些有明显心理素质弱点的人，例如有易暴怒、抑郁、孤僻及多疑倾向者应及早通过心理指导加强其健全个性的培养；对于那些有明显行为问题者，如吸烟、酗酒、多食、缺少运动及A型行为等，应利用心理学技术指导其进行矫正；对于那些工作和生活环境里存在明显应激源的人，应及时帮助其进行适当的调整，以减少不必要的心理刺激；对于那些出现情绪危机的人，应及时帮助加以疏导。至于某些具有心身疾病，如有高血压家族史或已经有心身疾病的先兆征象

（如血压偏高）等情况者，则更应注意加强心理预防与生理监测工作。

总之，心身疾病的心理社会方面的干预工作是多层次、多侧面的，这其实也是心理卫生工作的重要内容。

2. 心身疾病的治疗　心身疾病的治疗原则是心身同治。心身疾病是一组发病、发展、转归和防治都与心理因素有关的躯体疾病。因此对心身疾病的治疗要根据病程的不同时期和主要矛盾确定治疗的主次，兼顾患者的躯体和心理两方面。一方面，要采取有效的躯体治疗，以解除症状、促进康复，如对溃疡病的制酸、高血压病的降压、支气管哮喘的支气管扩张剂治疗等；另一方面，如果需要持久的疗效，减少复发，则需要在心理和社会水平上加以干预和治疗。

心理和社会水平上的干预、治疗主要围绕三个目标：①帮助患者从客观上消除致病的心理社会因素；②提高患者对应激的认识水平，增强应对能力；③减轻生理反应，缓解病情。具体方法有：

（1）环境治疗：在干预治疗手段中，可对环境做出适当调整或住院。目的是使患者暂时摆脱引起或加重其疾病的生活和工作环境，减少或消除应激源。

（2）药物治疗：在心身疾病中，情绪因素可致病情变化，而病情变化又可影响疾病本身。因此当患者负性情绪水平很高或已维持很长时间（焦虑、抑郁），认知能力很差时，使用药物治疗可降低负性情绪水平，生理反应也随之改善，并有利于心理治疗。

（3）心理治疗：心理治疗方法很多，如精神分析法、认知疗法、行为疗法等。治疗的目的在于影响患者的人格、应对方式和情绪，以减轻因过度紧张而引起的异常生理反应。其中行为治疗方法对原发性高血压、某些类型的心率失常、偏头痛和紧张性头痛效果较好。

如冠心病患者，在其病情基本稳定以后指导其对 A 型行为和其他冠心病危险因素进行综合行为矫正，帮助其改变认知模式，改变生活环境以减少心理刺激，从根本上消除心理病因学因素，逆转心身疾病的心理病理过程，使之向健康方面发展。又如采用长期松弛训练或生物反馈疗法治疗高血压患者，可改善循环系统功能，降低血压。通过心理学技术直接改变患者的生物学过程，提高身体素质，促进疾病的康复。

第三节　常见的心身疾病

美国心理学家 Alexander 最早提出的七种经典的心身疾病是：消化性溃疡、溃疡性结肠炎、甲状腺功能亢进、局限性肠炎、类风湿关节炎、原发性高血压和支气管哮喘。随着心身疾病这门学科的发展，心身疾病的范畴有扩大的倾向，以下列举几种常见的有一定代表性的心身疾病，以利于大家分析理解心理社会因素在不同疾病中的作用。

一、原发性高血压

原发性高血压（Primary hypertention）是一种以循环动脉血压升高为主要表现，以全身细小动脉硬化为基本病变的一种被最早确认的心身疾病。

一般认为，原发性高血压是一种多因素导致的疾病，除与高钠膳食、遗传缺陷等原因有关外，心理、社会因素在本病的始动机制中起主要作用。

（一）流行病学调查

在恶劣的社会环境中生活，或责任过重、工作压力过大，或应激性不良生活事件过重过多的人群中，患高血压病者多。如同样是黑人，凡世代居住在非洲的，患高血压者甚少，而生活在美国北方大城市的，因其社会经济条件差，犯罪率高，暴力事件多，人口密度大，迁居率、离婚率高，所以患高血压者多；而在工作压力大的日本，高血压病是居民主要的死因之一。现代城市居民因升学、就业竞争压力大，生活节奏快，人际关系复杂，患高血压者明显高于农村。

（二）动物实验

长期的紧张刺激可使动物血压升高。如让不同群体的大白鼠生活在缺少食物的一个笼子里，结果大白鼠均因争食厮打殴斗而患高血压病。关在笼子里的狒狒王，眼看自己的“下属”自由地进食而不理它的威风和尊严，经常气得暴跳如雷，也会患上顽固性的高血压病。

（三）有关情绪与高血压的研究

情绪对血压的影响特别明显。长期的忧虑、恐惧、愤怒常导致血压的持续升高，1971 年 Hokanson 等人对愤怒导致高血压的研究表明，在激怒的被试者中，那些必须压抑敌对反应而不允许发泄愤怒的人比允许发泄愤怒的人血压要高。有人通过催眠暗示的办法研究情绪对血压影响，发现经催眠暗示，被催眠者表现愉快时，血压可下降 20 毫米汞柱（2. 67 千帕）脉搏每分钟减少 8 次；相反，在暗示愤怒时，血压可升高 10 毫米汞柱（1. 33 千帕），脉搏由 65 次/分增加到 120 次/分。

此外，人们发现，原发性高血压患者多有易焦虑、易冲动、求全责备、主观好强的 A 型性格特点，而临床对高血压病的观察也表明，药物配合心理治疗的效果明显高于单纯药物治疗组。

二、冠心病

冠心病（coronary heart disease，CHD）是当今世界上危害人类健康和生命最严重而且死亡率最高的疾病。经国内外近 1 个世纪的大量研究认为，CHD 除与高血压、高血脂、重度吸烟、遗传因素有关以外，心理社会因素也是重要的病因之一。

有关 CHD 发病率和易感者的研究表明，CHD 的发病率在竞争激烈的工业发达国家和发展中国家的发达地区较高，在脑力劳动者中居多，在 A 型性格行为者中多见。

美国心脏病学家 Friedman 及 Rosenman 等，从 1960 年至 1975 年对 3 154 名 39~59 岁的男性的研究表明：勤奋努力、争强好胜、苛求自己与他人、易激惹、人际关系紧张、常有过度敌意者发生 CHD 的人数 3 倍于 B 型行为者。1978 年美国国立心肺及血液研究所组织有关专家研究的结论是“A 型行为与美国中年雇员 CHD 的发病危险有关，这种危险较年龄、收缩压升高，血清胆固醇或吸烟为大，相当于后面三者相加的强度级别”。我国的研究资料也表明，在 CHD 中，A 型行为者占 75. 73%。而 A 型行为与 B 型行为者患 CHD 的比例为 3. 64 ：1。

三、消化性溃疡

消化性溃疡（Peptic ulcer）包括胃、十二指肠溃疡。导致溃疡发生的直接因素是胃酸和胃蛋白酶在胃黏膜的屏障防御机能下降时产生的自身组织消化。胃肠道同样对内外刺激十分敏感，情绪变化很容易引起胃液分泌及胃肠运动功能变异，临床上常可发现许多溃疡患者的起病往往有一段难忘的痛楚经历，而病情的加重与复发也往往与负性的情绪体验有关，因此，消化性溃疡一直被列为常见的心身疾病之一。大量的临床观察与动物实验证实：

（1）胃蛋白酶原的高水平倾向是消化性溃疡的遗传性生理基础。这些人在应激情境下容易患消化性溃疡。

（2）被动、顺从、依赖性强、缺少人际交往、守旧、刻板、情绪不稳定是消化性溃疡患者常有的人格特征。这些人对心理社会性的刺激较敏感。

（3）长期的精神紧张和强烈的心理应激可扰乱消化系统的正常工能，促使胃液分泌过多或（和）排出减慢，诱发或加重消化性溃疡的发生。

综上所述，对慢性消化性溃疡来说，心理社会因素与生理性因素都是不可缺少的致病条件。

四、支气管哮喘

支气管哮喘（bromchial asthma）很早就被公认为呼吸系统中典型的心身疾病。其病因主要有过敏反应、感染和心理社会因素，不同的患者对这三大主因的敏感性不同，有些学者认为，心理因素与生理因素几乎各占一半。也有学者对 487 例患者的研究表明：过敏因素为主者占 29%，感染占 40%，而心理因素为主者占 30%。在儿童患者中，心理社会因素显得更为重要。

心理社会因素对下列三种人患支气管哮喘的影响比较明显：

（一）家庭关系特别是母子关系失常的人

母亲过分溺爱孩子，孩子过分依恋母亲；或者父母管束过严，家庭矛盾冲突频繁者。如临床上常见到有的哮喘患儿，在父母面前发作很重，离开父母在医护人员照料下则很少发作；对变应原过敏的孩子在家里时哮喘病一再复发，但一离开家庭，即使变应原依然存在，孩子也不发病了。

（二）心理感受敏感而强烈，并惯于压抑克制自己情绪的人

强烈的紧张性刺激，如人或动物打斗的场面，社交、性交的紧张体验均可使这些人发生哮喘，甚至形成条件反射。有位 20 多岁的女青年，每当收到恋爱对象有波折的来信，就出现胸闷，继而哮喘发作。还有的人因吸入花粉而患哮喘，后来当他看到人造的玫瑰花后，也出现喘息症状。

（三）容易接受暗示的某些人

Luparello 等人曾选择 40 名有过敏史的哮喘患者和正常人做对照实验。首先向所有的被试者宣布：这是一个空气污染实验，每个人必须吸入几种浓度不同的物质（其实所吸入的都是根本无害的非过敏性溶液）。结果患者组的 1/3 出现了呼吸困难，其中 12 人哮喘发作，而健康组无一人出现反应。然后告诉患者“这是暗示的作用而不是溶液引起的”真相后，那些受影响者也就恢复了正常。对这些人来说哮喘与心理暗示密切相关。

综上所述，哮喘通常有多种病因，但可以肯定，心理因素可以诱发或加重哮喘的发作，重视结合心理治疗将收到良好的效果。

五、癌症

癌症（cancer）是否属于心身疾病，学者们还有不同的意见，尽管理化因素、病毒、慢性感染、遗传、药物、激素及年龄都被证实为癌症的病因，然而，人类发现心理社会因素与癌症也有不可忽视的密切关系。

链接

临床发现：癌症发生前，患者大都有极度伤心的事件发生，莱森（Leshen）综述了1902—1957年的75篇有关文献，认为忧郁、失望和难以解脱的悲哀是癌症的先兆。格林尼的研究也认为，生离死别的忧郁悲伤和焦虑多发生在癌症前一年左右。有人报告，在51名可疑宫颈癌的妇女中，有18名因亲人死亡，半年后真正发展为宫颈癌者有11名，约占61%，其余的33名中仅有8名患了宫颈癌，只占24%。姜乾金（1987年）通过临床对照调查分析显示，在癌症患者发病史中，“家庭不幸事件”“工作学习过度”和“人际关系不协调”等生活事件有重要意义，与北京医科大学和中国心理研究所的调查结论完全一致。

此外，对癌症患者个性的研究认为，那些谨小慎微、忧虑重重、惯于压抑愤怒、克制感情的人，一旦遭受重大精神创伤与生活磨难，比较容易罹患癌症。

一般认为，心理社会紧张刺激引起的恶劣情绪可以降低机体免疫、监视功能和免疫杀伤机制，使机体每天都可能产生的突变细胞难以清除，从而发展为癌症。

综上所述，心理社会因素与癌症的关系表现在两个方面：一是成为癌症的病因之一，二是影响癌症患者的存活时间与预后。毫无疑问，重视心理社会因素有助于癌症的防治。

总之，心理社会因素与物理、化学、生物、药物等任何致病因素一样，只要其对机体的刺激达到个体难以承受与克服的程度，就可能导致疾病，并影响疾病的发展。而心身疾病则与心理社会因素关系更为密切。至于究竟引起什么疾病，除了取决于机体的功能状态，包括遗传素质、现实的健康状态、各组织的易感性外，还取决于个体对心理社会刺激的认知评价。例如，同样遭受到重大挫折（如高考落选），那些悲观失望、耿耿于怀感到痛不欲生者则易患心身疾病。因此，如何引导患者对心理社会的刺激做出正确的评价，并帮助患者主动做出心理调适，是防治心身疾病的重要内容。

（巢湖职业技术学院　张　蓉）

第九章 异常心理与不良行为

学习目标

1. 掌握异常心理的概念、焦虑性障碍、抑郁性障碍、人格障碍及其心理干预。
2. 熟悉烟瘾、酒瘾、药物依赖、贪食与厌食心理异常判断标准。
3. 了解人格障碍、性心理障碍。

第一节 概 述

案例 环境适应障碍引发的异常心理

徐同学，女，身材高挑，青春美丽；家庭经济条件较好，自我感觉良好；经常向老师报告自己钱、零食、衣服被盗，并明确是同寝室一贫困生所为，与寝室同学关系紧张；爱慕同班港澳学生，表白遭拒。由于与寝室、班级同学关系紧张，孤芳自赏，负面情绪不能正常释放，精神分裂，休学治疗。这是人际交往障碍引发的异常心理，主要表现是：自我意识强，甚至有些自恋，无法容忍他人；猜疑心重，无法信任他人。

一、异常心理的概念

异常心理是在大脑生理生化功能障碍和人与客观现实关系失调的基础上产生的对客观现实的歪曲的反映。美国出版的《心理异常诊断与统计手册》第3版修订版将心理异常定义为：发生于个体的一种临床上有意义的行为或心理症候，其特征是与一种痛苦的症状相联系的，或涉及一种以上重要功能的损害。

二、心理异常判断标准

心理有正常和异常之分，两者有着实质性的差异。然而心理正常却没有一个固定不变的、到处适用的绝对标准，正常和异常的界限又是不能绝对确定的。正常和异常心理是一个渐变的连续体，其区别往往是相对的。异常心理的表现受到多种因素如客观环境、个体的心理状态、人际交往和社会文化等的影响。判断一个人心理是否异常，只有把他的心理状态和行为表现放到当时的客观环境、社会文化背景中加以考虑，通过和社会认可的行为常模比较，以及和其本人一贯的心理状态和人格特征加以比较，才能判断此人有无心理异常，以及心理异常的程度如何。如果一个人能够按社会认为适宜方式行动，其心理状态和行为模式能为常人所理解，即使他有时出现轻度情绪焦虑或抑郁现象，也不能认为他的心理已超出正常范围。换言之，心理正常是一个常态范围，在这个范围内还允许不同程度的差异存在。通常的判断标准有：

1. 内省经验标准　其一，以当事人自己的主观体验为标准，如当事人自觉焦虑、抑郁、不能自控行为等。其二，治疗者或研究者对异常心理现象的主观判断。

2. 统计学标准　在普通人群中，心理特征在统计学上呈正态分布。心理正常与否由其偏离平均值程度决定。该法以统计数据为依据，多以心理测验为工具。

3. 社会适应标准　人能够维持生理和心理活动的稳定状态，能依照社会生活的需要，适应环境和改造环境。即正常人的行为符合社会的准则，能依据社会要求和道德规范行事。但该标准受到不同社会文化背景和不同社会历史条件的影响。

4. 医学标准　精神障碍是躯体疾病，存在着病理解剖或病理生理变化基础。心理和行为表现的异常是疾病的症状，病因为脑功能失调。

上述每一种标准都有其根据，对于判断心理正常或异常都有一定的使用价值，但又都不能单独用来解决全部问题。应互相补充，并通过大量的临床实践，对各种心理现象进行科学分析，才能判断是否有心理异常。

三、心理异常的理论模式

对心理异常的研究各有不同的观点与途径。它们之间并非相互排斥，而是可以相互补充，达到较佳效果。兹介绍以下八种模式：

1. 医疗模式　医疗模式论者认为人类心理疾病与身体疾病是相似的，心理失调者有其个人的心理基础，因身体的某些组织病变引发心理疾病。像生病的人要看医生一样，心理异常患者应尽早寻求诊治。持这种说法多为遗传学、生化学、神经生理学家等。

2. 行为模式　行为模式论者认为各种行为均在其内外环境的需求下学习而来，良好适应或偏差病态的行为皆学习而来，如神经官能症的行为是在焦虑情境中学习而导致的不良适应习惯，治疗目标在于使个案不再学习不恰当的行为，转而学习其他恰当的行为。

3. 心理动力模式　心理动力模式论者认为个人心理异常或精神疾病是建立在其内在心理冲突上，是个人企图减轻焦虑时显现的症状，与童年的生活经历、心理压力或创伤经验有关，其主要代表弗洛伊德强调潜意识的影响力及本我（id）、自我（ego）、超我（superego）三者的平衡关系。

4. 人本主义模式　人本主义模式论者强调认知功能、主观经验感受、自我价值尊严及社会上个人与团体间的迷乱和疏离感，其中心概念是自我概念、自我实现、高峰经验、情意、创造、开放教育等。并发展了新的治疗方式，如完形治疗等。但批评者认为此学派经常不能找到科学的准则。

5. 认知模式　认知行为学家认为认知问题常导致心理疾病，人类异常行为及良好适应行为皆取决于当事人的知觉和诠释他们的世界和经验的方式。

6. 社会文化发展模式　认为心理异常行为是由生理、心理、环境及社会文化等各方面因素交互作用的结果，且是个人表现违反规范的行为，遭到社会加标记后的恶性循环的结果。

7. 社区心理健康模式　又称“社区精神医学”，以社区民众的心理疾病的防治为工作对象，能指出民众的心理及社会行为问题，要求社区成员负起解决此问题的责任，建立社区联络网，活跃其效能。其工作目标重在预防层次，重视社会环境对心理健康和精神疾病治疗方面的影响。

8. 一般系统模式　一般系统模式借由促进人类互动关系中的社会过程，以强化人类的社会适应能力。

四、心理异常的分类

1. 变态心理学分类　包括心理过程障碍和人格障碍。

（1）心理过程障碍：①感知障碍；②注意与记忆障碍；③思维障碍；④情感障碍；⑤意志行为障碍；⑥意识障碍；⑦智能障碍。

（2）人格障碍：①偏执型人格障碍；②分裂型人格障碍；③反社会型人格障碍；④攻击型人格障碍；⑤表演型人格障碍；⑥强迫型人格障碍；⑦焦虑型人格障碍；⑧依赖型人格障碍。

2. 临床医学分类　①神经症；②心身疾病；③人格障碍；④精神病。

3. 医学心理学分类　①轻度心理障碍；②严重心理障碍；③心理生理障碍；④大脑损害导致的心理障碍；⑤特殊条件下产生的心理障碍，包括药物、催眠、航空等。

4. 精神病学分类　包括神经症：①恐惧症（恐怖症）；②焦虑症；③强迫症；④疑病症；⑤神经衰弱；⑥其他或待分类的神经症、癔症和恶劣心境。

第二节　焦虑性障碍

一般资料：王某，女生，19岁，某二本院校社会科学专业学生。案例描述：进入大学学习以来，第一学期期末考试数学不及格，在中学学习时数学就不是强项，对数学不感兴趣，因而报考了社会科学专业，没想到这个系也要学习数理统计，数学和统计学在大一、大二两个学年都要学，这就给她带来了沉重的心理负担，每到期末复习考试临近期间就紧张焦虑，还伴有严重的睡眠障碍。

背景介绍：自幼学习上进，记忆力较强，深受老师的器重，每逢市里的一些学科竞赛，学校都推荐她参加，这对她的精神压力很大，她本人对数学兴趣不浓，但是教师仍然很看重她，自己认为这是一种荣誉，是学校和老师对自己的器重，也不好违抗。高考前一夜没睡，在考场上脑子很乱，原来复习过的内容也想不起来了，急得浑身出汗，心慌意乱，勉强交了试卷，考试成绩不理想。从此以后出现了睡眠障碍。

案例分析：该例是以考试焦虑为中心的心理障碍，属于焦虑症的一种，伴有睡眠障碍，主要是由于心理负担太重，使她的情绪一直不能平静，反而更影响了学习的效果。

焦虑是一种以显著的负性情绪、紧张的躯体症状以及对未来的担忧为特点的情绪状态。即人们对环境中一些即将来临的、可能会造成危险和灾祸的威胁或者要做出重大努力的情况进行适应时，主观上出现的紧张和不愉快的期待，预感到似乎即将发生不幸时的心境。焦虑是一种很普遍的现象，几乎人人都有过焦虑的经验。人们在考试前、即将登台演讲或表演或会见重要人物时，都常有焦虑的体验。焦虑使人不快，常驱使人避开引起焦虑的事物。因此，从心理学上看，焦虑具有保护性意义。但过度的、无端的焦虑则被视为是一个医学问题。

以过度焦虑为突发症状的病理心理状态，临床上称为焦虑症。有两种类型：

（1）惊恐发作（panic attacks）：亦称为急性焦虑发作。患者突然发生强烈不适，可有胸闷、气透不过来的感觉、心悸、出汗、胃不适、颤抖、手足发麻、濒死感、要发疯感或失去控制感，每次发作约15分钟。发作可无明显原因或无特殊情境。还有一些人在某些特殊情境如拥挤人群、商店、公共车辆中发作，称为广场恐怖症伴发惊恐发作（agoraphobia with panic attacks）。

（2）广泛性焦虑症（generalized anxiety disorder）：表现为广泛而持久的焦虑。程度比急性焦虑轻，持续时间长达3个月以上。常诉头痛，失眠易紧张，不能放松，易惊跳，有出汗、心跳、口干、头昏、喉部哽塞感等。检查可见焦虑面容、肢端震颤、腱反射活跃、心动过速或瞳孔扩大等。

一、心理社会因素与焦虑性障碍

焦虑性障碍的特征是一贯感到紧张、提心吊胆、不安全及自卑，总是需要被人喜欢和接纳，对拒绝和批评过分敏感，因习惯性地夸大日常处境中潜在的危险，而有回避某些活动的倾向。

焦虑性障碍的诊断标准包括两方面：一是符合人格障碍的诊断标准，需要符合以下三项：①有特殊的行为模式：表现在情感、警觉性、冲动控制、感知和思维方式等方面，有明显与众不同的态度和行为。②具有的特殊行为模式是长期的、持续性的，不限于精神疾病发作期。③其特殊行为模式具有普遍性，致使其社会适应不良。二是以持久和广泛的内心紧张及忧虑体验为特征，并至少符合下述六项中的三项：①一贯的自我敏感、不安全感及自卑感。②对遭排斥和批评过分敏感。③不断追求被人接受和受到欢迎。④除非得到保证被他人所接受和不会受到批评，否则拒绝与他人建立人际关系。⑤惯于夸大生活中潜在的危险因素，达到回避某种活动的程度，但无恐惧性回避。⑥因“稳定”和“安全”的需要，生活方式受到限制。

引起焦虑的常见诱因是导致冲突的情境或事件。个体感到自己的应对能力不能适应客观情势的要求时，焦虑就迅速产生。焦虑亦能形成条件反射。个体的焦虑素质是产生焦虑的基础。有些焦虑性人格者从童年起其性格上就有一定的特点，大多胆怯、易紧张、自信不足，做事瞻前顾后，犹豫不决，对新事物、新环境适应能力差，遇到一定的精神刺激，如人际关系紧张、突患重病、面临考试等，发生焦虑的倾向特别显著。由于焦虑的人过分紧张、戒备，对事件的意义常发生歪曲的判断。因此，在解释病情时应避免加剧焦虑，多采取鼓励和必要的保证是有益的。不适当的过度检查也会加剧焦虑，甚至引起疑病症状。

二、焦虑性障碍的心理干预

对焦虑性障碍，可采用药物和心理治疗的手段，药物对于焦虑具有良好的效果，但由于副作用的缘故，常用于重度焦虑的治疗，轻中度焦虑的治疗可以心理治疗为主进行，如各种自我松弛训练、生物反馈疗法、认知疗法、社会支持等，都有一定的效果。

第三节　抑郁性障碍

一般资料：徐某，男，23岁，独生子，汉族。某一般院校本科四年级在读学生。身体正常，无重大躯体疾病史，家族三代无精神病历史。

案例描述：焦虑不安，烦躁，情绪抑郁，心烦，嗜睡，情绪低落，有强迫观念。无法正常上课，一进教室就心慌意乱，坐不住，看谁都不顺眼，异常气愤，认为是他们害了自己。总想逃离教室，因而已休学两周。想到即将面临的实习和毕业设计，更加无所适从。为了提神，经常喝浓咖啡以克服嗜睡，时常告诫自己一定要进入学习状态，可就是做不到。

背景介绍：徐某中学在市重点高中，学习优秀。进入大学表现积极，被老师委任担任班长，大学一年级各方面表现突出。二年级开学两个月，与一位父母离异的男生成了好朋友，在这位同学的拉拢下，先是上网玩一般游戏，后是玩战队游戏，最后发展为逃学、包宿。白天在课堂上或睡觉时想着游戏怎样“闯关”。脾气开始变得暴躁，性格变得古怪。学习成绩严重下滑，班长职务被撤仍执迷不悟。后来发展为与老师顶牛，与多名同学动手打架。三年级初，在母亲的劝说下，开始醒悟，决定告别网络游戏，希望回到班集体认真学习、生活，却发现班级里多数同学不理自己，有意孤立自己，而那个当初拉自己打游戏的同学也和自己绝交了。于是，开始自我反思后悔过去不应该做出那些举动，感到对不起老师和父母，陷入强烈的自责中，感到没有脸做人。

案例分析：求助者主客观统一，知情意一致，个性稳定性也没有问题，有自知力和求助欲望，可以排除精神病。求助者症状反映强烈，心理痛苦程度较高，社会功能也明显受损，患病时间较长，可以诊断为抑郁性神经症。求助者主要病因是自我同一性在形成过程中出现了失调，导致自己无法认识自我，无法确认自我和接纳自我，不知道自己到底是一个什么样的人，不能形成清晰的自我同一感。

抑郁症（depression）又称“抑郁性障碍”，该病以显著而持久的心境低落为主要临床特征，是心境障碍的主要类型。其特征性症状为：①悲观心境、自身感觉很坏；②睡眠障碍，失眠或早醒；③食欲很差；④动力不足，缺乏活力；⑤兴趣和愉快感丧失；⑥自责自罪、消极想死；⑦体重下降；⑧性欲降低。抑郁症常有便秘和各种疼痛申诉，焦虑、恐怖、疑病或强迫症状亦很常见，尤多见抑郁性的先占观念。

抑郁症目前分为两类：

一是原发性抑郁症。所谓原发性抑郁症，是指以往无其他精神疾病或躯体疾病，其中每次发作均为抑郁者，叫作单相抑郁症；如果病史中有过躁狂发作，即情绪高涨、眉飞色舞、谈笑风生、思维加速、动作增多、睡眠需要减少，那么，这种抑郁症称为双相抑郁症（躁狂抑郁症）。根据症状组合模式，又将抑郁症区分为精神病性抑郁症（伴幻觉、妄想等精神病性症状）与神经症性抑郁症（伴焦虑、恐怖、强迫等神经症症状，抑郁程度较轻）。P. Kielholz 又从抑郁症中区分出一个特殊类型，叫作隐匿性抑郁症（masked depression），着重指出躯体症状突出、抑郁症状被掩盖的类型，提高对抑郁症的认识可能是有益的。

二是继发性抑郁症。继发性抑郁症除了继发于焦虑性障碍、强迫症及精神分裂症外，继发于躯体疾病的抑郁症也不少见，但易被忽略。如病毒感染、肝炎、流行性感冒、甲状腺功能减退、阿狄森病、席汉病，以及某些药物，如利血平、皮质激素等都可继发抑郁症状。

一、心理社会因素与抑郁性障碍

抑郁症发生原因尚未完全阐明，目前得到认可的主要原因有：①家族史。轻微的抑郁并非遗传所致，而一些严重的抑郁症患者确有遗传因素在起作用。②生活中的重大刺激。生活中的各种压力和创伤，使人在经受打击之后心灵变得脆弱不堪，抑郁情绪便“乘虚而入”。③继发于躯体疾病后，心力交瘁极可能造成精神抑郁。④性别。女性明显高于男性，较轻微的抑郁发作的发病率，女性高出男性 4~5 倍。也可用“习得无助感”来解释这种行为，当一个人无论做什么，责打体罚总是接着来到，于是他开始害怕做任何事，最后则是退缩，失去生活中的喜悦，习得了无助，习得了抑郁。认知心理学家认为抑郁的形成是因个人犯了“逻辑谬误”，将发生在他身上的事，都解释为自己的过错、无价值、不重要所致，抑郁是由认知或对自己所说的内在语言所造成的。对此类病患表示同情与关心，常易增强或强化了他的症状。无论原发性或继发性抑郁症，由于情感低落，往往导致自我贬抑，自责自罪，消极厌世。所以抑郁症患者发生自杀行为相当常见。鉴于这个原因，任何对抑郁症的处理都应将防止自杀放在首要位置。

二、抑郁性障碍的心理干预

严重的抑郁首先应考虑接受抗抑郁药物治疗。无论是轻度或是重度抑郁都需要心理治疗或心理咨询，如消除不良生活事件、改变认知角度、倾诉、获得社会支持等，当然也需要个人的心理调整。

药物主要选用三环类和四环类抗抑郁药，新型抗抑郁药主要有选择性抑制 5-羟色胺重摄取的如氟西汀、左洛夏、帕罗西汀等。

还可根据具体情况，不失时机地选择电休克（ECT）等治疗方法。

第四节　人格障碍

森森在与女友交往的早期对女友十分关心和体贴，女友也十分满意，自认为找到了如意郎君。然而在确立了恋爱关系之后，他变得疑心越来越重，总怀疑女友私下与其他男人交往，非常不放心女友的行踪，每天都要多次给女友打电话询问其在哪里，和谁在一起，在干什么。一旦发现女友和其他男人接触就发脾气，为此两个人经常吵架，后来就开始打女友，有时会把女友朝死里打，但打过之后又会痛哭流涕求女友原谅。女友实在无法忍受他的折磨提出分手后，他威胁说不会放过她和她的家人。

人格（personality）或称个性（character），是一个人固定的行为模式及在日常活动中待人处事的习惯方式，是全部心理特征的综合。人格障碍（personality disorder）是人格发展的畸形与偏离状态，表现为根深蒂固的和持续不变的行为模式，具有适应不良的性质，个性上有情绪不稳、自制力差、与人合作能力和自我超越能力差等特征。因此患者感到痛苦或使社会其他人受到损害，对个体或社会有不良影响。

人格障碍是一种人格发展的内在不协调，在没有认知障碍或智力障碍的情况下出现的情绪反应，动机和行为活动的异常。主要表现为情感和意志行为方面的障碍。有人格障碍的人一般能处理自己的日常生活、工作，智能是正常的，意识是清醒的，但由于缺乏对自身人格的自知，常与周围人发生冲突，也很难从错误中汲取应有的教训加以纠正。

人格障碍一般包括：偏执型人格障碍、分裂型人格障碍、反社会型人格障碍、冲动型人格障碍、表演型人格障碍、强迫型人格障碍、焦虑型人格障碍、边缘型人格障碍、自恋型人格障碍及其他人格障碍。

一、心理社会因素与人格障碍

形成人格障碍的因素并不是单一的，可能是由生物、心理和社会—文化诸因素共同作用形成的。

（一）生物学因素

一些证据表明，正常人格部分是遗传的，但对人格障碍还没有取得满意的遗传证据。家谱调查及遗传学研究表明，人格异常者亲属中，凡血缘关系越近者，人格异常的出现率越高。Shields（1992 年）对人格的正常变异研究提示遗传有重要影响。Mayer Gross 等曾提出人格障碍可能由于极端的遗传变异，此假说尚未证实。这些异常也可能与孕期或乳幼儿时期营养不良以及神经系统的损伤等原因有关，因而较早出现人格障碍特征。

（二）心理因素

在人格发育过程中，儿童早期的环境和家庭教育被认为是非常重要的因素。行为学者认为人格障碍是学习原理支配，受环境影响而获得的适应不良性行为的模式。人格障碍是社会学习的结果。

儿童早期母爱被剥夺可形成缺乏感情的性格，在社交能力、情绪方面均有显著改变，动作显得过分活跃或过分被动，表现为对社会冷淡，爱挑衅、易冲动和反社会行为。儿童人格的发展与父母的态度也有很大的关系。父母过于严厉，或对儿童的要求缺乏统一性，儿童往往形成焦虑、无所适从、胆怯的性格；而过于溺爱，往往使儿童形成被动依赖的脆弱性格。不和谐的家庭关系、单亲家庭等也具有影响作用。

（三）社会—文化因素

社会—文化因素对人格障碍的形成可能有重要影响，恶劣的社会环境和不合理的社会制度是造成人格障碍的关键因素。少年儿童由于情绪波动大、行为自控能力差、伦理道德尚未形成等特点，极易通过观察、模仿、教唆等而习得不良性格与行为。

二、人格障碍的心理干预

人格异常一旦形成，纠正不易，所以特别要强调预防，重视妊娠期心理卫生，注意幼儿期和学龄儿童的心理卫生和教育。一旦发现有行为障碍，要及时教育和纠正，以免发展成为人格障碍。一旦确定为人格异常，应着力重建他们的心理和社会环境，不歧视他们，应热情关怀、帮助他们，指导其尊重他人及自己。

药物治疗对人格障碍的某些症状有一定的疗效。

心理治疗比较困难，但医生应通过建立良好的信任关系，启发他们认识和分析自己的人格缺陷，强调性格是可以改变的，鼓励他们寻找有效的途径改造自己的性格及人际关系。同时通过团体心理治疗的干预方式，为患者创造一种良好的学习、生活和工作环境。自我控制疗法及自我松弛训练的合理应用对人格障碍有一定的疗效。

第五节　性心理障碍

从小学、中学直到大学，小洋一直被认为是一名男性。但实际上，从解剖学的角度讲，她是一名正常的，只是乳房发育偏小（个体差异）的26岁女性。小洋是家里的老大，下面有一个妹妹。她从小就是男孩子的装束，从来没有留过长头发，从不与女孩子玩耍。在大学期间，她曾经有过很要好的女朋友，并在大学毕业（所学专业也是男性喜欢的专业，而且学习很好，从事着多数男性都会从事的工作，收入不错）后从父母家中搬出，自己在外租房与女朋友住在一起，过着“夫妻”生活，只是苦于找不到能够给她做变性手术的医生。父母及家人多次干预不起作用，尽管父母痛哭流涕，她自己仍然坚持要求做变性手术。她希望切除子宫，造一个假的阴茎。

小洋说：“从我有记忆的时候开始，我对男孩子就有兴趣。我总是想要成为一个男孩。”从幼儿园起，她就要求父母把自己当男孩看待，父母从内心也想要一个男孩。而且，孩子那时还小，所以也都没有当回事儿。

一、性心理障碍概述

性心理障碍（psychosexual disorder）泛指以两性行为的心理和行为明显偏离正常，并以这类性偏离作为性兴奋、性满足的主要或唯一方式为主要特征的一组精神障碍。

我们把人类的性爱生活分为五个层次，每个层次都建立在前一层次的基础上。性行为问题可能发生在任何一个层次上。最基本的层次是性别认同，即个体对自己作为男性或女性的觉察。往外依次是性取向、性偏好、性别角色以及最表面的性功能。

当前的观点倾向于对各种性行为持宽容态度。有三种类型的性行为符合性障碍的定义：性别认同障碍（性身份障碍）、性偏好障碍和性功能障碍。性别认同障碍的特点是：个体在心理上不能接受自己的生理性别。这种障碍不只是一种性障碍，也是一个人作为男性或女性的感觉认同障碍。性偏好障碍是一个新术语，其特点是个体的性唤起主要是由不适当的人或物引发的。性功能障碍的个体在发生性行为时很难发挥正常功能，如他们不能唤起或达不到性高潮。此外，CCMD-3还保留了性指向障碍，这是一种起源于性发育和性定向的障碍，就性爱本身而言不一定会表现出异常。但某些人的性发育和性定向可伴发心理障碍，如个体不希望如此或犹豫不决，并为此感到焦虑、抑郁及内心痛苦，有的试图寻求治疗加以改变。

二、常见性心理障碍与心理干预

1. 性别认同障碍（gender identity disorder）　几乎没有什么问题比回答“我是谁”更

基本了，除了我们的性别。如果我们的性别感产生了错误或歪曲，就会出现性别认同障碍，也被称为性身份障碍或易性癖（transsexualism）。大多数性障碍的治疗是建立在心理基础上的，然而对易性癖的治疗并不是要去改变个体的心理认同感。因为个体的性别认同感非常强烈，而且几乎是无法改变的。所以治疗的目标往往是要改变身体结构，从而使之与异常的性别认同相一致。

2. 性偏好障碍（disorders of sexual preference） 当一个人的性兴趣失调，并且这种失调阻碍了两个人之间建立性爱关系时，这种失调就被称作性偏好障碍（来自希腊语“超出了爱的极限”）。性偏好障碍涉及能够引起个体的性唤起的一系列异常的物品和情境。

性偏好障碍可分为三种类型：①由物品所引起的性唤起和性偏好，包括恋物癖和异装癖；②在痛苦和羞辱的情境下产生性唤起和性偏好，包括施虐狂和受虐狂；③对不情愿的个体产生性唤起和性偏好，包括下体暴露癖、窥阴癖、电话性骚扰和儿童性骚扰。

性偏好很少会自行消失。通过治疗有时是可以改变的。认知和行为治疗的结合具有改变性偏好障碍的效果，但其成功率还不太高。如果性偏好障碍是由于幻想与手淫的条件作用而发生的，需要专门对幻想进行厌恶治疗。这种伴随有厌恶性无条件刺激的想象技术称为隐蔽性敏感化作用。在欧洲，化学阉割被用于抑制残忍的性侵犯者。

3. 性功能障碍 当性反应的任何一个环节发生了问题，都可以认为是发生了性功能障碍。主要分为：①性欲障碍，包括长期性欲缺乏、性交恐惧障碍。②性唤起障碍，分为男性勃起障碍和女性唤起障碍。③性高潮障碍，包括早泄、延迟性射精、女性性高潮障碍。④性交疼痛障碍，包括性交疼痛障碍、阴道痉挛。

对许多有性功能障碍的个体来说，一种不可忽视的治疗方法就是教育。若两性问题中的爱、关注、尊重、诚实被解决了，一个良好的性关系也就会随之产生。对于那些更复杂的性功能障碍，目前可以通过心理社会疗法及生物（药物）疗法来进行治疗。

第六节 不良行为

《人民网》2013 年 9 月 8 日消息：一位年仅 22 岁的少女小兰（化名）一夜暴食身亡的消息，让人唏嘘不已。导致这名女孩身亡的原因为长期减肥患有神经性厌食症，消化功能弱，胃部完全无法承受暴食带来的压力。

据报道，这名 22 岁的女孩长期减肥导致消化功能受损，身高 1.6 米的她体重仅 40 千克。8 月 31 日，原本患有神经性厌食症的小兰，在吃过晚饭后继续吃烧烤自助餐，暴饮暴食，最终导致急性胃扩张被送往医院急救。医生从她的胃里取出 10 多斤食物残渣。酸菜、肉类、辣椒、米饭……这都是四川大学华西医院胃肠外科的医生从小兰胃中取出的食物残渣。两天后，小兰终因病情危重不幸去世。“暴饮暴食还会死亡，真是少见，而且还是名年轻人。”不少网友们发出了这样的感慨。

不良行为有广义和狭义两种理解。广义的不良行为是泛指一切违反社会规范的行为，包括违反一般生活准则的行为，违反社会生活、学习、劳动纪律等公共道德规范的行为，违反法律规范的行为和犯罪行为。狭义的不良行为不包括犯罪行为。

一、烟瘾

烟瘾是一种由烟草中的活性成分尼古丁碱使烟民得到刺激并最终导致生理依赖的行为。吸烟具有一定的社会性，在社交中具有一定的社会功能，但同时又可能诱发多种疾病，对个体健康危害极大。据世界卫生组织调查，在工业发达的国家中有1/4的癌症是由吸烟引起的。吸烟作为一种成瘾行为，也有一定的精神卫生问题。烟瘾的形成主要由以下因素影响的：①好奇；②模仿；③交际需要；④消愁；⑤提神；⑥显示自己的成熟。

由于烟瘾对个体的身心健康及环境的影响极大，应引起重视。目前主要的戒烟方法有：认知疗法、厌恶疗法、家庭疗法、控制环境、饮食治疗等。

二、酒瘾

酒瘾是一种对饮酒失去控制，且反复发生以中毒为结局的严重饮酒行为。这种酒依赖包括明显的寻酒行为，耐受性不断增加，反复的戒断症状和不顾不良后果继续饮用。目前世界上估计每年大约100 000人的死因与酒有关，酒瘾在18～44岁的人群中最多见，男性大约是女性的6倍。遗传、心理社会因素起着主要的作用。一般采用厌恶疗法进行治疗。

三、药物依赖

药物依赖是一种对药物使用的不良适应方式，这种方式持续时间超过1个月或在长时间内周期性复发。当生理依赖出现并超过1个月时认为药物依赖出现。出现依赖后三种最常见的表现为强烈的渴求、耐受性及戒断症状。医学模式认为药物依赖应被看作是一种疾病，因为它伴有生理功能的改变；心理学模式则使用动机、学习及人格的观点来解释；社会模式是从环境应激源、家庭及伙伴压力来解释。

四、贪食与厌食

进食障碍，包括神经性厌食症和贪食症。

目前关于神经性厌食症的诊断标准有4条（APA，1994）：①有意保持体重于标准体重的最低限，体重往往低于标准体重的85%；②对体重增加过分担心，即使体重已低于体重标准仍担心不已，常处于担心发胖的恐惧和烦恼中；③患者存在体像感知障碍，对自身形象感知错误，虽然明显消瘦，甚至有客观证据证明体重已低于标准体重，患者仍认为自己太胖；④仅与女性有关的症状，主要指闭经，连续3次月经缺失。

资料显示，神经性贪食症在进行减肥治疗的肥胖人群中，患病率是30%，该病几乎为年轻女性所独有，病因不明，以发作性暴食行为和心境恶劣为主要表现，因担心发胖常常会引吐导泻。形成的原因有遗传、心理和社会因素及不良的家庭教养方式。

思考题

1. 异常心理的判断标准主要有哪些？
2. 患者男性，42 岁，因工作负担过重，近 3 个月来出现失眠、早醒、食欲下降、兴趣减退、工作能力下降、自感记忆力不如以前，以及悲泣、郁郁寡欢，有度日如年之感，经常想到死的念头，难以摆脱。你考虑可能的诊断是什么？为什么？
3. 简述诱发抑郁症的最常见因素。

（合肥职业技术学院　胡其云）

第十章

心理评估与测量技术

学习目标

1. 掌握心理评估的概念、方法；绘画分析技术。
2. 熟悉常用评定量表。
3. 了解智力测验和人格测验。

第一节 概 述

一、心理评估的概念

应用观察、晤谈和心理测验等多种方法所获得的信息，对个体某一心理做全面、系统和深入的客观描述，叫作心理评估。

心理评估在心理学、医学、教育、人力资源管理、军事和司法等部门有着十分广泛的用途。其中为临床目的所用时，主要有以下几种：做出心理诊断；确定来访者的问题；指导和制订干预措施；作为干预效果的指标等。

二、观察法

观察法是指研究者根据一定的研究目的、研究提纲或观察表，用自己的感官和辅助工具去直接观察被研究对象，从而获得资料的一种方法，是研究者获得信息的常用手段。在进行观察的时候，观察者不能干预活动的进行，而应客观地进行观察和记录。

三、晤谈法

晤谈法是临床工作者在从事评估和心理治疗时的一种基本技术。评估晤谈是评估者和被评估者进行面对面的谈话，评估者按照事先准备好的评估项目，提纲式地同被评估者在轻松、自然的状态下按评估的要求进行谈话，听取被评估者对评估问题的回答，对量变结果进行分析，以了解被评估者的心理现象和个性特征。晤谈的效果取决于问题的性质和评估者本身的晤谈技巧。

四、测量法

测量法是指用标准化的量表来测验某种心理品质的方法。测量法所使用的量表，是具有较高的信度和效度的，这保证了心理测量所得资料的可靠性和准确性。通过测量，可以为进一步的诊断、评价、甄选和有效的实践与指导提供依据。

第二节　智力测验

一、智商

智商就是智力商数。智力通常叫智慧，也叫智能，是人们认识客观事物并运用知识解决实际问题的能力。智力包括多个方面，如观察力、记忆力、想象力、分析判断能力、思维能力、应变能力等。智力的高低通常用智力商数来表示，用以标示智力发展水平。

二、智力分类与分级

智力障碍儿童有很多种类型，如 21 条染色体缺陷智力障碍儿童，苯丙酮尿症智力障碍儿童，孤独症、自闭症儿童，小头畸形智力障碍儿童等。但是，智力障碍也有轻重之分。因此，国际卫生组织根据生活自理能力和学习能力等综合因素，把智力障碍分为如下几个等级。

（一）轻度智力落后

以韦氏智力测验为例，智商在 55~77 分，具有轻度社会适应障碍，属于可教育的人群。轻度智力障碍儿童有基本的生活自理能力，能承担简单的家务劳动，由于轻度智力障碍儿童仍然具有相当的学习潜能，所以其属于可教育人群。重点在于养成其基本生活和学习技能。例如，培养其自己穿衣服、吃饭、上厕所等生活自理能力；经过教育之后，使其认识字，会写字，掌握基本的学习能力。

（二）中度智力落后

韦氏智力测验智商在 40~55 分，具有中度社会适应障碍，生活自理能力差，语言表达能力差，但其尚属于可训练人群。中度智力障碍儿童经训练后可具有一定程度的生活自理能力，但仍需要得到他人的支持和帮助。中度智力障碍儿童可以进入特殊教育学校进行康复训练与教育。例如，培养其穿衣、洗漱、吃饭、上厕所等基本生活自理能力；使其能听懂和理解简单指示，能通过简单语言和动作表达自己的需求。

（三）重度智力落后

韦氏智力测验的智商在 25~40 分，具有严重的社会适应障碍，属于需要照顾的人群。重度智力落后儿童言语极少，甚至不会说话。但是并不表示其无法参与训练和学习。很多原本一个字也不会说的智力障碍儿童，通过语言训练，不仅学会了说话，而且还学会了认字，学会了做一些简单的家务和劳动，做到了简单的生活自理。

(四)极重度智力落后

韦氏智力测验的智商在25分以下，有严重的精神系统损伤，并伴有严重的社会适应障碍，基本没有独立生活的能力，也没有学习能力，属于需要终生受到监护的人群。

三、常用智力测验与发展量表

目前在国内外最有影响的、适用于中小学生的代表性智力测验有斯坦福—比纳智力量表、韦氏儿童智力量表和瑞文推理能力测验，现简要介绍如下。

(一)斯坦福—比纳智力量表

1905年，法国心理学家比纳和西蒙编制了第一个诊断异常儿童智力的测验量表，即著名的"比纳—西蒙量表"(Binet-Simon Scale)。该量表包括30个项目，从易到难排列，以通过题数的多少作为鉴别智力高低的标准。1908年和1911年作者对量表先后修订了两次，测验项目增加到59个，并按年龄分组，从3岁到15岁。该量表首次采用心理年龄(mental age，MA)即智龄来计算成绩，儿童通过哪个年龄组的项目，便表明他的智力与几岁儿童的平均智力水平相当。

比纳认为，智力是一种判断的能力、创造的能力、适应环境的能力，因而他从复杂任务入手，着重测量判断、理解、推理等高级心理过程，即智力中的普通因素。

美国斯坦福大学教授推孟(L. M. Terman)在1916年修订了比纳—西蒙量表，即斯坦福—比纳智力量表(Stanford-Binet Scale)。该测验有90个项目，其最大特点是引入智力商数(intelligence quotient，IQ，简称智商)的概念。所谓智商，就是心理年龄(MA)与实足年龄(chronological age，CA)之比，也称比率智商，作为比较人聪明程度的相对指标。

1937年、1960年推孟对斯坦福—比纳量表曾做过两次修订，1972年在测验内容不变的情况下，对1960年修订本重新做了标准化，常模是从更具代表性的新样本中得到的。1960年修订后的斯坦福—比纳量表共有100多个项目，这些项目被分为20个年龄组。2~5岁儿童每半岁为一组，每组有6个正式项目，一个备用项目；6~14岁每岁为一组，每组也有6个正式项目和一个备用项目。此外还有一个普通成人组和三个不同水平的优秀成人组的项目。

仅以6岁组和10岁组为例，测验包括以下内容。

6岁：

1. 词汇：在45个词中正确解释6个。
2. 区分：说出两物的不同点。
3. 图画补缺：指出画中物体缺少的部分。
4. 数概念：从一堆积木中取出需要的块数。
5. 类比：类似"夏天热，冬天……"这样的题目。
6. 迷津：用铅笔画出最短通路。

备用：看图讲故事。

10岁：

1. 词汇：在45个词汇中正确解释11个。
2. 在一个三维的图中数出立方体的数目。
3. 解释抽象词。

4. 说明理由：说出一种规则和偏好的理由。

5. 一分钟内说出 28 个词。

6. 复述 6 位数。

备用：指出一段话中的荒谬之处。

从测试项目可以看出，随儿童年龄增长，测验更加强调言语技能和抽象思维能力。

1960 年修订本的一个重大改变是以 100 为平均数，16 为标准差的离差智商代替了比率智商，表示的是个人在一定年龄组内所占的相对位置。现在智力测验所指的智商，都是离差智商。

1924 年，中国学者陆志韦以 1916 年的斯坦福—比纳量表为基础修订了《中国比纳—西蒙智力测验》，1936 年，他与吴天敏一起对该量表进行了第二次修订。1982 年，吴天敏再次修订该量表，称为《中国比纳测验》。测验共 51 个项目，每岁 3 个项目，适用于 2~18 岁的儿童（表 10-1）。

表 10-1　第三次修订的中国比纳测验

序号　项目	序号　项目
1. 比图形	27. 数学巧术
2. 说出物体	28. 方形分析一
3. 比长短线	29. 心算三
4. 拼长方形	30. 迷津
5. 辨别图形	31. 时间计算
6. 数组扣 13 个	32. 填字
7. 问手指数	33. 盒子计算
8. 上午和下午	34. 对比关系
9. 简单迷津	35. 方形分析二
10. 解说图画	36. 记故事
11. 找寻失物	37. 说出共同点
12. 倒数二十至一	38. 语句重组一
13. 心算一	39. 倒背数目
14. 说反义词一	40. 说反义词二
15. 推断情景	41. 拼字
16. 指出缺点	42. 评判语句
17. 心算二	43. 数立方体
18. 找寻数目	44. 几何形分析
19. 找寻图样	45. 说明含义
20. 对比一	46. 填数
21. 对比二	47. 语句重组二

续表

序号　项目	序号　项目
22. 正确答案	48. 校正错数
23. 对答问句	49. 解释成语
24. 描画图样	50. 区别词义
25. 剪纸	51. 明确对比关系
26. 指出谬误	

(二) 韦氏儿童智力量表

1949年出版的韦氏儿童智力量表（Wechsler Intelligence Scale for Children，WISC）是由美国心理学家大卫·韦克斯勒（D. Wechsler）编制的，它是继比纳量表之后，世界上应用最广泛的个人智力量表之一，其适用对象为6~16岁的儿童。

韦克斯勒认为，智力是个人有目的地行动、理智地思考及有效地应付环境的综合能力。因此，他在量表中设计了12个分测验，用来测量儿童的各种能力。这12个分测验分为言语量表和操作量表两部分。言语量表包括常识、背数、词汇、图片排列、积木图案、拼图、译码、迷津等测验。其中译码分为译码甲和译码乙，译码甲供8岁以下儿童使用，译码乙供8岁和8岁以上儿童使用。译码测验和背数测验不是必做的，只是作为替换测验，在某一类测验因故失效时使用。每个分测验题目的编排由浅到深，言语测验和操作测验交叉进行，使整个测验生动有趣，富于变化，有利于儿童使用。通常需要46~60分钟。

韦氏测验的每个分测验既有独特的评价能力，也有与其他分测验共同评价的能力。现将主要内容介绍如下。

常识：包括29个涉及常识性知识的题目。主要测试一般常识性知识的广度、一般学习能力、对学习材料的记忆能力及对日常事物的认识能力。

类同：要求说出每对事物的相同点，共14对。主要测量逻辑思维和抽象思维能力。

算术：包括14个小学程度的算术应用题，主要测量运算技巧、数学推理、解决问题、记忆及抗分心的能力。

词汇：将35个难度逐渐增大的词，用小卡片呈现给被试者，要求被试者说出词意。可测量言语理解能力和言语发展水平，也能了解被试者的知识范围和文化背景。

理解：共16个问题，主要测量运用常识解决问题的能力和普通常识，以及理解、判断和言语表达能力。

背数：包括顺背和倒背两部分，测量短时（听觉）记忆能力和注意力。

填图：20张卡片，每张都缺少一部分，让被试者指出图中缺失的部分。主要测量视觉敏锐度、视觉再认和辨认能力，以及区分重要特征与不重要细节的能力。

图片排列：10组图片，每组画面均有一定的情节，以打乱的顺序呈现给被试者，要求被试按事情发生的先后顺序重新排序，以组成一个连贯的故事。主要测量对结果的预期和时间序列化概念，以及知觉组织、言语理解能力。

积木：9块红白两色组成的立方积木，让被试者按所呈现的图案拼摆积木。测量把整体分解成为部分的能力、知觉组织和视动协调能力。

拼图：要求被试者把一套切割成几块的图形板拼成一个熟悉物体的完整画面，共四套。主要测量把握整体与部分关系和知觉组织能力，以及灵活性和视动协调能力。

译码：1~9 每个数字对应一个符号，要求被试者按所给的样例，尽快在每个数字下填上相应的符号。测量抄写速度和精确性，短时记忆（视觉）力、一般学习能力和抗分心的能力。

迷津：有迷津图，要求被试者用笔从中央向出口画出来。测试视觉搜索、预见及知觉能力。

对于有时间限制的项目，反应速度和正确性都作为评分依据，其他项目则按反应质量记分。所有分测验的原始分数都要转化为标准分数。分别将 5 个言语分测验和 5 个操作分测验的标准分数相加，便可得到全量表总分。之后，参照被试所属的年龄组常模，将上述三个量表分分别转换为平均数为 100、标准差为 15 的离差智商分数，就得到了言语智商、操作智商和总体智商。由此不但可以评价一个人的一般智力水平，也可以了解他在不同能力方面的差异。

韦克斯勒 1974 年发表了韦氏儿童智力测验的修订本，标准化样本为 6~16 岁儿童2 200 人，取自美国 32 个州。测验手册为 6~16 岁儿童提供了常模表，每 4 个月为一个年龄组。测验有较好的信度、效度指标。

中国心理学家林传鼎、张厚粲在 20 世纪 80 年代初对韦氏儿童智力测验中文版（简称 WISK-R）进行了修订，样本为 11 个省市 6~16 岁儿童 2 237 人。

（三）瑞文推理能力测验

瑞文推理能力测验（Raven Progressive Matrices）是非文字智力测验，是英国心理学家瑞文 1938 年设计的，简称瑞文测验。瑞文测验的编制在理论上依据的是斯皮尔曼的智力二因素论，主要测量智力中的一般因素，它渗入所有的智力活动中。瑞文测验的适用范围很广，6 岁以上任何年龄的被试，不同语言、不同文化背景、不同职业、有无心理障碍的人都能使用，常被用于跨文化研究。既可个别施测，也可团体施测，需 30~45 分钟。

瑞文测验一共由 60 张图案组成，按逐步增加难度的顺序分成 A、B、C、D、E 五组，每组所用的解题思路基本一致，而各组间的题型略有不同。A 组主要测知觉辨别力、图形比较、图形想象力等；B 组主要测类同、比较、图形组合等能力；C 组主要测比较、推理和图形组合能力；D 组主要测系列关系、图形组合、比拟等能力；E 组主要测互换、交错等抽象推理能力。每二组包含 12 个题目，也按逐渐增加难度的方式排列，分别编号为 A1，A2，…，A12；B1、B2，…，B12 等。每个题目都有一个主题图，每个主题图都缺少一小部分，主题图下面有 6~8 张小图片，其中一张小图片若填补在主题图的缺失部分，可使整个图案合理与完整。测验要求被试根据主题图内图形间的某种关系，从小图片中选出最合适的一张填入主题图中（图 10-1）。

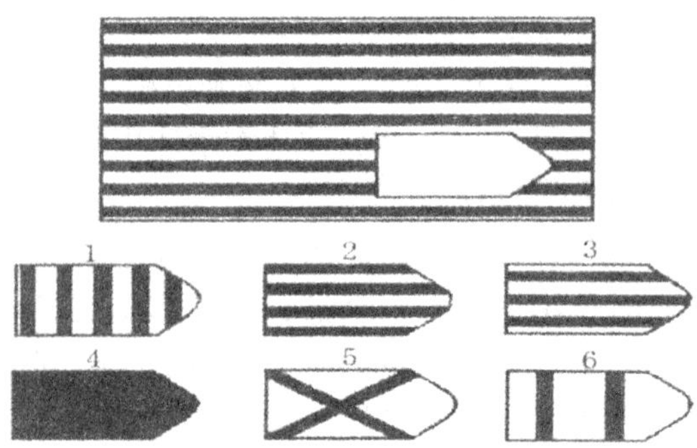

图 10-1　瑞文测验图例

测验结果可以计算出原始分数（满 60 分），然后根据常模资料确定被试的智力等级，或者换算成智商值。

瑞文测验有三个版本，一个是1938年出版的标准推理测验，另外两个在1947年编制，分别是彩色推理测验和高级推理测验。彩色推理测验适用于5~11岁儿童和智力落后成人，高级推理测验则用于高智力水平的成人。测验具有较好的信度和效度。

1986年由张厚粲主持修订了瑞文标准推理测验，建立了中国常模，用于中国城市5岁半以上儿童至成人。

第三节 人格测验

人格是人的特点的一种组织或是与社会行为有关的心理特质的总和。它是一个人能否施展才能，有效完成工作的基础，某人的人格缺陷会使其所拥有的才能和能力大打折扣。较多的心理学家认为，人格是个性心理特征的统一，这些特征决定人的外显行为和内隐行为，并使他们与别人的行为有稳定的差异。独特性、差异性、内隐性、稳定性和统一性是大多定义公认的人格特性，因此，我们不能希望通过一次测试或一种测试，就把人的所有人格都了解清楚，而是分别进行测试了解，以准确、全面地了解一个人的整体人格。

人的一生总是会自觉或不自觉地评价他人或自己的人格特点，例如，内向、外向，沉稳、冲动，热情、冷漠等。心理学家对人格的测量是从个体差异的评定开始的。很多人格测验以特质论作为理论基础，强调测量行为深层次下的心理特质。所谓特质，就是个人独特的相对稳定的心理结构，它决定个人与环境相互作用的特殊的行为方式和思维方式，是通过外在行为表现出来的。儿童青少年的许多情绪障碍、行为问题都与人格特点有关，因此，人格的测量是心理评估的重要内容。

人格测验分为投射性测验和客观性测验。投射性测验是利用没有明确结构和固定意义、易于引发多种反应的刺激，鼓励被试者暴露出隐藏在潜意识之中的思想、情感、欲望、动机等，以此推断它的人格结构。著名的投射测验有罗夏克墨迹测验、主题统觉测验、句子完成测验和绘画测验。对测验结果的解释技术性很强，必须经过严格培训。客观性测验通常是用经过精心编制的一系列问题调查表，让被试者按照一定的要求选择符合实际情况的答案，做出反应。结果一般可以参照常模做出解释。广泛使用的人格问卷有明尼苏达多相人格调查表（MMPI）、艾森克人格问卷（EPQ）、卡特尔16项人格因素问卷、投射测验等。

一、明尼苏达多相人格调查表

明尼苏达多相人格测验（Minnesota Multiphasic Per-sonality Inventory，MMPI）是由明尼苏达大学教授哈瑟韦（S. R. Hathaway）和麦金力（J. C. Mckinley）于20世纪40年代制定的，是迄今应用极广、颇富权威的一种纸—笔式人格测验。该问卷的制定方法是分别对正常人和精神患者进行预测，以确定在哪些条目上不同人有显著不同的反应模式，因此该测验最常用于鉴别精神疾病。

（一）概念

美国明尼苏达大学教授哈瑟韦和麦金力于1940年编制的自我报告式的个性量表。适用年龄：16岁以上。形式包括卡片式、手册式、录音带形式及各种简略式（题目少于399

个)、计算机施测方式；既可个别施测，也可团体施测。题量：566 题（其中有 16 题重复，实际题量为 550 题）。编制方法：经验效标法。

（二）量表组成

该量表由 10 个临床量表组成。

Hs：疑病（Hypochondriasis）——对身体功能的不正常关心。

D：抑郁（Depression）——与忧郁、淡漠、悲观、思想与行动缓慢有关。

Hy：癔症（Hysteria）——依赖、天真、幼稚及自我陶醉。

Pd：精神病态（Psychopathic deviate）——病态人格（反社会、被动攻击型人格）。

Mf：男性化—女性化（Masculinity-femininity）——反映性别色彩。

Pa：妄想狂（Paranoia）——多疑、孤独、烦恼、过分敏感等。

Pt：精神衰弱（Psychosthenia）——紧张、焦虑、反复思考、强迫思维、恐怖及内疚感等。

Sc：精神分裂（Schizophrenia）——思维混乱、情感淡漠、行为怪异等。

Ma：轻躁狂（Mania）——联想过多过快、活动过多、观念飘忽、夸大而情绪激昂、情感多变等。

Si：社会内向（Social introversion）——高分者内向、胆小、退缩、不善交际、屈服、过分自我控制、紧张、固执及自罪；低分者外向、爱交际、富于表现、好攻击、健谈、冲动、任性、做作、在社会关系中不真诚。

四个效度量表：

Q：疑问量表（Question），没有回答的题数和对“是”和“否”都做反应的题数。399 题中原始分超过 22 分，566 题中超过 30 分，结果不可信。

L：说谎量表（Lie），超过 10 分，结果不可信。

F：诈病量表（Validity），说明伪装疾病或精神病程度重。

K：校正量表（Correction），有两个目的：一是判断被试者对测验的态度是否隐瞒或防卫；二是修正临床量表的得分。

（三）应用范围

该测验适用于年满 16 岁，具有小学以上文化水平，没有影响测试结果的生理缺陷的人群。也有一些研究者认为，如果被试者合作并能读懂测验表上的每个问题，13~16 岁的少年也可以完成此测验。尽管它原来是根据精神病学临床实践而编制的，但是它并不仅仅应用于精神科临床和研究工作，也广泛用于其他医学各科以及人类行为的研究、司法审判、犯罪调查、教育和职业选择等领域。因此在心理咨询中心、心身医学门诊、精神病院、人才市场、职业介绍所、大中专学校等部门都有广泛的运用，对人才心理素质、个人心理健康水平、心理障碍程度的评价都能有较高的使用价值。MMPI 还是心理咨询工作者和精神医学工作者必备的心理测验之一。

二、艾森克人格问卷

（一）艾森克人格理论

艾森克人格理论（Eysenck's personality theory）是英国心理学家 H. J. 艾森克提出的以人格结构层级说和三维度人格类型说为主要内容的人格理论。他认为，人格是由行为和行为群有机组织而成的层级结构。最低层是无数个具体反应，是可直接观察的具体行为。较高层是习惯性反应，它是具体反应经重复被固定下来的行为倾向。再高一层是特质，是一组习惯性反应的有机组合，如焦虑、固执等。最高一层是类型，是由一组相关特质的有机组合而成，具有高度概括的特征，对人的行为具有广泛的影响。他通过对人格问卷资料的因素分析研究，确定了人格类型的三个基本维度。根据外倾性维度可以把人格分为外倾型和内倾型；根据情绪稳定性可以把人格分为情绪型和稳定型；根据心理变态倾向可以把人格分为精神失调型和精神整合型。由于 EPQ 具有较高的信度和效度，其所测得的结果可同时得到多种实验心理学研究的印证，因此它也是验证人格维度理论的根据。中国的艾森克测验由陈仲庚等于 1981 年修订。

（二）艾森克人格问卷各量表的具体含义

艾森克人格问卷（Eysenek personality questionnaire，EPQ）是英国伦敦大学心理系和精神病研究所艾森克教授编制的。他搜集了大量有关的非认知方面的特征，通过因素分析归纳出三个互相成正交的维度，从而提出决定人格的三个基本因素：内外向性（E）、神经质（又称情绪性）（N）和精神质（又称倔强、讲求实际）（P），人们在这三方面的不同倾向和不同表现程度，便构成了不同的人格特征。艾森克人格问卷是目前医学、司法、教育和心理咨询等领域应用最为广泛的问卷之一。

各量表的具体含义如下：

（1）内外向（Extraversion），简称 E 量表。分数高表示人格外向，可能是好交际、渴望刺激和冒险，情感易于冲动。分数低表示人格内向，可能是好静，富于内省，除了亲密的朋友之外，对一般人缄默冷淡，不喜欢刺激，喜欢有秩序的生活方式，情绪比较稳定。

（2）神经质（Neuroticism）：简称 N 量表。反映的是正常行为，与病症无关。分数高可能是焦虑、担心、常常郁郁不乐、忧心忡忡，有强烈的情绪反应，以致出现不够理智的行为。

（3）精神质（Psychoticism）：简称 P 量表。并非暗指精神病，它在所有人身上都存在，只是程度不同。但如果某人表现出明显程度，则容易发展成行为异常。分数高可能是孤独、不关心他人，难以适应外部环境，不近人情，感觉迟钝，与别人不友好，喜欢寻衅搅扰，喜欢干奇特的事情，并且不顾危险。

（4）掩饰性（Lie）：简称 L 量表。测定被试者的掩饰、假托或自身隐蔽，或者测定其社会性朴实幼稚的水平。L 与其他量表的功能有联系，但它本身代表一种稳定的人格功能。

★88 道题的成人版记分：（+）为正向记分，即答“是”加一分，答“否”不加分；（-）为反向计分，即答“是”不加分，答“否”加一分。

E 量表（21 道题）：（+）：1　5　10　13　14　17　25　33　37　41　49　53　55　61　65　71　80　84；（-）：21　29　45。

P 量表（23 道题）：（-）：2　6　9　11　18　22　38　42　56　62　72　88；（+）：26　30　34　46　50　66　68　75　76　81　85。

N 量表（24 道题）：（+）：3　7　12　15　19　23　27　31　35　39　43　47　51　57　59　63　67　69　73　74　77　78　82　86；（-）：无。

L 量表（20 道题）：（+）：20　32　36　58　87；（-）：4　8　16　24　28　40　44　48　52　54　60　64　70　79　83。

（三）艾森克人格问卷的应用

艾森克人格问卷是英国伦敦大学心理系和精神病研究所有关人格度研究的测定方法，此问卷由先前数个调查表几经修改发展而来，修订问卷包括 88 个项目，让被试者根据自己的情况回答是与否，然后按照计分标准登记分数，用以测量人格结构的三个度即内外向、精神质和神经质。艾森克的三个人格度不但经过许多数学统计和行为观察方面的分析，而且也得到实验室内多种心理实验的考察，被广泛应用于医学、司法、教育等领域，适合各种人群测试。

三、卡特尔 16 项人格因素问卷

16 种人格因素问卷是美国伊利诺州立大学人格及能力测验研究所卡特尔教授编制的用于人格检测的一种问卷，简称 16PF。根据一项研究，1971—1978 年间被研究文献引用最多的测验中，16PF 仅次于 MMPI 排居第二。在一项关于心理测验在临床上应用的调查中，16PF 排第五。卡特尔是人格特质理论的主要代表人物，对人格理论的发展做出了很大的贡献。要介绍 16PF，不能不提到特质理论，因为 16PF 是伴随着卡特尔的人格特质理论而发展的，二者可谓“相辅相成”。16PF 适用于 16 岁以上的青年和成人，现有 5 种版本：A、B 本为全版本，各有 187 个项目；C、D 本为缩减本，各有 106 个项目；E 本适用于文化水平较低的被试，有 128 个项目。我国现在通用的是美籍华人刘永和博士在卡特尔的赞助下，与伊利诺伊大学人格及能力研究所的研究员梅瑞狄斯博士合作，于 1970 年发表的中文修订本，其常模是由 2 000 多名港台地区的中国学生得到的。

卡特尔认为人格的基本结构元素是特质。特质的种类很多，有人类共同的特质，有各人独有的特质。有的特质决定于遗传，有的决定于环境；有的与动机有关，有的则与能力和气质有关。若从向度来分，可分为四种向度。

（1）表面特质与根源特质：表面特质是指一群看起来似乎聚在一起的特征或行为，即可以观察到的各种行为表现。它们之间是具有相关性的。根源特质是行为的最终根源和原因，它们是堆砌成人格的砖块。每一个根源特质控制着一簇表面特质，透过对许多表面特质的因素分析便可找到它们所属的根源特质。

（2）能力特质、气质特质与动力特质：能力特质与认知和思维有关，在 16PF 节主要由智慧因素（B 因素）表示，决定工作的效率。行为的情绪、情感方面则表明了气质和风格的特质。动力特质与行为的意志和动机方面有关。

（3）个别特质和共同特质：卡特尔赞同阿尔波特的观点，认为人类存在着所有社会成员共同具有的特质（共同特质）和个体独有的特质，即个别特质（指表面特质）。虽有共同特质，但共同特质在各个成员身上的强度却各不相同（指根源特质）。

（4）体质特质和环境塑造特质：卡特尔认为 16PF 中有些特质是由遗传决定的，称为体质根源特质，而有些特质来源于经验，因此称为环境塑造特质。卡特尔认为在人格的成长和发展中遗传与环境都有影响。他十分重视遗传的重要性，曾试图决定每一根源特质的特殊遗传成分。卡特尔在其人格的解释性理论构想的基础上编制了 16 种人格因素问卷，从 16 个方面描述个体的人格特征。这 16 个因素或分量表的名称和符号分别是：乐群性（A）、聪慧性（B）、稳定性（C）、恃强性（E）、兴奋性（F）、有恒性（G）、敢为性（H）、敏感性（I）、怀疑性（L）、幻想性（M）、世故性（N）、忧虑性（0）、实验性

(Q1)、独立性（Q2)、自律性（Q3)、紧张性（Q4)。

该测验结构明确，每题都备有三个可能的答案，被试可任选其一。在两个相反的选择答案之间有一个折中的或中性的答案，使被试者有折中的选择（例如，我喜欢看球赛：a. 是的，b. 偶然的，c. 不是的；或如，我所喜欢的人大多是：a. 拘谨缄默的，b. 介于a与c之间的，c. 善于交际的)，避免了在是否之间必选其一的强迫性，所以被试答题的自发性和自由性较好。为了克服动机效应，尽量采用了“中性”测题，避免含有一般社会所公认的“对”或“不对”，“好”或“不好”的题目，而且被选用的问题中有许多表面上似乎与某种人格因素有关，但实际上却与另外一种人格因素密切相关。因此，被试者不易猜测每题的用意，有利于据实作答。从测题的排列上看，采取了按序轮流排列方式，这既能使被试者保持作答时的兴趣，又有利于防止凭主观猜测题意去作答。测验的名称是直接且非蒙蔽的，被试者知道这是人格测验，或许有时会发现某一道题的目的意义。但在多数情况下，测验题目和人格特质之间的关系不明显。

该量表重测信度较高，1981 年测试表明，最高的信度系数为 0.92（O 因素)，最低的信度系数为 0.48 （B 因素)；分半信度不高。在效度方面，测试结果表明 16 种因素之间的相关较低，表明各因素之间是独立的。量表项目的因素负荷在 0.73~0.96，同一因素中各题的反应有高度一致性。

通过 16 个人格因素或分量表上的得分和轮廓图，不仅可以反映受测者人格的 16 个方面中每个方面的情况和其整体的人格特点组合情况，还可以通过某些因素的组合效应反映性格的内外向型、心理健康状况、人际关系情况、职业性向、在新工作环境中有无学习成长能力、从事专业能有成就者的人格因素符合情况、创造能力强者的人格因素符合情况，也可以反映受测者的人格素质状况并作为临床诊断工具用于心理临床诊断。此外，16PF 与其他类似的测验相比较，能以同等的时间测量更多方面主要的人格特征，是真正的多元人格量表。

16PF 的常模群体为正常人群，它的评价一般也是针对正常人，因而适用领域很广。它既适合个别施测，也适合团体施测。每次测验只需要 45 分钟左右即可完成。凡具有相当于初三以上文化程度的青年、壮年和老年人都适用。

四、投射测验

所谓投射测验，是指采用某种方法绕过受访者的心理防御，在他们不防备的情况下探测其真实想法。投射测验有广义和狭义之分，广义是指那些把测评目的加以隐蔽的一切间接测评技术。狭义是指一种特殊的测评手段，即把一些无意义的、模糊的、不确定的图形、句子、故事、动画片等呈现给被测评者，要求被试者对这些刺激做出反应。可要求被试者叙述模式，完成图片或讲述画中的内容，被试者的解释会带有自己潜意识的思想。这种方式能在一定程度上了解被试者的内心想法，在此基础上加以分析处理和解释。

它是以弗洛伊德（Freud）的心理分析人格理论为依据。这种理论主张，人一些潜意识的内驱力受到压抑，虽然不易觉察，但是却影响着人们的行为。这种潜意识可以在无规则的表达中表露出来，心理学家则根据被试者表达出来的潜意识，进行人格分析。

（一）罗夏克墨迹测验（RIBT）

由瑞士精神医学家罗夏克于 1921 年设计。结构：10 张墨迹图片，5 张彩色，5 张黑白。施测：每次按顺序给被试者呈现一张，同时问被试者："你看到了什么?""这可能是什么东西?"或"你想到了什么?"等问题。被试者可以从不同角度看图片，做出自由回答。主试记录被试者的语言反应，并注意其情绪表现和伴随的动作。

（二）主体统觉测验

美国心理学家 H. A. Murray 和 C. D. Morgen 于 1935 年编制。结构：由 30 张模棱两可的图片和 1 张空白图片组成。图片内容多为人物，也有部分风景，但每张图片都至少有一个物。测试：每次给被试呈现一张图片，让被试者根据看到的内容编故事。每次被试者都必须回答这样四个问题：图中发生了什么事？为什么会出现这种情境？图中的人物正在想什么？故事的结局会怎样？

（三）绘画测验——"房树人"测验

绘画测验是通过绘画方式探索来访者潜意识的一种方法，不要求来访者有绘画基础，可以随意作画。测验方式多种，可以无要求，也可以有一定要求，如"房树人"就是要求来访者所绘的图画中必须包括有房、树、人，而且要求人必须是完整的人。人代表的是自己，房子代表的是个体的心房，树代表的是个体的成长经历和对未来的看法。

（四）投射测验的优缺点

1. 优点　①弹性大，被试不受限制，可以任意做出反应。②材料仅为图片，或绘制图片，因此可以对没有阅读能力的被试进行施测。③被试不知道要测量什么，无防范心理，能较好地反映出被试的真实心态。

2. 缺点　①评分缺乏客观标准，测验的结果难以解释。②对特定行为不能提供较好的预测。如测验上发现某人有侵犯欲望，但是实际上这个人却很少出现侵犯行为。③需要花费大量的时间。

投射测验可唤醒被试者的内心世界或人格的不同表现形式，从而在反应中表现出这种内在需要和状态。

投射技术包括有多种形式和结构，如联想和构造法（语句完成法、逆境对话测验等）、墨迹测验（罗夏墨迹测验）、图画故事测验（主题统觉测验）等，但最常用的是罗夏墨迹测验和主题统觉测验。

第四节　常用评定量表

一、症状自评量表

（一）基本概念

症状自评量表（Self-reporting Inventory），又名 90 项症状清单（SCL-90），有时也称为 Hopkin' s 症状清单（HSCL，编制年代早于 SCL-90，作者为同一人，HCSL 最早版编于 1954 年）。于 1975 年编制，其作者是德若伽提斯（L. R. Derogatis）。该量表共有 90 个项目，包含有较广泛的精神病症状学内容，对感觉、情感、思维、意识、行为直至生活习惯、人际关系、饮食睡眠等均有涉及，并采用 10 个因子分别反映 10 个方面的心理症状情况。

（二）量表特点

（1）心理健康症状自评量表具有容量大、反映症状丰富、更能准确刻画被试者的自觉症状等特点。它包含有较广泛的精神病症状学内容，从感觉、情绪、思维、行为直至生活习惯、人际关系、饮食睡眠等均有所涉及。

（2）它的每个项目均采取5级评分制，具体说明如下：①没有：自觉无该项问题（症状）；②很轻：自觉有该问题，但发生得并不频繁、不严重；③中等：自觉有该项症状，其严重程度为轻到中度；④偏重：自觉常有该项症状，其程度为中到严重；⑤严重：自觉该症状的频度和强度都十分严重。作为自评量表，这里的“轻、中、重”的具体含义应该由自评者自己去体会，不必做硬性规定。

（3）该量表可以用来进行心理健康状况的诊断，也可以做精神病学的研究；既可以用于他评，也可以用于自评。

（三）测验效用评价

（1）在精神科和心理咨询门诊中，作为了解就诊者或者受咨询者心理卫生问题的一种评定工具。

（2）综合性医院中，常以该量表了解躯体疾病求助者的精神症状，并认为结果满意。

（3）应用SCL-90调查不同职业群体的心理卫生问题，从不同侧面反映各种职业群体的心理卫生问题。

（四）适用范围

本测验适用对象包括初中生至成人。本测验的目的是从感觉、情感、思维、意识、行为直到生活习惯、人际关系、饮食睡眠等多种角度，评定一个人是否有某种心理症状及其严重程度如何。它对有心理症状（即有可能处于心理障碍或心理障碍边缘）的人有良好的区分能力，适用于测查某人群中哪些人可能有心理障碍、某人可能有何种心理障碍及其严重程度如何，不适用于躁狂症和精神分裂症。本测验不仅可以自我测查，也可以对他人（如其行为异常，有患精神或心理疾病的可能）进行核查，假如发现得分较高，则表明急需治疗。

（五）量表包含内容

本测验共90个自我评定项目。测验的9个因子分别为：躯体化、强迫症状、人际关系敏感、抑郁、焦虑、敌对、恐怖、偏执及精神病性。

心理健康症状自评量表是为了评定个体在感觉、情绪、思维、行为直至生活习惯、人际关系、饮食睡眠等方面的心理健康症状而设计的。

该量表包括90个条目，共9个分量表，即躯体化、强迫症状、人际关系敏感、抑郁、焦虑、敌对、恐怖、偏执和精神病性。

（1）躯体化：包括1，4，12，27，40，42，48，49，52，53，56和58，共12项。该因子主要反映主观的身体不适感。

（2）强迫症状：3，9，10，28，38，45，46，51，55和65，共10项。该因子反映临床上的强迫症状群。

（3）人际关系敏感：包括6，21，34，36，37，41，61，69和73，共9项。该因子主要指某些个人不自在感和自卑感，尤其是在与其他人相比较时更突出。

（4）抑郁：包括5，14，15，20，22，26，29，30，31，32，54，71和79，共13项。

该因子反映与临床上抑郁症状群相联系的广泛的概念。

（5）焦虑：包括2，17，23，33，39，57，72，78，80和86，共10项。该因子指在临床上明显与焦虑症状群相联系的精神症状及体验。

（6）敌对：包括11，24，63，67，74和81，共6项。该因子主要从思维、情感及行为三方面来反映患者的敌对表现。

（7）恐怖：包括13，25，47，50，70，75和82，共7项。它与传统的恐怖状态或广场恐怖所反映的内容基本一致。

（8）偏执：包括8，18，43，68，76和83，共6项。该因子主要是指猜疑和关系妄想等。

（9）精神病性：包括7，16，35，62，77，84，85，87，88和90，共10项。其中幻听、思维播散、被洞悉感等反映精神分裂样症状项目。

19，44，59，60，64，66及89共7个项目，未能归入上述因子，它们主要反映睡眠及饮食情况。我们在有些资料分析中，将之归为因子10“其他”。

附：症状自评量表SCL-90

指导语：以下表格列出了有些人可能有的症状或问题，请仔细阅读每一条，然后根据该句话与您自己的实际情况相符合的程度（最近一个星期或过去），选择一个适当的数字填写在后面的答案框中。

1—从无、2—很轻、3—中等、4—偏重、5—严重

序号	问题	选项				
1	头痛	1	2	3	4	5
2	神经过敏，心中不踏实	1	2	3	4	5
3	头脑中有不必要的想法或字句盘旋	1	2	3	4	5
4	头晕或晕倒	1	2	3	4	5
5	对异性的兴趣减退	1	2	3	4	5
6	对旁人责备求全	1	2	3	4	5
7	感到别人能控制您的思想	1	2	3	4	5
8	责怪别人制造麻烦	1	2	3	4	5
9	忘性大	1	2	3	4	5
10	担心自己是否衣饰整齐及仪态端正	1	2	3	4	5
11	容易烦恼和激动	1	2	3	4	5
12	胸痛	1	2	3	4	5
13	害怕空旷的场所或街道	1	2	3	4	5
14	感到自己的精力下降，活动减慢	1	2	3	4	5

15	想结束自己的生命	1	2	3	4	5
16	听到旁人听不到的声音	1	2	3	4	5
17	发抖	1	2	3	4	5
18	感到大多数人都不可信任	1	2	3	4	5
19	胃口不好	1	2	3	4	5
20	容易哭泣	1	2	3	4	5
21	同异性相处时感到害羞不自在	1	2	3	4	5
22	感到受骗，中了圈套或有人想抓住您	1	2	3	4	5
23	无缘无故地突然感到害怕	1	2	3	4	5
24	自己不能控制地大发脾气	1	2	3	4	5
25	怕单独出门	1	2	3	4	5
26	经常责怪自己	1	2	3	4	5
27	腰痛	1	2	3	4	5
28	感到难以完成任务	1	2	3	4	5
29	感到孤独	1	2	3	4	5
30	感到苦闷	1	2	3	4	5
31	过分担忧	1	2	3	4	5
32	对事物不感兴趣	1	2	3	4	5
33	感到害怕	1	2	3	4	5
34	您的感情容易受到伤害	1	2	3	4	5
35	感到旁人能知道您的私下想法	1	2	3	4	5
36	感到别人不理解您、不同情您	1	2	3	4	5
37	感到人们对您不友好，不喜欢您	1	2	3	4	5
38	做事必须做得很慢以保证做得正确	1	2	3	4	5
39	心跳得很厉害	1	2	3	4	5
40	恶心或胃部不舒服	1	2	3	4	5
41	感到比不上他人	1	2	3	4	5
42	肌肉酸痛	1	2	3	4	5

43	感到有人在监视您、谈论您	1	2	3	4	5
44	难以入睡	1	2	3	4	5
45	做事必须反复检查	1	2	3	4	5
46	难以做出决定	1	2	3	4	5
47	怕乘电车、公共汽车、地铁或火车	1	2	3	4	5
48	呼吸有困难	1	2	3	4	5
49	一阵阵发冷或发热	1	2	3	4	5
50	因为感到害怕而避开某些东西、场合或活动	1	2	3	4	5
51	脑子变空了	1	2	3	4	5
52	身体发麻或刺痛	1	2	3	4	5
53	喉咙有哽塞感	1	2	3	4	5
54	感到前途没有希望	1	2	3	4	5
55	不能集中注意力	1	2	3	4	5
56	感到身体的某一部分软弱无力	1	2	3	4	5
57	感到紧张或容易紧张	1	2	3	4	5
58	感到手或脚发重	1	2	3	4	5
59	想到死亡的事	1	2	3	4	5
60	吃得太多	1	2	3	4	5
61	当别人看着您或谈论您时感到不自在	1	2	3	4	5
62	有一些不属于您自己的想法	1	2	3	4	5
63	有想打人或伤害他人的冲动	1	2	3	4	5
64	醒得太早	1	2	3	4	5
65	必须反复洗手、点数	1	2	3	4	5
66	睡得不稳、不深	1	2	3	4	5
67	有想摔坏或破坏东西的想法	1	2	3	4	5
68	有一些别人没有的想法	1	2	3	4	5
69	感到对别人神经过敏	1	2	3	4	5
70	在商店或电影院等人多的地方感到不自在	1	2	3	4	5
71	感到做任何事情都很困难	1	2	3	4	5

72	一阵阵恐惧或惊恐	1	2	3	4	5
73	感到公共场合吃东西很不舒服	1	2	3	4	5
74	经常与人争论	1	2	3	4	5
75	单独一人时神经很紧张	1	2	3	4	5
76	别人对您的成绩没有做出恰当的评价	1	2	3	4	5
77	即使和别人在一起也感到孤单	1	2	3	4	5
78	感到坐立不安心神不定	1	2	3	4	5
79	感到自己没有什么价值	1	2	3	4	5
80	感到熟悉的东西变成陌生或不像是真的	1	2	3	4	5
81	大叫或摔东西	1	2	3	4	5
82	害怕会在公共场合晕倒	1	2	3	4	5
83	感到别人想占您的便宜	1	2	3	4	5
84	为一些有关性的想法而很苦恼	1	2	3	4	5
85	您认为应该因为自己的过错而受到惩罚	1	2	3	4	5
86	感到要很快把事情做完	1	2	3	4	5
87	感到自己的身体有严重问题	1	2	3	4	5
88	从未感到和其他人很亲近	1	2	3	4	5
89	感到自己有罪	1	2	3	4	5
90	感到自己的脑子有毛病	1	2	3	4	5

二、应激与应对有关评定量表

（一）焦虑自评量表（SAS）

请注意：①请根据您 1 周来的实际感觉在适当的数字上画上“√”表示，请不要漏评任何一个项目，也不要在相同的一个项目上重复评定；②量表中有部分反向（即从焦虑反向状态）评分的题，请注意保障在填分、算分、评分时的理解；③本表可用于反映测试者焦虑的主观感受，对心理咨询门诊及精神科门诊或住院精神患者均可使用，但由于焦虑是神经症的共同症状，故 SAS 在各类神经症鉴别中作用不大；④关于焦虑症状的临床分级，除参考量表分值外，主要还应根据临床症状，特别是要害症状（要害症状包括：与处境不相称的痛苦情绪体验、精神运动性不安、自主神经功能障碍）的程度来划分，量表总分值仅能作为一项参考指标而非绝对标准。

附：焦虑自评量表（SAS）

序号	题目	没有或很少时间有	有时有	大部分时间有	绝大部分时间有或全部时间有
1	我觉得比平常容易紧张和着急	1	2	3	4
2	我无缘无故地感到害怕	1	2	3	4
3	我容易心里烦乱或觉得惊恐	1	2	3	4
4	我觉得我可能将要发疯	1	2	3	4
5	我觉得一切都很好，也不会发生什么不幸	1	2	3	4
6	我手脚发抖打战	1	2	3	4
7	我因为头痛、颈痛和背痛而苦恼	1	2	3	4
8	我感觉容易衰弱和疲乏	1	2	3	4
9	我觉得心平气和，并且容易安静坐着	1	2	3	4
10	我觉得心跳很快	1	2	3	4
11	我因为一阵阵头晕而苦恼	1	2	3	4
12	我有晕倒发作或觉得要晕倒似的	1	2	3	4
13	我呼气吸气都感到很容易	1	2	3	4
14	我手脚麻木和刺痛	1	2	3	4
15	我因为胃痛和消化不良而苦恼	1	2	3	4
16	我常常要小便	1	2	3	4
17	我的手常常是干燥温暖的	1	2	3	4
18	我脸红发热	1	2	3	4
19	我容易入睡并且一夜睡得很好	1	2	3	4
20	我做噩梦	1	2	3	4

评分方法：SAS 采用 4 级评分，主要评定症状出现的频度，其标准为：“1”表示没有或很少时间有；“2”表示有时有；“3”表示大部分时间有；“4”表示绝大部分或全部时间都有。20 个条目中有 15 项是用负性词陈述的，按上述 1~4 顺序评分。其余 5 项（第 5，9，13，17，19 个条目）是用正性词陈述的，按 4~1 顺序反向计分。

分数计算：各项分数相加得出总粗分，根据公式 Y = INT（总粗分×1.25）得出标准分。INT 表示只取整数部分。

结果解释标准分（中国常模）：

（1）轻度焦虑：50~59。

（2）中度焦虑：60~69。

（3）重度焦虑：70 以上。

（二）抑郁自评量表（SDS）

1. 简介　抑郁自评量表原型是 Zung 抑郁量表，特点是使用简便，并能相当直观地反映抑郁患者的主观感受。时间范围是过去 1 周，主要适用于具有抑郁症状的成年人，包括门诊及住院患者。对严重迟缓症状的抑郁，评定有困难，对于文化程度较低或智力水平稍差的人使用效果不佳。SDS 有 20 个项目，分为 4 级评分：没有或很少时间、少部分时间、相当多时间、绝大部分时间或全部时间。对文化水平低的被试者，可以念给他听。需要注意的是：有反向记分 10 题。评定时应让自评者理解反向评分的各题，如不能理解则会影响统计结果。例如，心情忧郁的患者常常感到生活没有意思，但题目之中的问题是感觉生活很有意思，那么评分时应注意得分是相反的。这类题目之前加上 * 号，提醒各位检查及被检查者注意。

2. SDS 反映抑郁状态的 4 组特异性症状

（1）精神性—情感症状，包含抑郁心境和哭泣 2 个条目。

（2）躯体性障碍，包含情绪的日夜差异、睡眠障碍、食欲减退、性欲减退、体重减轻、便秘、心动过速、易疲劳共 8 个条目。

（3）精神运动性障碍，包含精神运动性抑制和激越 2 个条目。

（4）抑郁的心理障碍包含思维混乱、无望感、易激惹、犹豫不决、自我贬值、空虚感、反复思考自杀和不满足共 8 个条目。

3. 评分　各项分数相加得出总粗分，根据公式 Y＝INT（总粗分×1.25）得出标准分。INT 表示只取整数部分。

4. 结果解释标准分（中国常模）

（1）轻度抑郁：53~62。

（2）中度抑郁：63~72。

（3）重度抑郁：>72。

（4）分界值为 53 分。

SDS 总粗分的正常上限为 41 分，分值越低状态越好。标准分为总粗分乘以 1.25 后所得的整数部分。我国以 SDS 标准分≥50 为有抑郁症状。

附：抑郁自评量表（SDS）

请根据您近 1 周的感觉来进行评分，数字的顺序依次为从无、有时、经常、持续。

题目	从无	有时	经常	持续
1. 我感到情绪沮丧，郁闷	1	2	3	4
*2. 我感到早晨心情最好	1	2	3	4
3. 我要哭或想哭	1	2	3	4
4. 我夜间睡眠不好	1	2	3	4

*5. 我吃饭像平时一样多	1	2	3	4
*6. 我的性功能正常	1	2	3	4
7. 我感到体重减轻	1	2	3	4
8. 我为便秘烦恼	1	2	3	4
9. 我的心跳比平时快	1	2	3	4
10. 我无故感到疲劳	1	2	3	4
*11. 我的头脑像往常一样清楚	1	2	3	4
*12. 我做事情像平时一样不感到困难	1	2	3	4
13. 我坐卧不安，难以保持平静	1	2	3	4
*14. 我对未来感到有希望	1	2	3	4
15. 我比平时更容易激怒	1	2	3	4
*16. 我觉得决定什么事很容易	1	2	3	4
*17. 我感到自己是有用的和不可缺少的人	1	2	3	4
*18. 我的生活很有意义	1	2	3	4
19. 假若我死了别人会过得更好	1	2	3	4
*20. 我仍旧喜爱自己平时喜爱的东西	1	2	3	4

注意事项：①SDS主要适用于具有抑郁症状的成年人，它对心理咨询门诊及精神科门诊或住院精神患者均可使用。对严重阻滞症状的抑郁患者，评定有困难。②关于抑郁症状的分级，除参考量表分值外，主要还要根据临床症状，特别是要害症状的程度来划分；量表分值仅能作为一项参考指标而非绝对标准。

（三）医学应对问卷（MCMQ）

不同疾病的患者是否存在不同的应对策略，不同的应对策略是否影响疾病的进程。有关这些问题显然是心身医学所感兴趣的。H. Feifel 等编制的医学应对问卷是为数有限的专用于患者的应对量表，国内初步将其试用于癌症、手术、慢性肝炎和妇科患者，显示有一定的分析意义。该问卷简明、扼要，所包含的三类应对策略“面对（或斗争）”“回避”和“屈服（或接受）”符合人们面临危险事件时的基本反应方式，也容易解释。

MCMQ 原文及背景材料由 Feifel 本人提供，原文含 19 个条目。原问卷的“屈服”因子仅含 4 个条目，中译本按原意另增加了一个条目，故中文本含 20 个条目。

1. 使用方法　MCMQ 由患者按指导语自行填写，患者按照自己情况在各个条目后面所附的 4 项答案中各选取一项。各项目按 1～4 四级计分，其中有 8 个条目须反评计分。“面对”量表分由 1，2，5，10，12，15，16，19 各个条目分累计；“回避”量表分由 3，7，8，9，11，14，17 各个条目分累计；“屈服”量表分由 4，6，13，18，20 各个条目分累计。650 例各类患者的结果为“面对” = 19.48±3.81（X±SD），“回避” = 14.44±2.97；“屈服”=8.81±3.17。

2. 应用价值及注意事项 H. Fefeil 等曾将 MCMQ 使用于致命性疾病患者和非致命慢性病患者，发现“面对”“回避”和“屈服”三种应对策略与患者的人口学、疾病以及心理方面等多种变量有联系，例如那些康复希望渺小的疾病患者可能更多地采用“屈服（接受）”应对策略。国内各文也显示，“回避”策略似乎有利于癌症患者的心身健康；“屈服”与上腹部手术患者术前焦虑和术后多项消极体验指标成正相关，而“面对”也与术后肠道排气时间和止痛药用量成正相关；住院肝硬化患者倾向于使用“面对（求助/关注）”和“屈服（失望）”应对策略等。对 650 例各种患者的应对量表分均值做综合分析显示：女性较男性、50~59 岁较 30 岁以下及 70 岁以上、高中以上文化较高中以下文化、糖尿病及慢性肾病较溃疡病等、病期 2 个月以下较 2 个月以上等各组别的“面对”量表分为高；39 岁以下较 39 岁以上、大学文化较大学以下文化、慢性肝病及神经症较心脑血管病等各组别的“回避”量表分为高；女性较男性、50 岁以上较 50 岁以下、小学文化较小学以上文化、农民较干部、神经症及皮肤病较溃疡病等、病期越长较病期越短各组别的“屈服”量表分为高（以上均 $P<0.01$）。可见 MCMQ 在临床患者的疾病应对方式研究中具有使用价值。

附：医学应对问卷（MCMQ）

姓名： 性别： 年龄： 职业：

文化： 诊断：

说明：下面列出一些问题，以了解您的某些想法、感受和行为，这些想法、感受和行为与您目前所患的疾病有关，请在每一问题后的四个答案中选取与您的实际情况最接近的一个画“√”。

1. 你在多大程度上希望自己参与做出各种治疗决定？*

（1）非常希望（2）中等希望（3）有点希望（4）不希望

2. 你是否经常想与亲戚朋友谈论你的疾病？

（1）不想（2）有时想（3）经常想（4）总是想

3. 在讨论你的疾病的时候，你是否经常发现自己却在考虑别的事情？

（1）从不这样（2）有时这样（3）经常这样（4）总是这样

4. 你是否经常觉得自己要完全恢复健康是没有指望的？*

（1）总是这样（2）经常这样（3）有时这样（4）从不这样

5. 几个月来，你从医生、护士等懂行的人那里得到多少有关疾病的知识？

（1）极少（2）一些（3）较多（4）很多

6. 你是否经常觉得，因为疾病，自己对今后各方面的事不关心了？

（1）从不这样（2）有时这样（3）经常这样（4）总是这样

7. 你在多大程度上愿意与亲友谈别的事，因为你没有必要老去考虑疾病？

（1）极低程度（2）一定程度（3）相当程度（4）很大程度

8. 在多大程度上你的疾病使你以更积极的态度去考虑生活中的一些事？

（1）极低程度（2）一定程度（3）相当程度（4）很大程度

9. 当想到自己的疾病时，你是否会做些别的事情来分散自己的注意力？*

（1）总是这样（2）经常这样（3）有时这样（4）从不这样

10. 你是否经常向医生询问，对于你的疾病你该如何去做？ *

（1）总是这样（2）经常这样（3）有时这样（4）从不这样

11. 当亲戚朋友与你谈起你的疾病时，你是否经常试图转换话题？

（1）总是这样（2）经常这样（3）有时这样（4）从不这样

12. 近几个月，你从书本、杂志、报纸上了解多少有关你的疾病的信息？ *

（1）很多（2）较多（3）一些（4）极少

13. 你是否经常觉得自己要向疾病屈服了？

（1）总是这样（2）经常这样（3）有时这样（4）从不这样

14. 在多大程度上你想忘掉你的疾病？

（1）极低程度（2）一定程度（3）相当程度（4）很大程度

15. 关于疾病，你向医生问了多少问题？

（1）没有（2）一些（3）较多（4）很多

16. 遇到患有同样疾病的人，通常你会与他谈论多少有关疾病的细节？

（1）极少（2）一些（3）较多（4）很多

17. 你是否经常以看电影、电视等方式来分散自己对疾病的注意？

（1）从不这样（2）有时这样（3）经常这样（4）总是这样

18. 你是否经常觉得自己对疾病无能为力？ *

（1）总是这样（2）经常这样（3）有时这样（4）从不这样

19. 亲朋好友向你询问病情时，你是否经常与他谈许多病情细节？ *

（1）总是这样（2）经常这样（3）有时这样（4）从不这样

20. 对于你的疾病，你是否经常感到自己只能听天由命？

（1）从不这样（2）有时这样（3）经常这样（4）总是这样

注：* 者为反评题

（四）汉密尔顿焦虑量表（HAMA）

汉密尔顿焦虑量表由 Hamilton 于 1959 年编制，是精神科临床中常用的量表之一，包括 14 个项目，主要涉及躯体性焦虑和精神性焦虑两大类因子结构，临床上常将其用于焦虑症的诊断及程度划分的依据。

1. 适用范围　主要用于评定神经症及其他患者的焦虑症状的严重程度，但不大适宜于估计各种精神病时的焦虑状态。同时，与 HAMD（汉密尔顿抑郁量表）相比较，有些重复的项目，如抑郁心境、躯体性焦虑、胃肠道症状及失眠等，故对于焦虑症与抑郁症也不能很好地进行鉴别。

2. 评定方法　HAMA 应由经过训练的 2 名评定员进行联合检查，一般采用交谈和观察的方法，待检查结束后，2 名评定员独立评分。在评估心理或药物干预前后焦虑症状的改善情况时，首先在入组时评定当时或入组前 1 周的情况，然后再干预 2~6 周后再次评定来比较焦虑症状的严重程度和症状谱的变化。

3. 评分标准　HAMA 所有项目采用 0~4 分的 5 级评分法，各级的标准为：0 分：无症状；1 分：轻；2 分：中等；3 分：重；4 分：极重。

4. 评分项目

（1）焦虑心境：担心、担忧，感到有最坏的事情将要发生，容易被激惹。

（2）紧张：紧张感、易疲劳、不能放松，情绪反应，易哭、颤抖、感到不安。

（3）害怕：害怕黑暗、陌生人、一人独处、动物、乘车或旅行及人多的场合。

（4）失眠：难以入睡、易醒、睡得不深、多梦、梦魇、夜惊、睡醒后感到疲倦。

（5）认知功能：或称记忆力、注意力障碍。注意力不能集中，记忆力差。

（6）抑郁心境：丧失兴趣、对以往爱好的事务缺乏快感、忧郁、早醒、昼重夜轻。

（7）躯体性焦虑（肌肉系统症状）：肌肉酸痛、活动不灵活、肌肉经常抽动、肢体抽动、牙齿打战、声音发抖。

（8）感觉系统症状：视物模糊、发冷发热、软弱无力感、浑身刺痛。

（9）心血管系统症状：心动过速、心悸、胸痛、血管跳动感、昏倒感、心搏脱漏。

（10）呼吸系统症状：时常感到胸闷、窒息感、叹息、呼吸困难。

（11）胃肠消化道症状：吞咽困难、嗳气、食欲不佳、消化不良（进食后腹痛、胃部烧灼痛、腹胀、恶心、胃部饱胀感）、肠鸣、腹泻、体重减轻、便秘。

（12）生殖、泌尿系统症状：尿意频繁、尿急、停经、性冷淡、过早射精、勃起不能、阳痿。

（13）自主神经系统症状：口干、潮红、苍白、易出汗、易起“鸡皮疙瘩”、紧张性头痛、毛发竖起。

（14）与人谈话时的行为表现：①一般表现。紧张、不能松弛、忐忑不安、咬手指、紧握拳、摸弄手帕、面肌抽动、不停顿足、手发抖、皱眉、表情僵硬、肌张力高、叹息样呼吸、面色苍白。②生理表现。吞咽、频繁打呃、安静时心率快、呼吸加快（20次/分钟以上）、腱反射亢进、震颤、瞳孔放大、眼睑跳动、易出汗、眼球突出。

5. 测验的计分的解释　HAMA 的得分为总分和因子分。总分是所有项目评分的算术和，为 0~56 分。HAMA 有两个因子，躯体性焦虑和精神性焦虑，其中躯体性焦虑因子包括 7~23 项，精神性焦虑因子包括 1~6 项和 14 项。

HAMA 总分能较好地反映焦虑症状的严重程度。总分可以用来评价焦虑和抑郁障碍患者焦虑症状的严重程度和对各种药物、心理干预效果的评估。按照我国量表协作组提供的资料：总分≥29 分，可能为严重焦虑；≥21 分，肯定有明显焦虑；≥14 分，肯定有焦虑；超过 7 分，可能有焦虑；如小于 7 分，便没有焦虑症状。对 HAMA 躯体性和精神性两大类因子的分析，不仅可以具体反映患者的精神病理学特点，也可反映靶症状群的治疗效果。

（五）汉密尔顿抑郁量表（HAMD）

汉密尔顿抑郁量表由 Hamilton 于 1960 年编制，是临床上评定抑郁状态时应用得最为普遍的量表。本量表有 17 项、21 项和 24 项等三种版本。这里选用的是 24 项版本。汉密顿抑郁量表在临床上方便实用，评定方法简便，标准明确，便于掌握，可用于抑郁症、躁郁症、神经症等多种疾病的抑郁症状之评定，尤其适用于抑郁症。

1. 适用范围　本量表适用于有抑郁症状的成年患者，可用于抑郁症、双相障碍、神经症等多种疾病的抑郁症状之评定，尤其适用于抑郁症。因与 HAMA 有类似项目，本量表对于抑郁症和焦虑症却不能较好地进行鉴别。

2. 评定方法　一般采用交谈与观察的方式，由经过培训的两名评定者对被评定者进行 HAMD 联合检查，待检查结束后，两名评定者分别独立评分。

3. 评分标准　HAMD 大部分项目采用 0~4 分五级评分法：0 分，无；1 分，轻度；2

分，中度；3 分，重度；4 分，很重。少数评分项目分为 0~2 分 3 级：0 分，无；1 分，轻至中度；2 分，重度。

4. 评分项目

（1）抑郁情绪（depressed mood）：①只在问到时才诉述；②在谈话中自发地表达；③不用言语也可以从表情、姿势、声音或欲哭中流露出这种情绪；④患者的自发语言和非言语表达（表情、动作），几乎完全表现为这种情绪。

（2）有罪感（feeling of guilt）：①责备自己，感到自己已连累他人；②认为自己犯了罪，或反复思考以往的过失和错误；③认为目前的疾病是对自己错误的惩罚，或有罪恶妄想；④罪恶妄想伴有指责或威胁性幻觉。

（3）自杀（suicide）：①觉得活着没有意思；②希望自己已经死去，或常想到与死有关的事；③消极观念（自杀念头）；④有严重自杀行为。

（4）入睡困难（insomnia-early）：①主诉有时有入睡困难，即上床后半小时仍不能入睡；②主诉每晚均入睡困难。

（5）睡眠不深（insomnia-middle）：①睡眠浅多噩梦；②半夜（晚 12 点以前）曾醒来（不包括上厕所）。

（6）早醒（insomnia-late）：①有早醒，比平时早醒 1 小时，但能重新入睡；②早醒后无法重新入睡。

（7）工作和兴趣（work&interests）：①提问时才诉述；②自发地直接或间接表达对活动、工作或学习失去兴趣，如感到没精打采，犹豫不决，不能坚持或需强迫才能工作或活动；③病时劳动或娱乐不满 3 小时；④因目前的疾病而停止工作，住院者不参加任何活动或者没有他人帮助便不能完成室内日常事务。

（8）迟缓（retardation）：指思维和言语缓慢，注意力难以集中，主动性减退。①精神检查中发现轻度迟缓；②精神检查中发现明显的迟缓；③精神检查困难；④完全不能回答问题（木僵）。

（9）激越（agitation）：①检查时表现得有些心神不定；②明显的心神不定或小动作多；③不能静坐，检查中曾起立；④搓手，咬手指，扯头发，咬嘴唇。

（10）精神性焦虑（psychic anxiety）：①问及时诉述；②自发地表达；③表情和言谈流露出明显忧虑；④明显惊恐。

（11）躯体性焦虑（somatic anxiety）：指焦虑的生理症状，包括口干、腹胀、腹泻、打呃、腹绞痛、心悸、头痛、过度换气和叹息，以及尿频和出汗等。①轻度；②中度；有肯定的上述症状；③重度，上述症状严重，影响生活或需加处理；④严重影响生活和活动。

（12）胃肠道症状（gastro-intestinal）：①食欲减退，但不需他人鼓励便自行进食；②进食需他人催促或请求或需要应用泻药或助消化药。

（13）全身症状（general somatic symptoms）：①四肢、背部或颈部沉重感，背痛，头痛，肌肉疼痛，全身乏力或疲倦；②症状明显减轻。

（14）性症状（genital symptoms）：指性欲减退，月经紊乱等。①轻度；②重度；③不能肯定，或该项对被评者不适合（不计入总分）。

（15）疑病（hypochondriasis）：①对身体过分关注；②反复思考健康问题；③有疑病

妄想；④伴幻觉的疑病妄想。

(16) 体重减轻（loss of weight）：①一周内体重减轻 0.5 千克以上。②一周内体重减轻 1 千克以上。

(17) 自知力（insight）：(0) 知道自己有病，表现为忧郁；①知道自己有病，但归于伙食太差、环境问题、工作过忙、病毒感染或需要休息等；②完全否认有病。

(18) 日夜变化（diurnal variation）：如果症状在早晨或傍晚加重，先指出哪一种，然后按其变化程度评分。①轻度变化；②重度变化。

(19) 人格解体或现实解体（depersonalization&derealizatin）：指非真实感或虚无妄想。①问及时才诉述；②自发诉述；③有虚无妄想；④伴幻觉的虚无妄想。

(20) 偏执症状（paranoid symptoms）：①有猜疑；②有关系观念；③有关系妄想或被害妄想；④伴有幻觉的关系妄想或被害妄想。

(21) 强迫症状（obsessional symptoms）：指强迫思维和强迫行为。①问及时才诉述；②自发诉述。

(22) 能力减退感（helplessness）：①仅于提问时方引出主观体验；②患者主动表示有能力减退感；③需鼓励、指导和安慰才能完成病室日常事务或个人卫生；④穿衣、梳洗、进食、铺床或个人卫生均需要他人协助。

(23) 绝望感（hopelessness）：①有时怀疑“情况是否会好转”，但解释后能接受；②持续感到“没有希望”，但解释后能接受；③对未来感到灰心、悲观和绝望，解释后不能排除；④自动反复诉述“我的病不会好了”或诸如此类的情况。

(24) 自卑感（worthlessness）：①仅在询问时诉述有自卑感（我不如他人）；②自动诉述有自卑感（我不如他人）；③患者主动诉述：“我一无是处”或“低人一等”，与评 2 分者只是程度的差别；④自卑感达妄想的程度，例如“我是废物”或类似情况。

5. 测验的计分的解释　HAMD 总分能较好地反映病情的严重程度，即病情越轻，总分越低；病情越重，总分越高。按照 J. M. Davis 的划分，总分超过 35 分，可能为严重抑郁；超过 20 分，可能是轻或中等度的抑郁；如小于 8 分，没有抑郁症状，而 17 项版本则分别为 24 分、17 分和 7 分。

在具体研究中，应把量表总分作为一项入组标准。全国精神科量表协作组曾报告，确诊为抑郁症住院患者 115 例的 HAMD 总分（17 项版本）为 28.45±7.16（×±S. D.），表明研究对象为一组病情程度偏重的抑郁症，这样就便于研究结果的类比和重复。同时，总分的变化能评价病情的演变，如上述 115 例抑郁症患者的抑郁症状、经治疗 4 周后，对患者再次评定，HAMD 总分（17 项版本）下降至 12.68±8.75，表明患者的病情有了显著进步。并且，这一结果与临床经验和印象相吻合。

三、A 型行为类型评定量表

美国旧金山医师福利曼和罗斯曼（Friedman&Rosenman）花费了 10 年的时间研究，结果发现某种人格特质比其他人格特质罹患心脏病的概率高 3 倍。经过大量的临床实验得出，这类人群有一种特征性的行为模式，称之为“A 型行为”类型。A 型行为其特质如下：较具进取心，对自己寄予极大的期望；苛求自己，具有侵略性，不惜任何代价实现目标；以事业上的成功与否，作为评价人生价值的标准；超负荷的工作，试图在极少的时间里，做极多的工作；终日紧张、忙碌，不会放松自己，不情愿把时间花在日常琐事上。

“A 型行为”模式的人由于一系列的紧张积累，极易导致心血管疾病，甚至可能因发生心肌梗死而猝死。中国健康教育所在国内进行的一项测查结果表明，冠心病患者中 A 型行为者占统计的 67%。有关专家认为，其原因是：A 型行为能激起特殊的神经内分泌机制，使血液中的血脂蛋白成分改变，血清胆固醇和甘油三酯平均浓度增加，而导致冠状动脉硬化。

附：A 型行为类型评定量表

请回答下列问题。凡符合您情况的选“是”，不符合您情况的选“否”。每个问题都须回答，不能空漏。答案没有好坏、对错之分，不要在每道题目上过多思考。回答时不要考虑“应该是怎样”，只需回答您平时“是怎样的”就行了。

题号	内容	回答	
1	我常常力图说服别人同意我的观点。	是	否
2	即使没有什么要紧事，我走路也很快。	是	否
3	我经常感到应该做的事情很多，有压力。	是	否
4	即使是决定了的事别人也很容易使我改变主意。	是	否
5	我常常因为一些事大发脾气或和人争吵。	是	否
6	遇到买东西排长队时，我宁愿不买。	是	否
7	有些工作我根本安排不下，只是临时挤时间去做。	是	否
8	我上班或赴约会时，从来不迟到。	是	否
9	当我正在做事，谁要是打扰我，不管有意无意，我都非常恼火。	是	否
10	我总看不惯那些慢条斯理、不紧不慢的人。	是	否
11	有时我简直忙得透不过气来，因为该做的事情太多了。	是	否
12	即使跟别人合作，我也总想单独完成一些更重要的部分。	是	否
13	有时我真想骂人。	是	否
14	我做事喜欢慢慢来，而且总是思前想后。	是	否
15	排队买东西，要是有人加塞，我就忍不住指责他或出来干涉。	是	否
16	我觉得自己是一个无忧无虑、逍遥自在的人。	是	否
17	有时连我自己都觉得，我所操心的事远远超过我应该操心的范围。	是	否
18	无论做什么事，即使比别人差，我也无所谓。	是	否
19	我总不能像有些人那样，做事不紧不慢。	是	否
20	我从来没想过要按照自己的想法办事。	是	否

21 每天的事都使我的神经高度紧张。 是 否

22 在公园里赏花、观鱼等，我总是先看完，等着同来的人。 是 否

23 对别人的缺点和毛病，我常常不能宽容。 是 否

24 在我所认识的人里，个个我都喜欢。 是 否

25 听到别人发表不正确见解，我总想立即纠正他。 是 否

26 无论做什么事，我都比别人快一些。 是 否

27 当别人对我无礼时，我会立即以牙还牙。 是 否

28 我觉得我有能力把一切事情办好。 是 否

29 聊天时，我也总是急于说出自己的想法，甚至打断别人的话。 是 否

30 人们认为我是一个相当安静、沉着的人。 是 否

31 我觉得世界上值得我信任的人实在不多。 是 否

32 对未来我有许多想法，并总想一下子都能实现。 是 否

33 有时我也会说人家的闲话。 是 否

34 尽管时间很宽裕，我吃饭也快。 是 否

35 听人讲话或报告时我常替讲话人着急，我想还不如我来讲哩。 是 否

36 即使有人冤枉了我，我也能够忍受。 是 否

37 我有时会把今天该做的事拖到明天去做。 是 否

38 人们认为我是一个干脆、利落、高效率的人。 是 否

39 有人对我或我的工作吹毛求疵时，很容易挫伤我的积极性。 是 否

40 我常常感到时间晚了，可一看表还早呢。 是 否

41 我觉得我是一个非常敏感的人。 是 否

42 我做事总是匆匆忙忙的，力图用最少的时间办尽量多的事情。 是 否

43 如果犯有错误，我每次全都愿意承认。 是 否

44 坐公共汽车时，我总觉得司机开车太慢。 是 否

45 无论做什么事，即使看着别人做不好我也不想拿来替他做。 是 否

46 我常常为工作没做完，一天又过去而忧虑。 是 否

47 很多事如果由我来负责，情况要比现在好得多。 是 否

48 有时我会想到一些坏得说不出的事。 是 否

49 即使受工作能力和水平很差的人所领导，我也无所谓。 是 否

50	必须等待什么的时候，我总是心急如焚，像热锅上的蚂蚁。	是	否
51	当事情不顺利时我就想放弃，因为我觉得自己能力不够。	是	否
52	假如我可以不买票白看电影，而且不会被发现，我可能会这样做。	是	否
53	别人托我办的事，只要答应了，我从不拖延。	是	否
54	人们认为我做事很有耐性，干什么都不会着急。	是	否
55	约会或乘车、船，我从不迟到，如果对方耽误了，我就恼火。	是	否
56	我每天看电影，不然心里就不舒服。	是	否
57	许多事本来可以大家分担，可我喜欢一人去干。	是	否
58	我觉得别人对我的话理解太慢，甚至理解不了我的意思似的。	是	否
59	人家说我是个厉害的暴性子的人。	是	否
60	我常常比较容易看到别人的缺点而不容易看到别人的优点。	是	否

得分：L 量表分数＝　　TH 量表分数＝　　CH 量表分数＝　　结果类型：

1. 计分方法

（1）TH 量表（共 25 题）：表示时间匆忙感和紧迫感，做事快、缺乏耐心等特征。每题 1 分，共 25 分。答“是”得分题：4、5、9、12、15、16、17、23、25、28、29、31、35、38、39、41、47、57、59、60；答“否”得分题：18、36、45、49、51。

（2）CH 量表（共 25 题）：表示争强好胜、竞争性、暴躁和敌意等性格特征。每题 1 分，共 25 分。答“是”得分题：2、3、6、7、10、11、21、22、26、27、32、34、40、42、44、46、50、53、55、58；答“否”得分题：1、14、19、30、54。

（3）L 量表（共 10 题）：为被试者的掩饰得分。反映测验的真实程度即被试者回答量表时是否诚实、认真。每题 1 分，共 10 分。答“是”得分题：8、20、24、43、52；答“否”得分题：13、33、37、48、56。

2. 评定方法　先计算 L 量表的分数：L≥7 分说明真实性不够，结果无效，测验作废；L<7 分，说明测验有效，可接着计算 TH、CH 的得分。

根据 TH+CH 的合计得分判断行为类型。人群常模（即一般人群抽样测试的标准得分）平均值为 28 分。

我国对 A 型行为的评定划分为五种类型，标准如下：A 型行为：37～50 分，为较强的典型 A 型行为；MA 型行为：30～36 分，以 A 型为主的中间偏 A 型；M 型行为：27～29 分，即中间型；MB 型行为：20～26 分，以 B 型为主的中间偏 B 型；B 型行为：1～19 分，为较强的典型 B 型行为。

3. 分数的解释　A 型人的特点：好胜心强、追求成就、具有竞争性、做事匆忙、急躁、反应快而强烈、行动迅疾、易受激怒、常有时间紧迫感和敌意倾向。B 型人的特点：人际关系随和、很少生气动怒、不易紧张、不赶时间、竞争性不强，喜欢平静生活，悠然自得。M 型人的特点：介于 A 型和 B 型之间。

（1）TH 分数：时间匆忙、紧迫感特征（满分 25 分）。

高分者：惜时如金，生活和工作节奏快，总有一种匆匆忙忙、感到时间不够用的感觉。渴望在最短的时间内完成最多的事情，对于节奏缓慢和浪费时间的工作或事会不耐烦、不适应。容易粗心大意，急躁。

低分者：时间利用率不高，生活、工作节奏不快，悠闲自得。心态平和，喜欢休闲和娱乐，做事有耐心，四平八稳，容易给人一种慢条斯理的感觉。

（2）CH 分数：争强好胜、怀有戒心或敌意特征（满分 25 分）。

高分者：生活及工作压力大，渴望事业有所成就，竞争意识强烈，争强好胜，希望能出人头地，并对阻碍自己发展的人或事表现出激烈的反感或攻击意识。

低分者：与世无争，容易与人平和相处，生活和工作压力不大，也可能是生活标准要求不高，随遇而安，也可能是过于现实。

（3）L 分数：掩饰分（满分 l0 分）。对自己不利的评价好掩饰，为人容易表现出虚伪、圆滑，也可能是由于自身定位不准确，自我认识不清或理解能力不足造成的。

四、其他护理工作中可能用到的量表

（一）老年抑郁量表（GDS）

1982 年 Brink 等人创制，作为专用于老年人的抑郁筛查表。由于老年人躯体主诉多，所以许多老人其躯体主诉在这个年龄阶段属于正常范围，却被误诊为抑郁症。设计 GDS 是为了更敏感地检查老年抑郁患者所特有的躯体症状。另外，其“是”与“否”的定式回答较其他分级量表也更容易掌握。其 30 个条目代表了老年抑郁的核心，包含以下症状：情绪低落、活动减少、易激惹、退缩痛苦的想法，对过去、现在与将来的消极评价。每个条目都是一句问话，要求受试者回答“是”或“否”。30 个条目中的 10 条用反序计分（回答“否”表示抑郁存在），20 条用正序计（回答“是”表示抑郁存在）。每项表示抑郁的回答得 1 分。

Brink 建议按不同的研究目的（是要求灵敏度还是特异性）用 9~14 分作为存在抑郁的界限分。一般地讲，在最高分 30 分中得 0~10 分可视为正常范围，即无郁症；11~20 分显示轻度抑郁；而 21~30 分为中重度抑郁。

附：老年抑郁量表

指导语：选择最切合您最近一周来的感受的答案。

1. 你对生活基本上满意吗？＊	是	否
2. 你是否已放弃了许多运动与兴趣？	是	否
3. 你是否觉得生活空虚？	是	否
4. 你是否常感到厌倦？	是	否
5. 你觉得未来有希望吗？＊	是	否
6. 你是否因为脑子里一些想法摆脱不掉而烦恼？	是	否
7. 你是否大部分时间精力充沛？＊	是	否
8. 你是否害怕会有不幸的事落到你头上？	是	否

9. 你是否大部分时间感到幸福？ * 是 否
10. 你是否常感到孤立无援？ 是 否
11. 你是否经常坐立不安，心烦意乱？ 是 否
12. 你是否希望待在家里而不愿去做些新鲜事？ 是 否
13. 你是否常常担心将来？ 是 否
14. 你是否觉得记忆力比以前差？ 是 否
15. 你觉得现在活着很惬意吗？ * 是 否
16. 你是否常感到心情沉重、郁闷？ 是 否
17. 你是否觉得像现在这样活着毫无意义？ 是 否
18. 你是否总为过去的事忧愁？ 是 否
19. 你觉得生活很令人兴奋吗？ * 是 否
20. 你开始一件新的工作很困难吗？ 是 否
21. 你觉得生活充满活力吗？ * 是 否
22. 你是否觉得你的处境已毫无希望？ 是 否
23. 你是否觉得大多数人比你强得多？ 是 否
24. 你是否常为些小事伤心？ 是 否
25. 你是否常觉得想哭？ 是 否
26. 你集中精力有困难吗？ 是 否
27. 你早晨起来很快活吗？ * 是 否
28. 你希望避开聚会吗？ 是 否
29. 你做决定很容易吗？ * 是 否
30. 你的头脑像往常一样清晰吗？ * 是 否

注：题目后标 * 的为答“否”记一分。

（二）护士工作压力源量表

由于护理工作的特殊性，护理工作者承受着多种压力，这影响了他们的身心和工作，为减轻护理工作者的压力，必须首先了解护理工作中存在的压力源，因此编制了本量表。

附：护士工作压力源量表

您好，为了更好地为护士减压，医务社会工作者编辑制作了此份调查问卷，请您认真作答。问卷内容我们会替您保密！

个人资料 姓名： 年龄： □20 岁以下 □20~24 岁 □25~29 岁 □30~35 岁 □35 岁或以上

学历：□中专 □高中 □大专 □本科 □硕士或以上

工作经验：□1~4 年 □5~9 年 □10~14 年 □15~19 年 □20 年以上

从事护士工作年限：□1~2 年 □3~4 年 □5~6 年 □6~8 年 □8 年以上

所在部门（请写出科室的名称）：________________

联系电话：________

如果开展减压小组活动，您希望的时间是？________

如果您的情况适合开展个案工作，您是否愿意？□愿意 □不愿意

注意：以下列出了您可能会出现的问题，请仔细阅读每一条，然后根据下述情况做出判断，在5个代表不同感受的数字中选择一个，在后面的框中打“√”。请您用7分钟的时间完成！

题号	内容	没有	很轻	中等	偏重	严重
1	护理工作的社会地位太低					
2	继续深造的机会太少					
3	工资及其他的福利待遇低					
4	晋升的机会太少					
5	经常倒班					
6	工作中的独立性少					
7	工作分工不明确					
8	工作量太大					
9	上班的护士数量少					
10	没有时间对患者实施心理护理					
11	非护理性的工作太多					
12	无用的书面工作太多					
13	工作环境差					
14	工作中所需的仪器设备不足					
15	病区拥挤					
16	担心工作中出现差错事故					
17	护士工作未被患者及其家属承认					
18	护理的患者病情过重					
19	患者的家属不礼貌					
20	患者的要求太高或太过分					
21	患者不礼貌					

22　患者不合作

23　所学的知识不能满足患者及其家属的心理需要

24　缺乏患者教育的有关知识

25　担心护理操作会引起患者的疼痛

26　护理的患者突然死亡

27　缺乏其他卫生工作人员的理解及尊重

28　护理管理者的理解与支持不够

29　护理管理者的批评过多

30　医生对护理工作过分挑剔

31　同事之间缺乏理解与支持

32　与护理管理者发生冲突

33　与病区的某些护士工作很难

34　与医生发生冲突

35　同事之间缺乏友好合作的气氛

评分标准：①护理专业及工作方面的问题（1~7 个条目）；②时间分配及工作量问题（8~12 个条目）；③工作环境及仪器设备问题（13~15 个条目）；④患者护理方面的问题（16~26 个条目）；⑤管理及人际关系方面的问题（27~35 个条目）5 个方面的子条目。

可以根据需要增加，如其他问题______________________。

（三）职业倦怠量表（MBI-GS）

Maslach 工作倦怠问卷是由美国社会心理学家 Maslach 和 Jaskson 联合开发的，共有三个版本——服务版、教育版、通用版。服务版适用于咨询员、社会工作者、医生、警察等服务行业的工作者；教育版适用于教师、学校心理学家等教育行业的工作者；通用版是 1996 年出版的，它淡化了服务者和服务对象的关系，从而适用于更为广泛的工作人群。这里介绍的通用版，维度分别为情绪衰竭、讥诮（玩世不恭）、职业效能。情绪衰竭是指个人认为自己所有的情绪资源都已耗尽，对工作缺乏冲动，有挫折感、紧张感，甚至害怕工作。玩世不恭是指刻意与工作以及其他与工作相关的人员保持一定距离，对工作不热心、不投入，对自己工作的意义表示怀疑，该部分包括 5 道题。低职业效能指个体对自身持有负面的评价，认为自己不能有效地胜任工作，整个问卷共 16 道题。后经国内研究者的修订变为 15 道题。MBI-GS 量表适用 16 岁以上各个行业的所有人群。

附：MBI-GS 量表

一般情况（如果您方便的话请如实填写）（请在□中画√）

1. 年龄：□ A 20~30 岁 □ B 31~40 岁 □ C 41 岁以上
2. 性别 □ A 男 □ B 女
3. 婚姻状况 □ A 已婚 □ B 未婚 □ C 离异

4. 文化程度：□ A 中专 □ B 专科 □ C 本科 □ D 研究生

5. 工作年限：□ A 5 年以下 □ B 6~10 年 □ C 11~20 年 □ D 21 年以上

请您根据自己的感受和体会，判断它们在您所在的单位或者您身上发生的频率，并在合适的数字上画“√”。选项：从不，极少一年几次或更少，偶尔一个月一次或者更少，经常一个月几次，频繁每星期一次，非常频繁一星期几次，每天。

项目：情绪衰竭，该维度的得分=所有题目的得分相加/5。

1. 工作让我感觉身心俱惫 0 1 2 3 4 5 6
2. 下班的时候我感觉精疲力竭 0 1 2 3 4 5 6
3. 早晨起床不得不去面对一天的工作时，我感觉非常累 0 1 2 3 4 5 6
4. 整天工作对我来说确实压力很大 0 1 2 3 4 5 6
5. 工作让我有快要崩溃的感觉 0 1 2 3 4 5 6

请您根据自己的感受和体会，判断它们在您所在的单位或者您身上发生的频率，并在合适的数字上画“√”。

项目：玩世不恭，该维度的得分=所有题目的得分相加/4。

1. 自从开始干这份工作，我对工作越来越不感兴趣 0 1 2 3 4 5 6
2. 我对工作不像以前那样热心了 0 1 2 3 4 5 6
3. 我怀疑自己所做工作的意义 0 1 2 3 4 5 6
4. 我对自己所做工作是否有贡献越来越不关心 0 1 2 3 4 5 6

项目：成就感低落，该维度的得分=反向计分后，所有题目的得分相加/6。

1. 我能有效地解决工作中出现的问题（反向计分）0 1 2 3 4 5 6
2. 我觉得我在为公司做有用的贡献（反向计分）0 1 2 3 4 5 6
3. 在我看来，我擅长于自己的工作（反向计分）0 1 2 3 4 5 6
4. 当完成工作上的一些事情时，我感到非常高兴（反向计分） 0 1 2 3 4 5 6
5. 我完成了很多有价值的工作（反向计分）0 1 2 3 4 5 6
6. 我自信自己能有效地完成各项工作（反向计分）0 1 2 3 4 5 6

得分在 50 分以下，工作状态良好，得分在 50~75 分，存在一定程度的职业倦怠，需进行自我心理调节；得分在 75~100 分，建议休假，离开工作岗位一段时间进行调整；得分在 100 分以上，建议咨询心理医生或辞职，不工作，或换个工作也许对人生更积极。

思考题

1. 测一测你的人格，评估你人格的特点是什么？你认为你的人格有哪些优势？有哪些需要改变？
2. 运用自评量表对身边的同学进行一次测验。

参考文献

［1］郭念锋．心理咨询师（基础知识）［M］．北京：民族出版社，2012.
［2］郭念锋．心理咨询师（二级、三级）［M］．北京：民族出版社，2012.
［3］郭争鸣，杨小兵．医护心理学［M］．北京：北京大学医学出版社，2011.

［4］张作记．行为医学量表手册［M］．北京：中华医学电子音像出版社，2005.
［5］胡佩诚．医护心理学［M］．北京：北京医科大学出版社、中国协和医科大学联合出版社，1998.

（湖南中医药高等专科学校　杨小兵）

第十一章

心理咨询

学习目标

1. 掌握心理咨询的基本概念、原则和程序。
2. 熟悉心理咨询的技能。
3. 了解心理咨询师的条件。

第一节 心理咨询概述

一、心理咨询的定义

心理咨询是心理咨询师协助求助者解决心理问题的过程。要正确理解心理咨询的概念，需强调以下几点。

(1) 心理咨询是一种专业性活动，在心理咨询过程中，心理咨询师运用心理学以及相关知识，遵循心理学原则，运用心理咨询的技术与方法，通过与来访者的交谈，协助其发现并找出解决心理问题的途径，但绝不是普通的聊天谈心。

(2) 心理咨询是一个过程，有着一系列的既定程序。来访者的问题常常是一次咨询解决不了的。在咨询过程中，有时还会有曲折反复的情形。

(3) 心理咨询是一种关系，它是咨询师和来访者之间建立的一种特殊人际关系。在这种关系中，咨询师提供一定的心理气氛或条件，通过人际互动来使来访者发生一定的变化，做出选择，解决自己的问题，帮助来访者人格的成长。这种关系是真诚的、平等的、亲密的、专业的。

(4) 心理咨询的最终目的是助人自助，即帮助当事人最终学会依靠自身的力量，战胜挫折与压力，从而获得心理上的成长。因此咨询中，咨询师主要职责是提供专业性的理解、分析和建议，培养来访者进行独立思考和有效决策并付诸行动的自助能力，也就是说，问题的真正解决还得靠来访者自己。

二、心理咨询的内容

心理咨询的内容十分广泛，一般来说可包括以下几大类：

（1）人生各个时期的心理成长，如婴幼儿的健康成长、学生的学习能力和心理素质的培养、亲子关系的建立等。

（2）各种情绪与行为障碍，如考试焦虑、术前紧张等。

（3）某些性心理、生理障碍，如性变态、阳痿、性欲异常等问题的诊治。

（4）心身疾病、长期慢性疾病及康复期精神患者等，心理咨询不仅可以给这些患者提供相关的心理指导与支持，而且可以通过心理生理的相互影响对疾病的治疗与康复产生积极的效果。

（5）了解各种心理卫生知识者和接受各种心理检查者，如智力、人格等测验。

三、心理咨询的原则

（1）保密原则与保密例外：来访者所面临的心灵困境常常涉及其隐私和秘密，只有在确认其所说的都能得到保密的承诺时，他才能将自己埋藏心底的困惑与苦恼毫无遮掩地讲述给咨询师，而这些可能就是其心理问题的症结所在。因此，保密原则既是职业道德的要求，也是咨询能有效进行的最起码、最基本的要求。心理咨询的过程中存在保密例外，如当来访者可能危及他人或自己的生命（他杀、自杀等），咨询师应及时与有关人员联系，采取保护措施，其他的时候则都应遵守保密原则。在教学与研究过程中，需公开咨询内容时，必须先取得来访者的同意，且必须隐去其全部可辨认的个人信息。

（2）价值中立和无条件积极关注原则：咨询师在心理咨询中应始终保持不对来访者进行价值评判，也不强迫来访者服从咨询师的价值观念，而是要求咨询师对来访者所持的价值观念给予完全的接纳和充分的尊重。以满腔的热情、真诚的态度予以无条件的积极关注，相信每一个体独特的潜能，以正面、积极的态度来引导来访者的转变与成长。

（3）助人自助原则：咨询师在咨询过程并不是直接替来访者解决问题，而是协助其理清思绪，发现问题的症结，从而找到解决问题的方法。这个过程也是来访者的心理自我成长的过程。

（4）避免双重关系原则：心理咨询师为维护自身身心健康的需要，应注意避免与来访者形成双重关系。所谓双重关系，是指双方既存在咨询关系，又存在一种或一种以上的其他关系。如某位心理咨询师接待了其同事的咨询，在咨询过程中可能了解了其同事的某些隐私，这种情况可能会给双方以后的见面带来尴尬，从而影响到心理咨询师自身的身心健康。

（5）自我保护原则：心理咨询师应学会自我保护，如不应将咨询室设置在家中，以避免不必要的麻烦。

四、心理咨询的程序

心理咨询不是随便谈话聊天，它是按一定程序实施的特殊“治疗”手段。

（一）初诊接待与资料收集

初诊接待是心理咨询师与求助者的首次接触，在心理咨询中有着重要的作用。在现代医学模式中，医患关系是非常重要的，患者找医生看病，是因为患者接受了医生的人，然后才会接受医生的治疗，心理咨询更是如此。“好的开始是成功的一半”，因此初诊接待在心理咨询中非常重要。恰当的初诊接待，可以使来访者减轻紧张与疑虑情绪，建立一个有效工作的咨询关系。

要想获得准确的诊断，咨询师需要通过会谈、倾听、观察、阅读、心理测验等方式收集来访者的各种资料。其内容包括：人口学资料，个人成长史，个人健康（含生理、心理、社会适应）史，家庭健康（含生理、心理、社会适应）史，个人生活方式，个人受教育情况，对自己家庭及成员的看法，社会交往状况（与亲戚、朋友、同学、同事、邻里的关系），目前生活、学习、工作状况，自我心理评估（优缺点、习惯、爱好；对社会、家庭、婚姻以及对目前所从事工作的看法；对个人能力和生存价值的评估），近期生活中的遭遇，求助目的与愿望，求助者的言谈、举止、情绪状态、理解能力等，有无精神症状，自知力如何，自身心理问题发生的时间、痛苦程度以及对工作与生活的影响，心理冲突的性质的强烈程度，与心理问题相应的测量、实验结果等。

（二）资料的分析及初步诊断

咨询师收集来的资料可能是相互交错的，这往往给思考、判断带来不便，所以要按出现的时间先后进行排序，并按资料的性质加以整理，分门别类，如根据来访者的认知、行为、情绪、环境等分类归纳，这样便于按因果关系确定主症状和派生症状，找出造成问题的主因和诱因，从而确定心理问题的由来、性质、严重程度，确定其在症状分类中的位置，并形成明确的诊断。

（三）咨询方案的制订

咨询方案是心理咨询实施的完整计划，它是心理咨询进入实施阶段时必备的文件。主要包括以下两个方面。

1. 制订咨询目标　心理咨询的目标，就是心理咨询所追求的结果与所要达到的目的。咨询目标的确立，须根据来访者心理问题的性质和程度，通过与来访者共同协商，确定优先解决的问题，为其制订的目标必须是属于心理学范畴的、积极的、具体或量化的、可行的、可以评估的、双方接受的、多层次统一的。

2. 选择咨询方案　咨询方案的选择，包括咨询方法的选定以及为实施这些方法而制订的具体计划。解决来访者心理问题的咨询方法有很多种，如支持疗法、行为疗法、认知疗法、催眠疗法等。每种咨询方法都有它的针对性，并有其相应的实施过程。应根据目标及患者接受与否等情况进行相应方法的选择，并据此制订详细的操作计划。

（四）实施方案

咨询师根据制订的方案，结合自己的理论倾向，针对来访者的问题，灵活运用各种咨询技能，或引导宣泄，或改变来访者认知，或通过鼓励和支持来促进来访者自信和积极行为的增长，也可以将几种方法结合起来使用。

（五）结束关系

咨询若干次达到预期目标后，咨询活动即可暂告结束。咨询人员要在退出自己的角色之前，帮助来访者练习和掌握新的方法和经验并运用到日常生活中去，从而达到在结束关系之后，来访者不需要他人帮助，自己也能化解遇到的困扰。结束咨询关系之后，如有可能，应进行追踪研究，观察咨询的长远效果，以不断总结经验，提高咨询水平。

第二节　心理咨询基本技能

一、建立咨询关系

咨询关系是指心理咨询师与来访者之间的相互关系。只有在相互信任、彼此接纳的良好关系里，咨询师才能收集到真实、可靠的资料，这是心理咨询的起点和基础。任何心理咨询学派的理论和方法，都必须以这种良好的关系为平台。咨询师对于咨询关系的建立和发展负主要责任。

初次会谈时，咨询师应仪表整洁、姿势端正，热情而礼貌地接待来访者，对咨询的性质、限度、角色、目标及保密性等向对方做出解释和保证。咨询过程中应始终保持尊重、热情、真诚、共情和积极关注等态度，建立和维持良好的咨询关系。

（一）尊重

尊重就是心理咨询师在价值、尊严、人格等方面与求助者平等，把求助者作为有思想感情、内心体验、生活追求和独特性与自主性的活生生的人去看待。尊重态度的表达应做到对所有的来访者待之以礼，一视同仁。在咨询过程中应当信任对方，当来访者因顾虑而出现言语上的一些矛盾，应协助其予以澄清，而不可简单地认为来访者不诚实。对于咨询过程中暴露的来访者的秘密和隐私，咨询师务必要做到为其保密，而对于那些与咨询内容关系不大的隐私，咨询师则不应去探问。当咨询师遇到不同意来访者言行的情况，应视咨询关系建立的状况，适当表明自己的意见，并让来访者充分体会到咨询师对事不对人的出发点。

尊重，其重要意义在于可以给来访者一个安全、温暖的氛围，使其最大程度地表达自己。尊重还可唤起来访者的自尊心和自信心，获得一种自我价值感，起到开发潜能的作用。

（二）热情

热情的态度容易拉近咨询师与来访者之间的心理距离。热情与尊重相结合，可使咨询过程做到情理交融，对来访者的影响也更为深刻。咨询师热情的态度应贯穿于整个咨询过程，表现为初次来访时的关切、注意倾听来访者的叙述、咨询时的耐心、认真和不厌其烦，以及咨询结束时的叮嘱和感谢等。

热情是一个优秀咨询师的必备素质，缺乏热情只能使咨询变成一种冷冰冰的工作，咨询效果也就很难实现。咨询师只有对来访者充满爱心和关切，才能最大程度地表达出对来访者的热情和温暖。

（三）真诚

真诚是指咨询师对求助者的态度真诚，咨询师以“真诚的我”的角色帮助求助者，没有防御式伪装，在咨询过程中表现出表里如一，真实可信地置身于与求助者的关系之中。但在具体表达真诚时还应该考虑到咨询关系及来访者的特点，本着对来访者负责的态度。

比如，咨询过程中有害于来访者或有损于咨询关系的话，就不宜直接表达；真诚的自然流露也应注意适度的原则，不能用于发泄自己的情感；真诚还表现为咨询师有充分的自知之明，能承认并接受自己的不足，不做不懂装懂的事。

真诚是咨询师的基本素质，是建立在对人有基本信任、对来访者充满关切和爱护的基础上，同时也是建立在接纳自己、自信谦和的基础上的。

（四）共情

咨询师对求助者内心世界的理解及体验就是共情。通过共情，咨询师能够深入来访者的内心，体验其情感、思维，并把握其体验与其经历和人格之间的联系。咨询师还可以运用咨询技巧，把自己的共情传达给对方，以影响对方并取得反馈。

共情能让咨询师设身处地地理解来访者，从而更准确地理解材料。来访者感到自己被理解和悦纳后产生的愉快和满足的情绪，会使咨询关系进一步拉近。在此基础上，彼此的交流才能更为深入，咨询的效果也得到大大地提高。

（五）积极关注

积极关注是指对来访者的言语和行为的积极面予以关注，从而促进其拥有正向价值观。任何人的身上都不会全是缺点，总会有一些优点或长处的，而当来访者在面临挫折、困扰时，常常出现“一叶障目，不见泰山”。咨询师的积极关注往往能帮助他们全面地认识自己和环境，看到自己的长处和对未来的希望，从而逐渐树立信心，消除迷茫。

二、心理咨询基本技能

（一）引导宣泄

宣泄是指将郁积许久的压力、痛苦和变态行为通过多种形式释放出来。它能较好地释放出来访者积蓄的负性能量，可以达到缓解其内心的紧张、减轻其心理压力的目的。

宣泄能让人获得一定程度的精神解脱，其心情也能逐渐平复下来。在咨询过程中，咨询师应让来访者意识到宣泄的治疗作用，并在良好咨询关系的基础上，引导来访者将心中的积郁和痛苦通过倾诉、运动等形式进行宣泄。该技能在帮助来访者缓解压力的同时，也为咨询师了解来访者心理问题的性质、原因和程度提供了信息来源，也只有在来访者心情逐渐平静的基础上，他才可能有所领悟，有所改变。

（二）帮助领悟

咨询过程中，咨询师应帮助来访者，全面深刻地认识自身问题是如何产生的，为什么持续存在，如何解决。此过程常会使来访者在认识上有很大的飞跃，使其能主动积极地协调自我与环境的关系，改变某些偏见与消极的行为方式，防止和减少不良情绪对心身的危害。因此帮助领悟是咨询师引领来访者克服其问题的关键。

（三）强化自我控制

不良的思维协调方式或情绪等一旦形成，就会常常以无意识的状态影响着个体的心理反应和行为方式。行为主义心理学派认为，人可以自我评价行为，进行自我奖赏和批评，自我强化；可以调节控制自己的行为。因此，在咨询过程中咨询师应让来访者意识到自己可以控制自己的心理和行为，并用日记等作业形式来强化自我管理和自我控制，从而达到逐渐破除某种不良情绪状态和行为方式对自己的禁锢，协调个人与环境的关系，最终获得内心的和谐。

（四）增强自信

自我怀疑和对自己的能力失去信心，常常使人们陷入焦虑和沮丧等情绪困扰当中。长期自信心丧失，则会形成自卑的个性特征，容易在稍遇挫折时就心理失衡，对个体能力发展和心理平衡造成很大的负面影响。对于此类来访者，最关键的任务就是要促其改变对自己的错误认识，增强自信心。来访者一旦找回了自我价值，压力就会减少，症状也就会消失。在咨询过程中，咨询师可以引导来访者逐渐树立积极的自我形象和健康的生活态度，促使其学会以乐观的态度对待人生，积极面对生活，有效地应对生活中的忧愁与烦恼，使其不断走向心理成熟。

第三节　心理咨询师

一、心理咨询师的条件

（一）精湛的业务能力

心理咨询不是靠良好的愿望、热情和一般常识来安慰、劝说那些处于困境的来访者的，不得要领的安慰有时反而引起他们的反感和阻抗。心理咨询是有自己的理论、方法与技术的一门专业，从事心理咨询工作的人，必须经过专门的培养与训练，取得合格证书后方能上岗工作，同时还要在心理咨询的实践活动中，不断提高自己的业务水平，才能成为一名合格的咨询人员。

1. 掌握心理咨询的专业理论　按照国家职业标准规定，心理咨询人员应有扎实的心理学理论功底，掌握普通心理学、发展心理学、社会心理学、心理咨询学、心理健康和心理障碍、心理测量学、职业道德和相关法律等方面的基本理论知识，同时还要在正规培训后掌握心理测验、心理诊断和心理咨询的相关操作技能，并通过国家统一的资格考试，方可取得执业资格。也只有如此，心理咨询工作才是真正建立在科学理论指导的基础之上。

2. 发展多方面的知识结构　来访者的问题会涉及很多方面，如人生观、世界观、价值观问题，人际关系问题，人格发展与社会适应问题，青春期生理、心理问题，恋爱婚姻问题等。这就要求咨询人员的知识结构要全面。心理咨询师不仅要有专业的心理学知识，还应掌握教育学、社会学以及基础医学等方面的知识，同时还要以唯物主义的世界观为指导，以历史、逻辑、现实相统一的发展观为思维方法，并在咨询过程中始终保持中立的态度，才有可能给来访者以正确的启发和引导。

3. 积极参加心理咨询的实践活动　心理咨询师必须积极参加心理咨询的实践活动，才能将理论知识与实践能力有机地结合起来，进一步丰富心理咨询经验，提升业务水平。只有通过不断的积累，心理咨询师才能更有效地理解来访者的困境是如何形成的、矛盾和冲突的根源在哪里，有针对性地协助他们发现问题，引导他们走出困扰，促进人格的成长。

（二）良好的心理素质

1. 品格　心理咨询是一项助人的工作，从事这项工作需要付出时间和精力，需要对来访者的理解、同情、关怀，因此从事心理咨询事业必须拥有正确的人生价值观，有一颗乐于助人的爱心，做一个有利于社会和他人的人。

2. 强烈的责任心　心理咨询师面对的虽是心理上的困扰，可是如果得不到正确处理，也会造成严重的后果。心理咨询师必须对来访者负责，注意自己的言行，不能使来访者感到“雪上加霜”。另外，心理咨询师应有自知之明，明白自己的擅长领域及短板，对于自己能力不足的咨询，不能欺骗求助对象，而应向来访者说明，并转诊。

3. 善于容纳他人　来访者只有在被接纳的氛围下，才能敞开心扉，尽情诉说自己的困扰，这样自由、安全的咨询气氛，既有利于营造和谐的咨询关系，也有利于来访者心理问题的解除。所以善于容纳他人既是个人的性格特点，也是心理咨询师的职业需求。

4. 良好的自我平衡能力　咨询师每天从来访者那里接受了大量的负面信息，这些信息进入咨询师大脑，难免影响心情。另外，咨询师自己在生活中也会遇到各种矛盾和冲突，也会出现心理困扰，但咨询工作要求咨询师必须保持相对的心理平衡，所以心理咨询师必须要有良好的自我平衡能力，能将来访者带来的不良情绪迅速排除，也能较快从自己的心理冲突中走出来，只有具备这样心理素质的人才能胜任心理咨询工作。

二、心理咨询师的前景

国际卫生组织认为，每千人拥有一个心理咨询师是“健康社会的平衡点”。在美国，每千人就有一名心理咨询师，有30%的人定期看心理医生，80%的人会不定期去心理诊所。许多家庭都有自己的私人心理医生。心理治疗还被纳入医保体系，费用可以报销。在我国，心理咨询的专业人员十分匮乏，有数据显示每100万人中只有2.4人，而社会的需求量却十分巨大。据调查，13亿人口中有各种精神障碍和心理障碍患者达1 600多万，中国有1.9亿人一生中需要接受心理咨询和心理治疗，1.5亿青少年人群中受情绪和压力困扰的就有3 000万。为满足人们心理咨询的需要，国家在政策层面做出了如下要求：三级甲等医院均要求成立心理科，中小学学校也都要求开设心理咨询室，配备心理咨询师，监狱、劳教场所、强制戒毒所、大型社区、基层派出所、110指挥中心、外资企业及国内大型企业等均要配备专职心理危机干预人员。这就为心理咨询师提供了一个广阔的施展才华的舞台，其就业前景十分看好。

思考题

1. 试述心理咨询的程序。
2. 简述如何建立良好的咨询关系。
3. 案例分析：王某，女，20岁，大学二年级学生。自幼在外婆身边长大，高中时才被父母接回身边，成绩一直不尽如人意，后考入一职业院校。入校一年后，已出现多门挂科现象。王某觉得自己不仅成绩差，其他方面也没有特长，觉得自己特笨，什么也学不好，不敢与别的同学交流，十分困扰。

请分析王某主要是什么问题，应如何进行心理咨询？

参考文献

［1］郭念锋．心理咨询师（基础知识）［M］．北京：民族出版社，2012.

［2］郭念锋．心理咨询师（二级、三级）［M］．北京：民族出版社，2012.

[3] 郭争鸣，杨小兵．医护心理学［M］．北京：北京大学医学出版社，2011.
[4] 胡佩诚．医护心理学［M］．北京：北京医科大学出版社、中国协和医科大学出版社，1998.

（湖南中医药高等专科学校　刘红云）

第十二章 心理治疗及其常用技术

学习目标

1. 掌握一般性心理治疗、询者中心疗法、认知疗法、暗示疗法。
2. 熟悉精神分析治疗技术、行为治疗技术。
3. 了解心理治疗的概念、原则、程序和适应范围

第一节 心理治疗概述

一、心理治疗定义

心理治疗是指以临床心理学的理论系统为指导，以良好的医患关系为桥梁，运用临床心理学的技术与方法治疗患者疾病的过程心理。可见，心理治疗是向对方施加心理上的影响，解决心理上的矛盾，达到治疗疾病、恢复健康的目的。在医学实践中，心理治疗与手术、药物等治疗方法一样具有良好的治疗作用。人类自身具有巨大的潜能，如果利用得当，可发挥出极大的威力，将这种力量用在治疗上，不仅可治疗心理疾病，而且对生理疾病也具有一定的疗效。在缺乏某些医疗设备而无法进行医学治疗时，心理治疗也能发挥重要作用。

二、心理治疗简史

传统中医中曾有祝由科，就是利用心理方法治疗疾病，可惜未能传承，但也留下了一些行之有效的心理治疗手段，如“悲胜怒、恐胜喜、怒胜思、喜胜悲、思胜恐”的情志相胜治则；“告之以其败，语之以其善，导之以其所便，开之以其所苦”的疏导式心理治疗。古希腊和古埃及也非常重视心理治疗的作用。19 世纪末至 20 世纪初麦斯麦的催眠疗法风靡西方，随后弗洛伊德的精神分析疗法广泛传播。继之至 20 世纪 50 年代，行为疗法、人

本主义来访者中心疗法、森田疗法、认知疗法、生物反馈疗法如雨后春笋，层出不穷。

三、心理治疗原则

心理治疗的方式方法很多，每种治疗方式和方法均有自身特点，但亦有一些普遍性的原则，掌握心理治疗的普遍性原则是确保治疗效果的关键。

1. 接纳性原则　即对所有求治的心理“患者”，不论何种心理疾患，都应能采取接纳的态度，一视同仁，不歧视某些心理“患者”，不带入自己的情感等。

2. 共同参与原则　心理治疗不同于药物、手术等治疗，需要双方的配合，因此，患者的参与就十分重要。患者能积极参与，医患双方就能建立起共同的意愿，彼此形成充分信任和密切合作的关系，这是心理治疗成功的关键。

3. 针对性原则　心理治疗应从不同患者的实际情况出发，根据不同个体、不同症状、不同阶段，采取相应的治疗方法，有的放矢、对症下“药”、精心医治以解求治者的心理症结及痛苦，促进其人格健康发展、日臻成熟。

这三个心理治疗的原则是相辅相成的，它们共同构成一个有机的整体，医生在进行心理治疗的过程中要将其进行结合，在其指导下对患者进行治疗，帮助患者重新拥有健康的身心。

四、心理治疗程序

1. 问题探索阶段　是指与患者首次接触的初始时期。此期应注意以下问题：①通过真诚、尊重、共情等，获取患者的信任，与其建立良好的医患关系。②认真收集资料。要求患者或其家属详细填写病史，主要包括疾病发生和延续、当时情境、症状、人际关系、学习工作和生活经历、习惯等，这可使患者理清思路，明确求治的目的，也可使医生摸清患者心理社会背景，探索问题的前因后果，评定问题的严重程度。③进行必要的检查。无论何种患者，都需要进行心理检查，这一方面可明确诊断，另一方面可增强患者及其家属的信任感。④巩固求助动机。树立对心理治疗的信心，渴求心理治疗帮助，是取得良好疗效的关键。此期应加强对患者心理治疗目的、意义、方法与效果的宣传解释，可运用成功案例鼓励患者积极配合治疗。

2. 分析认识阶段　是指对前一阶段了解的资料进行分析和综合，找出关键问题，然后与患者一起制订治疗方案和计划的阶段。通过询问和提出问题要求患者自我解释，要充分调动患者配合治疗的积极性。

3. 治疗行动阶段　也就是根据方案，执行和实施计划的阶段。以一定的治疗理论为依据，结合患者具体实际，通过解释、分析、指导和训练影响患者。此期要求患者积极参与，产生出理解、领悟、模仿，形成新的行为模式和认知方式，从而朝着治疗目标转变。

4. 结束巩固阶段　根据上一阶段取得的疗效，调整治疗方案，明确新的训练目标，布置适当任务和作业，鼓励患者继续努力，朝完全康复的方向前进。

五、心理治疗适应范围

1. 精神心理障碍的患者　包括神经衰弱、焦虑症、强迫症、抑郁症、癔症、恐怖症在内的各类神经症性障碍，以及恢复期精神分裂症等精神科疾病患者。

2. 行为问题的患者　包括性功能障碍、人格障碍、毒瘾、烟瘾、酒瘾、尿床等各类不良行为的矫正等的患者。

3. 社会适应不良的患者　即存在自卑、自责、自残、自杀、攻击等适应困难的人等。

4. 有发展需要的人　希望提升自信、增强抗挫折力和人际交往能力、提升学业的人等。

5. 综合医院有关的住院或门诊患者

（1）心身疾病患者：心理因素作为主要致病原因的心身疾病毫无疑问是需要以心理治疗的方法来治本的。可以针对致病心理因素，通过消除或缓解患者的心理应激，减轻患者疾病症状，改变疾病发展方向，促进康复。也可以针对疾病的病理过程采用心理学矫正措施，如肢体瘫痪患者肌电反馈治疗、高血压患者的放松训练等。

（2）急性疾病患者：急性心肌梗死等患者往往由于起病急、病情重而出现较强烈的焦虑、抑郁、恐慌等心理反应，这种强烈的心理反应往往又会加重病情，因此在给予临床医疗紧急处置的同时，还应同时进行一定的心理治疗，如给予心理支持疗法、松弛疗法，帮助患者降低心理应激强度，增强战胜疾病的信心。对于急性患者的针对性心理治疗则应在疾病基本控制的基础上伺机进行。

（3）慢性疾病患者：类风湿、慢性肾炎等患者由于病程长，长期的患者角色使其社会功能减退，往往会出现较多的心理问题，这些心理问题也会对疾病康复带来负面影响。因此及时给予支持疗法和行为治疗是十分必要的。如伤残患者康复中的生物反馈治疗、慢性疼痛患者的行为矫治疗法等。

人本身有很强的自我治愈能力，因此上述几类患者也可运用心理治疗方法调动人的潜能，直接针对疾病本身进行治疗。

第二节　常用心理治疗技术

心理学流派众多，每个流派均有自己的治疗技术，因而心理治疗技术也多种多样，但近年来心理学家在进行心理咨询和心理治疗时出现了整合的趋势，即不局限于某一家的治疗方法，而是根据患者的状况采取灵活的治疗方式。下面介绍一些心理学中常用的心理治疗技术。

一、一般性心理治疗

一般性心理治疗又称精神支持疗法，是护理领域应用最多的一类心理治疗方法。

1. 解释和指导　以医学心理学的原理为依据，向来访者说明道理，讲清问题的原因、性质、程度、处理方案及转归等。

2. 鼓励与安慰　提高对人生价值的认识，帮助他们振作精神，增强信心，增强应付各种危机的能力，更好地适应社会。

3. 保证和支持　以充分的事实为依据，用充满信心和坚定的语气，向他们提出保证，以消除其紧张与焦虑情绪，客观对待自身的问题。

4. 教育及疏导　某些问题常常是由于来访者的无知或偏见引起的，要及时给予心理卫生知识的教育，使其端正认识，消除顾虑，培养良好的生活习惯，这样可使疾病不治而愈，恢复健康。

支持性心理治疗的核心是支持，人之所以生存是需要支持的，有时也称之为支撑或支撑点，这种支撑点可来自内部，也可来自外部，来自内部的支撑效用更强。当人有了内部支撑的时候，可显示出顽强的生命力。

二、精神分析疗法

（一）理论基础

精神分析疗法起源于弗洛伊德的心理动力理论，以潜意识的理论为基点，弗洛伊德认为，如能设法将潜意识的东西进入意识中来（如自由联想），然后通过自我认识，以摆脱心理问题和不良情绪。

弗洛伊德将人的心理活动分为三个层次：潜意识、意识和前意识。潜意识是个体不能感知的那部分心理活动，是人体的本能欲望和压抑在其中的心理冲突，这些欲望和冲突人感知不到，也未消失，而是潜藏在潜意识中，具有强大的心理能量；意识是个体能够感知到的那部分心理活动，是理性的，受到现实社会的制约；前意识是需经过集中注意或加以提醒方可感知的那部分心理活动，它处于潜意识和意识之间，潜意识的内容只有经过前意识才能进入到意识。

弗洛伊德假定人格是由三部分构成的，即本我、自我和超我。本我是人格中最原始的部分，处于潜意识的最深层，包括生物性的各种本能冲动，是无理性的，遵循的是“快乐原则”，是人类行为的动力源泉。自我是现实化了的本能，存在于意识之中，它既要对本我起监督作用，顺应外在的现实环境；又要在社会允许方式下，指导自己的行为，来满足本我的需要，它遵循“现实原则”，在本我和超我中起调节整合作用。超我即理想的自我，是由社会规范、伦理道德和是非观念等内化而成的，遵循的是“道德原则”，被认为是人格中最文明的一部分。弗洛伊德认为，在一个健康的人格之中，本我、自我、超我三者的作用是平衡的。如果本我、自我、超我三种力量不能保持这种动态平衡，则将导致心理失常。

（二）治疗方法

1. 自由联想　在了解患者基本情况之后，启发患者将其想到的一切（如生活、家庭关系、人际关系、工作、爱好等）都畅所欲言地、尽情地倾诉出来。无论陈述的内容是否关联，是否符合逻辑，均任其随想随说。在心理医生的引导下，患者进入往事回忆之中，内心世界中的潜意识就会涌现出来。当患者突然出现联想障碍时，往往表示这就是心理问题的症结所在，精神分析称之为阻抗。心理医生此时的任务就是要帮助患者克服阻抗，将潜意识中的冲突宣泄出来，从而达到排除心理障碍的治疗目的。

2. 梦的解析　弗洛伊德认为，潜意识中的心理冲突有三条表现途径，即梦、失言和神经症。梦是代表着一个人的愿望的满足。结合来访者的梦境做出分析和判断，以帮助来访者将被压抑到无意识中的本能欲望挖掘出来，从而悟出心理矛盾冲突的“症结”所在。对来访者的自我进行结构上的改造，用移情的方法把来访者早年形成的病理情结加以重现，帮助他们解释这些矛盾冲突的性质，使其改用新的态度与方法去适应生活。

精神分析疗法的缺点是夹杂了不少不能自圆其说的内容及纯属主观的臆测，有牵强附会的色彩，而成为后人抨击的焦点。

链接

我国朱建军教授在此基础上创立了一种意象对话技术。他认为有时我们头脑中的表象是具有一定意义的，是有意义的表象，他称之为意象；意象来自于人的潜意识，有时人的意识不能理解，甚至感到困惑。而意象对话是一种潜意识层次的对话，心理咨询和治疗是在人格的深层进行的，是用原始认知方式进行的，它是一种“下对下”的心理治疗。使用者和来访者的关系，就像两个不使用逻辑思维的原始人。这种方式诊断容易，可以迅速探明来访者的心理问题；利于建立医患关系并减少阻抗；与精神分析治疗方式相比，治疗时间更快；甚至可以在不了解病史和生活史的情况下进行治疗。

三、行为疗法

（一）理论依据

1. 巴甫洛夫经典神经反射学说　认为人和动物的心理活动，包括人的一切智慧行为和随意运动都是在无条件反射基础上形成的条件反射。

2. 斯金纳操作条件反射学说　自发性行为在前，强化在后，即有机体的行为反应是从自身先发出来的，个体行为表现的频率随该行为的结果变化而变化。与经典条件反射实验相比，操作反应是自发性的，虽有条件刺激和条件反应，但无明确的非条件反应出现。

3. 班杜拉模仿学习理论　即人的行为可以通过观察他人的行为而获得，当他人的某一行为遭受惩罚时，这一行为的频率降低；而当这一行为得到鼓励或没有受到惩罚时，行为的频率会增加。

这些理论认为人们的异常行为既然像正常行为一样可以通过学习获得，那么也能通过另一种学习使之消失，各种疾病（无论是精神的还是躯体的）均可视为某一部分的活动（或行为）异常，都可以通过对这一活动（或行为）的矫正而得以治疗。

行为疗法的实质就是抓住来访者所显露的问题，以先改变行为的方法来影响其情感的调节，又称行为矫正疗法、学习疗法，在医学、教育界等有广泛的应用。

（二）适应证

1. 神经症　如强迫症、恐怖症、焦虑症等。
2. 成瘾　如药瘾、网瘾等不良行为的矫正。
3. 人格障碍的适应不良性行为　如反社会行为、人际交往障碍等。
4. 儿童或成人的各种不良行为　如遗尿、口吃、赌博、吸烟等。
5. 心身疾病　如高血压、冠心病、哮喘病、偏头痛、神经性厌食等。
6. 各种性功能障碍和性行为异常　如阳痿、早泄、恋物癖、施虐狂等。

（三）行为治疗的种类

1. 系统脱敏法　创于20世纪50年代，是整个行为疗法中最早被系统应用的方法之一。实施这种疗法时，一要教会患者放松，二要了解患者的靶行为，即患者的异常行为表现是由什么样的刺激情境引起的，将引起患者异常行为的情境按由弱到强分级，一般分为五到七级，先呈现最弱的刺激，当患者产生反应时要求其立即放松，直到对这一情境不再产生焦虑或紧张反应；再呈现下一情境，如此反复直到把最强烈的焦虑反应（即我们所要治疗的）也予以消除（即脱敏）。这样患者重新建立了一种接触特定刺激而不再敏感的正常行为，这就是系统脱敏疗法。它在临床上多用于治疗恐怖症、强迫性神经症及某些适应不良性行为。

2. 冲击疗法（满罐疗法）　是使患者一次性充分置身于致病因素之情境中，即使反应强烈，处于恐惧欲逃的状态，也不准其离开，直至紧张感消失为止。这是基于人的紧张或焦虑状态达到顶点之后，即使持续刺激，人的紧张或焦虑状态维持一段时间后必然下降，从而达到治疗目的。但这一方法存在较高风险，慎用。

3. 厌恶疗法　是一种帮助人们（包括患者）将所要戒除的靶行为（或症状）同某种使人厌恶的或惩罚性的刺激结合起来，通过厌恶性条件作用，从而达到戒除或减少靶行为出现的方法。通常采用的厌恶刺激有疼痛刺激、催吐剂、噪声、气味等，在临床上多用于戒除吸烟、吸毒、酗酒、各种性行为异常和某些适应不良性行为等。

4. 代币强化法　是通过阳性强化达到治疗效果的一种行为疗法，在患者做出预期的良好行为表现时，马上给予奖励，即强化，从而使患者所表现的良好行为得以形成和巩固，同时使其不良行为得以消退。用代币作为强化物的优点在于不受时间和空间的限制，使用起来极为便利，只要患者出现预期的行为，强化马上就能实现。并且在患者出现不良行为时还可扣回代币，使阳性强化和阴性强化同时起作用而造成双重强化的效果。代币强化法不仅可用于个体，而且可在集体行为矫治中实施。这一方法在生活中也有广泛应用，网络游戏、商场积分等都是这一方法的应用。

5. 生物反馈疗法　是用现代仪器监测系统，将生物体内的生理变化和内脏活动情况（如血压、心跳、体温等），及时地提供或反馈给受试者本身，受试者根据这些信息自我调节和控制机体功能，使之达到理想的水平。经过反复强化，从而起到治疗疾病的作用。

四、询者中心疗法

询者中心疗法，也称以人为本的中心疗法。产生于20世纪40年代，是美国心理学家卡尔·罗杰斯（C. R. Rogers）所创建，20世纪60年代起被广泛运用。

1. 基本理论　罗杰斯认为，心理治疗是一种潜在的、有竞争力的个体身上已存在的能力的释放。认为如果咨询满足三个条件，即和谐的咨询关系、咨询师对求助者无条件积极关注、咨询者对求助者共情的理解，求助者身上“已存在的能力”就有可能释放出来，从而达到“治疗”的目的。

2. 疗法特点　①称患者为“来访者”“咨客”“询者”。②以来访者为中心，引导治疗对象抒发自己的情感，发挥本人的潜能。③不注重治疗的技巧，只注重治疗的环境与气氛。④注重人格发展过程中的改变，而不是人格结构的改变。其治疗的效果主要与治疗者的态度有关。

如上所述，询者中心疗法并无确切的治疗方法，这一治疗方法更像是一种双方参与的探险，双方袒露自己的内心，追求共同的成长经验。这一疗法所强调的咨询的三个条件，已经为所有心理咨询理论所认可，运用于实践之中。

五、认知疗法

认知疗法产生于20世纪60~70年代，是根据人的认知过程，影响其情绪和行为的理论假设，通过认知和行为技术来改变求治者的不良认知，从而矫正并适应不良行为的心理治疗方法。

（一）理论基础

1. 认知影响行为　在现实生活中，人们遇到同样的问题或情境，往往会有不同的理解和认知，从而产生不同的行为。所谓认知，一般是指人的信念和信念体系，简单地说，就是一个人对某事或某对象的看法。例如，同样的社会，有人认为是天堂，有人认为是地狱。所以，关键不在这个"社会"客观上怎样，而在于如何去看待，不同的认知产生不同的情绪，从而影响人的行为反应。看到光明的人会看到自己未来的希望，也对此充满自信，从而加倍努力；反之则不然。因此，认知疗法强调，一个人的非适应性或非功能性心理与行为，常常是其不正确的认知决定的。因此，要改变行为，首先要改变认知。

2. 认知重构　认知疗法认为人的认知影响人的情绪和行为，如果能改变人的认知，就能改变人的不良情绪和行为，这一过程称为认知重构。

（二）主要方法

1. 合理情绪疗法　20世纪50年代由美国心理学家艾利斯（Ellis）创立，其核心是ABC理论。A指外界的刺激性事件（activating），B指患者内在的非理性的认知系统（belief）；C指出现在患者身上的情绪和行为结果（consequence）。艾利斯认为，人们情绪不良的主要原因是中介因素B而非A，通过指出患者认知系统中的非理性成分、各种练习和家庭作业，促进不良认知的矫正，达到治愈不良情绪、行为的目的。

2. 阿伦·贝克和雷米的认知疗法　贝克和雷米均认为，导致不适应行为和情绪的根本原因是错误的认知过程和观念，前者关注的是错误的认知过程和在此过程中产生的错误观念，后者则主要强调这些错误观念的存在状态。具体的操作模式为：①建立咨询关系；②确定咨询目标；③确定问题：提问和自我审查技术；④检验表层错误观念，主要是通过建议、演示和模仿进行；⑤纠正核心错误观念：语义分析技术；⑥进一步改变认知：行为矫正技术；⑦巩固新观念：认知复习。

3. 梅肯鲍姆的认知行为矫正技术　这一疗法的基本前提是求助者必须注意到自己是如何想的、感受的和行动的，以及自己对别人的影响。要发生改变，求助者需要打破行为的刻板定势。梅肯鲍姆认为，一个人的自我陈述在很大程度上与他人的陈述一样能够影响个体的行为，因而在训练中更多注意帮助求助者察觉他们的自我谈话，训练他们做自我陈述与矫正，给自己指导，从而使他们能有效地应对所遇到的问题。

六、催眠暗示疗法

一般认为，人可以影响肌肉、骨骼等的活动，而不能影响由自主神经控制的如内脏、内分泌腺等的活动，但在现实生活中，人们发现某些人经过训练可以主动控制自己的内脏活动，如印度的瑜伽师可以让自己的心脏跳动按照自己的意愿进行。这说明人是可以影响由自主神经控制的脏器的活动的。但这一疗法的理论基础尚无定论。

1. 催眠历史　催眠是一种类似睡眠但实非睡眠的一种意识恍惚状态，其历史和人类一样古老，早期有记载的系统运用催眠进行治疗的是伽斯纳神父，他宣称能接受上帝的旨意而驱除病魔。1772 年，弗朗兹·安东·麦斯麦医生在巴黎运用磁流理论治疗患者，到 19 世纪中叶，一名叫布雷德的医生研究催眠现象后，认为催眠实质上是一种心理现象，并创造了“神经催眠”术语，由于布雷德医生的努力，催眠开始与医学结合，并逐渐得到推广运用。

2. 疗法特点　催眠疗法是通过催眠师的诱导将人导入到催眠状态，在这一状态下，被催眠者可最大限度地接收催眠师的指令，这时催眠师运用暗示性的语言、动作等对被试施加影响，达到治疗的目的。

很多人听到“催眠”这一词，就认为催眠似乎是帮人入睡，其实催眠状态并不是睡眠状态，但通过催眠可解决个体的睡眠障碍。此外，催眠可用来增强记忆、提高自信、开发潜能、增强体质、美容等。在医学领域，几乎所有疾病均可运用催眠疗法进行治疗，因而具有广泛的应用前景。

3. 治疗方法　催眠主要通过暗示进行治疗。根据暗示的效果可分为积极的暗示和消极的暗示，积极的暗示促进健康，而消极的暗示可能影响人的健康。

链接

有一名患者经过治疗，疾病已经基本痊愈，即将办理出院手续，但他本人并不知情，因此向一护士询问：“医师我怎么样了？”护士因正忙着给另一患者做检查并随口答道：“你快了。”结果当天晚上，该患者的病情急剧恶化，后经及时抢救才脱离危险。

根据暗示运用的材料不同，可分为语言暗示、药物暗示、操作暗示。语言暗示，顾名思义，就是用语言给他人进行暗示，如我们可在给患者按摩时说：“当我按到你的这个穴位时，你会感到酸痛。”第二次世界大战中，苏联药物奇缺，特别是止痛药，有个医生看到受伤的士兵异常痛苦，心中不忍，就给他们进行了注射，并告诉他们是止痛药，结果发现有近 50% 的士兵神奇的止痛了。运用安慰剂达到了药物的效用，这就是药物暗示。笔者有个朋友，有肩周炎，某天相聚的时候发作了，疼痛难忍，笔者虽然不懂得按摩，但因在中医药学校工作，他以为我也擅长于此，要我帮他，我装模作样按了几下，居然止痛了，这就是操作暗示；某些行为，可能没有治疗的作用，但却可能有治疗的效果。

催眠暗示治疗的机制尚有争论，但这一疗法现逐渐受到重视，催眠治疗的具体方法有很多种，但归根溯源有以下几种：一是传统催眠，也称为父式催眠，这种催眠方式采用直接暗示，语气带有命令性，适合于感受性高的群体，效果较好；二是艾瑞克森式催眠，也称为母式催眠，一般用间接暗示，语气委婉，不易使人产生阻抗，适应的人群广，但也给人不够坚定的印象，有时效果会受到影响。其他的催眠方式，大体不离开这两种，或是这两种的结合，在实践运用中，应根据个体特点灵活运用。

思考题

1. 支持疗法的核心是什么？
2. 某患者即将离世，但家属不在身边，他将自己最后的愿望托付给你，希望你能帮他完成，这时你应如何处置？
3. 在今后的医疗实践中，可在哪些方面运用暗示疗法？

（湖南中医药高等专科学校　杨小兵）

第十三章 患者心理

学习目标

1. 掌握患者角色的概念，患者一般心理需要，患者常见的心理活动。

2. 熟悉影响患者求医行为的主要因素，危重患者的心理活动和患者常见心理问题。

3. 了解慢性病患者和手术患者的心理特点。

第一节 患者角色

在患病的情况下，除患者机体出现生理功能紊乱和病理生理的改变外，也会因不同的疾病、不同的个体出现不同的心理反应，会对其认知过程、情绪状态和人格特征等方面产生影响。因此，研究患者的心理变化规律，有利于及时认知患者的心理需要和心理反应，及时调整患者不健康的心理行为，有利于协调医患关系，提高医疗服务质量。

一、患者角色

患者角色又称患者身份，是指有生理或心理异常，有求医行为和治疗行为的社会人群，并且有特殊的权利、义务和行为模式。患者也是一种社会角色，确认患病本身就意味着一个人从原来的社会角色转为患者角色，具有了与该病相符合的特定的社会地位，受到社会的关心和照顾，享受特殊待遇，并要遵从社会所规定的该疾病患者的权利、义务和行为规范。

任何人的一生中都有伴随患者角色的可能。个体从其他社会角色转化为患者角色，在社会适应能力、健康状态、心理活动上都有较大转变。如果患者按照角色要求行事则适应良好，有利于健康和角色转化；否则，就会发生角色适应不良和角色转化障碍等。因此，医护人员在对患者进行医疗护理的同时，要创造条件促进患者角色的转化，维护患者的权利。

二、患者行为

患者行为指人患病后所产生的与疾病或病症相对应的心理反应和活动方式，贯穿于从有病开始到疾病痊愈，摆脱患者角色的全过程。一般分三个阶段，即疾病觉察行为阶段、求医行为阶段和遵医行为阶段。

1. 疾病觉察行为　也称病感，指对疾病和症状的主观感受，是导致个体求医的直接因素。疾病主观体验与医生对疾病的实际判断，有时会发生认同差异。如有人病感很严重，医生却认定疾病很轻，而有些人无病感，医生却认定疾病很严重。

2. 求医行为　即求助于医务人员的帮助，它是患者角色行为的主要方面。求医行为亦是一种社会行为，一旦采取求医行为，就是向社会认可自己是患者。

3. 遵医行为　是指求医行为发生后，患者行为与医嘱的符合程度。遵医行为一般分为两种类型，即完全遵医行为和不完全遵医行为。

三、患者求医行为基本类型

由于心理社会等各方面因素的影响，患者求医行为有两种类型：

1. 主动就医行为　即患病后主动寻求医疗帮助，是大多数患者采用的正常就医情况。还常见于一些对自身健康特别关注的个体、疑病症个体、有药物依赖的个体等。

2. 被动就医行为　即患者是在亲戚朋友的劝说、督促或强迫下寻求医疗帮助的行为。被动就医多发生在有病感而不愿或不能主动求医者，缺乏自知力或讳疾忌医者身上。

影响患者求医行为的主要因素如下：

（1）就医条件：如医院设备落后、医护人员技术水平差、服务态度不佳、就医程序太麻烦、到医院就医交通不便等因素，均可阻碍患者的就医行为。

（2）经济条件：因经济困难难以承受医疗费用。

（3）对疾病的认知：对疾病的危害性或严重程度认识不足，认为无关紧要，拖一拖就过去了。某些疾病如性病、传染病、妇科疾病，患者觉得难以启齿而不主动求医；有些慢性病患者觉得治不治都差不多，抱着不在乎的态度而不主动求医。

（4）疾病无主观症状，自我判断力下降。如2型糖尿病早期，常无主观症状。

（5）求医经历曾有过求医行为但治疗效果不好或治疗过程很痛苦，医患之间有不愉快的经历，对某些医疗手段如手术、胃镜检查恐惧害怕，均影响患者求医。

（6）工作太忙，家庭和社会角色责任重，无暇顾及。

（7）社会文化因素，如社会习俗、文化背景、宗教信仰，也可影响患者的求医行为。

护士应努力做好健康宣教工作，增强人们的健康意识，激发正确的求医动机，实施求医行为。

第二节　患者的一般心理需要

由于疾病的影响，患者的心理需要会发生一定程度的变化，如患者自我实现的需要受挫，安全需要和归属需要会明显增强。需要可影响人们的行为和情绪。医护人员通过观察患者的行为和情绪变化，可了解患者的心理需要，并适当满足患者的心理需要。

一、安全需要

疾病是对健康和生命的威胁，患者患病后常产生不安全感，因此安全感是患者最普遍、最重要的心理需要。一般病情越严重，患者的安全需要越强烈。患者希望健康和生命不再受到威胁；希望得到切实可靠的治疗，希望护理人员认真、严肃对待他的病情。患者在治疗过程中，往往会面临一些影响自身安全的因素，如药物的毒副作用、麻醉或手术意外、交叉感染等。良好的职业道德、精湛的技术和较好的医疗条件是满足患者安全感的基本条件。同时，在做任何诊断和治疗前，应做好耐心细致的解释工作，消除患者疑虑，增强其安全感。否则患者将处于焦虑恐惧之中，影响身心康复。

二、尊重需要

在医院，患者处于被动地位，是弱者，自我评价常降低，自尊心易受伤害，对别人态度非常敏感，特别希望得到医护人员的理解、尊重。若自尊心受伤害，患者可能会产生不满、愤怒、自卑、无助等不良情绪，从而影响医患关系，影响遵医行为等。因此，护理人员应尊重患者，避免有意或无意伤害患者自尊的言行。如在公开场合谈论患者隐私、训斥或嫌恶患者、怠慢患者、用床号代替患者姓名等行为，均是不尊重患者的表现。同时对不同社会地位的患者应一视同仁，不能厚此薄彼、亲疏有别。

三、信息需要

患病后患者迫切希望了解自己的病情、治疗方案、预后等情况，如不能及时得到相关信息，就会产生焦虑情绪。因此，除保护性医疗制度规定不能透露的信息外，应尽快详细地给患者提供相关信息。入院患者，尤其是初次入院患者，对医院的规章制度、医药费开支、主管医生及责任护士的基本情况都希望有所了解，护士应主动给患者介绍这方面的情况。

四、心理安抚和支持需要

患者因疾病缠身，情感常比平时脆弱，特别需要别人的同情、安慰和心理支持。对亲友、同事是否来探视，对医护人员的态度等都比较在意，情绪常常不稳定，表现为易激惹、任性、爱哭等，尤其是老人和小孩。医护人员应主动接近患者进行情感交流，以热情友好的态度、耐心细微的照顾给患者心理安慰和支持，并宽容患者的情绪化言行，对来探视者应热情、礼貌，对冷淡和怠慢患者的家属、亲友要进行批评教育。

五、归属需要

患者入院后脱离了各种社会角色，离开了熟悉的生活环境和朝夕相处的亲朋好友，加上疾病的折磨，往往会产生强烈的归属动机，需要得到新环境人际群体的接纳、认可、欢迎、帮助。护理人员应营造病房友好的气氛，介绍患者互相认识，鼓励患者互相交流、互相帮助，使病友之间患难与共、同病相怜，满足其归属需要。

六、活动与刺激需要

患者不仅需要安静、舒适的病房生活，更需要适当的活动与刺激。病房是个狭小的空间，生活单调、乏味，患者难免感到寂寞无聊，甚至度日如年。只要病情允许，不违反规章制度，医护人员应允许并鼓励患者进行适当的活动和娱乐，以调节、改善患者的情绪，促进身心康复。

七、社会交往需要

住院后，患者的人际关系和社会信息受到一定程度的限制，患者很希望见到自己的亲朋好友，了解家庭和工作单位的情况，保持社会联系和人际交往。医护人员应提供相应条件，满足患者需要，有利于消除患者的寂寞感、孤独感，克服不良情绪，并从人际交往中得到心理和社会支持。

患者的性格千差万别，患者的心理需要的表现方式也各种各样，医护人员应仔细观察了解，根据具体情况加以引导或解决。对因需要得不到满足而有不满或越轨行为的患者，不应产生反感和不满，更不能采用停药、强迫出院、置之不理等行为来对待患者。

第三节　患者心理活动的一般规律

一、患者心理活动概述

第一阶段：从健康到生病期。当个体意识到他生病时，有几件事情需要完成：放弃原来的社会责任，接受别人的帮助、诊断和治疗，与人合作以恢复健康，寻求适当的帮助。此阶段适应良好的患者，能接受诊断和忍受治疗所带来的不适应与限制，并定期就诊。相反，适应不良的患者，可能会否认出现的症状，利用不明显的症状逃避责任，或来操纵别人。

第二阶段：接受生病期。此期始于患者接受生病的事实，且扮演患者角色的时候。患者的行为变得以自我为中心，对周围其他事情的兴趣降低，因为需要依赖他人同时又怨恨这种依赖行为，情感显得矛盾，会特别注意身体上的一些变化。不适应性的行为包括放弃复原的希望、拒绝接受协助、对治疗怀疑、避免谈及自己的问题与感觉及不能合作等。

第三阶段：恢复期。此期是个体放弃患者角色，扮演健康人的角色。患者随着体力的恢复而逐渐能独立，愿意协助自己，积极参加复康活动，可以多做一些决定，并逐渐增加对周围事物的兴趣，表示自己已在康复之中。不适应的患者行为会停留在第二阶段。

患者一旦知道自己患了病，在心理上必然有反应，概括起来，患者易于产生如下各种心理活动。

（一）焦虑

任何人在一生当中都难免因各种原因而焦虑。患者患病，当然更避免不了焦虑情绪。焦虑乃是一个人感受到威胁而产生的恐惧和忧郁。这种威胁主要分两大类：一是躯体的完整性受到威胁，一是个性受到威胁。对患者生理及心理上的威胁往往是统一的，而且会一直持续下去，直到患者在生理与心理再度达到安全稳定为止。

（二）抑郁

抑郁是一种闷闷不乐、忧愁压抑的消极心情，它主要是由现实丧失或预期丧失引起的。因为疾病对任何人来说都是一件不愉快的事，多少都伴随着丧失，所以多数患者都会产生轻重不同的抑郁情绪。

（三）怀疑

患者的怀疑大都是一种自我消极暗示，由于缺乏根据，常影响对客观事物的正确判断。患病后变得异常敏感，听到别人低声细语，就以为是在说自己的病情严重或无法救治。对别人的好言相劝半信半疑，甚至曲解原意。疑虑重重，担心误诊，怕吃错了药、打错了针。有的凭自己一知半解的医学和药理知识，推断药物，推断预后。害怕药物的副作用，担心偶尔的医疗差错或意外不幸降落在自己身上。身体某部位稍有异常感觉，便乱作猜测。如果严重偏执，甚至出现病理性的妄想。

（四）孤独感

患者住院后，离开了家庭和工作单位，周围接触的都是陌生人。医生只在每天一次的查房时和患者说几句话，护士定时打针送药，交谈机会也较少。这样，患者很容易产生孤独感。

（五）被动依赖

患者进入患者角色之后，大都产生一种被动依赖的心理状态。

（六）否认

在临床上还可以看到有的患者怀疑或否认自己患病。

（七）同情相怜

人都有同情心、怜悯心和亲和的需要。患者一旦住在一起，很快就能相互认识和相互理解。他们关心病友的病情变化，乐于向医务人员介绍病友的痛苦症状，并乐于帮助病友克服困难。

（八）侥幸

患者大多程度不同地存在着侥幸心理。例如，疾病初期不少人迟迟不愿进入患者角色，总希望医生的诊断是错误的。尤其那些对病感不敏感的人，侥幸心理尤为严重。有些已经明确诊断的人，也往往存在侥幸心理。

二、患者心理活动与疾病严重程度

（一）急性患者的心理活动

急性患者，是指那些发病急、病情重因而需要紧急抢救的患者。过去有种错误的观点，认为急性患者病势危急，医护人员的任务就是以最佳的技术和最快的速度抢救患者，无须实施心理护理。近十年来，随着抢救护理科学的形成和发展，人们越来越认识到对急性患者也同样需要进行心理护理。因为急性患者不是面临生命威胁，就是遭受躯体伤残，心理正处于高度应激状态。此时，如果进行良好的心理护理，就会缓和其紧张情绪，有助于转危为安。否则，如果在患者心理上高度紧张之时，再加上抢救时的种种劣性刺激，就会加重病情，甚至造成严重后果。

急性患者具有明显的焦虑恐惧、紧张不安，渴望得到最佳和最及时的抢救，以便转危为安。但急性患者的心理活动又是复杂的，多种多样的。瞬间袭来的天灾、人祸或恶性事故等超常的紧张刺激，可以摧毁一个人的自我应对机制，出现心理异常。一向自以为健康的人突然患了心肌梗死或神志清醒的人患了脑卒中等，也会因过分恐惧而失去心理平衡。还有那些慢性疾病突然恶化的患者，易于产生濒死感，恐怖、悲哀、失助、绝望等消极情绪往往可以加速疾病的恶化。病情不同、年龄不同、社会文化背景不同、经济条件不同等也对患者的心理活动有影响。因此，医护人员要善于具体分析每个急性患者的心理状态，以便有针对性地做好心理护理。

（二）慢性患者的心理活动

慢性患者因为需要承受长期的疾病折磨，经历漫长的病程所以往往产生极为复杂的心理活动。慢性患者一开始大都有侥幸心理，即不肯承认自己真的患了疾病，迟迟不愿进入患者角色；一旦确诊，又易产生急躁情绪，恨不得立即服上灵丹妙药，于朝夕之间把病治好。这时他们对自己的疾病格外敏感、格外关心，向医护人员寻根刨底，向病友“取经”，或翻阅大量有关书籍，渴望弄清疾病的来龙去脉，企图主动地把握病情。

慢性患者随着病情变化，有时高兴，有时悲伤，有时满意，有时失望；紧张、焦虑、忧愁、愤懑、急躁、烦闷等消极情绪也经常出现。由于长期的疾病折磨，慢性患者极易产生忧郁、不悦的情绪，有些甚至人格特征也发生变化。那种兴高采烈、生机勃勃的形象不见了，代之以动作迟缓、情感脆弱、谨小慎微、被动依赖、敏感多疑、自我中心等表现。他们过分关注机体感受，过分计较病情变化，一旦受到消极暗示，就迅速出现抑郁心境，有时还可产生悲观厌世之感。

（三）重危患者的心理活动

大部分患者疾病经过诊治可以治愈，但不论医学发展到什么程度，总有一小部分患者因医治无效而面临死亡。不管死亡是突然发生或是久病造成，一般来说护理重危患者和安慰此阶段患者的家属，是护理上最难处理的情况。临终患者的心理状态极其复杂，大多数面临死亡的患者心理活动变化分为五个阶段：

1. 否认期　不承认自己病情的严重，对可能发生的严重后果缺乏思想准备。总希望有治疗的奇迹出现以挽救死亡。有的患者不但否认自己病情恶化的事实，而且还谈论病愈后的设想和打算。也有的患者怕别人悲痛，故意保持欢快和不在乎的神态，以掩饰内心的极度痛苦。

2. 愤怒期　度过了否认期，患者知道生命岌岌可危了，但又禁不住地想：这种致死的病为什么落在自己身上？怨自己命不好。表现得悲愤、烦躁、拒绝治疗，甚至敌视周围的人，或是拿家属和医务人员出气，借以发泄自己对疾病的反抗情绪，这是患者失助、自怜心理的表露。

3. 妥协期　患者由愤怒期转入妥协期，心理状态显得平静、安详、友善、沉默不语。这时能顺从地接受治疗，要求生理上有舒适、周到的护理，希望能延缓死亡的时间。

4. 抑郁期　患者已知道自己病情垂危，表现极度伤感，并急于安排后事，留下自己的遗言。大多数患者在这个时候不愿多说话，但又不愿孤独，希望多见些亲戚朋友，愿得到更多人的同情和关心。

5. 接受期　这是垂危患者的最后阶段。患者心里十分平静，对死亡已充分准备。也有患者在临终前因疼痛难忍而希望速死。有些人病情虽很严重，意识却十分清醒，非常留恋人生，不愿死去。

三、患者心理活动与年龄阶段

（一）儿童患者的心理问题

1. 儿童患者的特点　儿科患者的特点是年龄小、病情急、心理活动变化快，对疾病缺乏深刻认识，又不善于表达，要求医务人员在细微变化中发现问题，及时采取措施防止突出事故。

儿童在不同年龄阶段心理发育程度不同，在患病时的心理反应也不一样。如在新生儿期易产生惊骇、哭叫和痉挛，可用敏捷、轻巧、熟练的动作以减轻刺激；婴儿期已有欲求、喜悦、愤怒、惊骇、烦闷等情绪反应，要予以爱抚和亲近；幼儿期的患者入院后易产生恐惧与对立情绪，要建立良好的医患关系，开展心理护理；学龄期儿童患者有依赖家庭情绪，较为复杂，个性也在形成，入院时有惧怕心理，易出现孤僻、胆怯、悲伤、焦虑等。应做好具体分析，采取心理干预。

儿童年幼不愿表达或表达不清自己的思想情感和心理反应，家属就成为孩子的代言人。我国家庭中大多是独生子女，一旦生病，父母格外焦虑，他们往往夸大病情，对医务人员的工作提出过高要求，而家长的心理状态对儿童患者有直接影响，儿科护士要有高度的责任感，机智灵敏，对儿童多加鼓励，保护儿童的自尊心，对其进行启发诱导，争取在治疗上的积极配合。

2. 儿童患者的心理反应　儿童住院患者的心理活动可因年龄不同而表现有差异，常见有以下几方面：

（1）分离性焦虑：分离性焦虑心理产生的主要原因是住院后与母亲的分离所致。2 岁以下的幼儿，这个问题不突出，适当照顾即可；2~4 岁的小孩，则会感到不安，表现退化行为，如出现遗尿、睡前哭闹、拒食、闷闷不乐、发脾气等；学龄儿童表现较好，比较理智，能听劝导，对他们加以组织，给予活动机会，使孩子们得到受人重视的心理需要。

（2）恐惧心理：

1）心理因素：住院儿童恐惧心理的因素有以下四个方面。①各种操作带来的疾病刺激以及痕迹反应的联想，常使儿童见针即哭，谈针色变，形成了一种条件反射的恶性循环，甚至可使儿童感到恐怖。②疾病带来的伤害性疼痛，使儿童内心痛苦万分。③各种令人不快的操作，如导尿、灌肠、插胃管、换药等，都可导致患儿恐惧反应。④焦虑、恐惧心理易使患儿产生依赖心理而出现上述反应。

儿童处于成长和发育的阶段，住院和患病给儿童带来身心创伤，医院陌生的环境及治疗操作使患儿产生恐惧。与父母亲人分离，产生焦虑不安，由于年龄、疾病和病情、住院时间等差异，使儿童产生不同的心理反应，护士在对儿童患者进行心理护理过程中，应了解影响其身心反应的因素，针对各年龄阶段儿童的特征，采用适当的对策。

2）环境因素：是住院儿童心理压力的主要来源。①患儿住院时离开亲人缺乏安全感。②住院改变了日常生活方式和习惯。③住院期间的各种治疗和检查，使患儿害怕，不能适应。④对躯体疾病认识能力有限，因身体不适而产生情绪反应，导致焦虑、恐惧、失眠等。⑤家长对患儿疾病所持的态度会影响住院儿童的情绪和心态稳定。⑥因病使患儿身体形象的改变，产生自卑情绪。⑦住院儿童被迫中断学习，失去机会，有挫折感。

（3）反抗：有的患儿抗拒住院治疗，乘人不备时逃跑；有的患儿虽然不采取逃跑的方式，但对医务人员不理睬，或高声喊叫，或摔东西，拒绝接受一切诊疗措施；有的患儿对父母非常怨恨，沉默寡言，表情冷漠，以此表示反抗。

（4）抑郁自卑：由于疾病久治不愈，长期受疾病的折磨，患儿会丧失治疗的自信心。加之长期住院治疗不能学习，患儿会更加忧虑，特别是过去一直成绩优秀的儿童更容易产生这种心理反应。有的患儿害怕自己外貌改变被同学、朋友看见，因此拒绝探视；有的担心上学后成绩赶不上而出现严重的自卑心理。

3. 儿童患者的表现　根据不同的病程阶段可有如下表现：

（1）发病阶段：儿科患者年龄从几月龄至十几岁，心理、生理均处于不成熟阶段，心理活动易随环境变化，心理反应强烈，耐受性低，年幼儿童多以哭叫表达不舒服或病痛，对疾病的体验表达有限，虽对疾病最为敏感，但对确切的部位、性质等不能表达，要细心观察，询问父母，尽可能依据孩子的变化给予正确分析判断。

（2）治疗阶段：儿科患者情绪反应突出、强烈，恐惧反应最常见，对医院的环境、医护人员、医疗设备等均可产生恐惧，年龄稍大的患者对疾病后果有所认识，会加重恐惧和焦虑情绪。因此，医务人员要了解儿童心理特点，通过游戏、交谈等方式使患者尽快熟悉环境，年龄小的患者最好由父母陪护，还要考虑儿科患者的“皮肤饥饿”，通过家人或医护人员的抚摸使儿童得到心理满足。

（3）恢复阶段：儿科患者病情好转后，孩子的天性恢复，活泼好动，要注意指导患者做力所能及的自理活动，多采用鼓励、表扬方式，培养意志行动，保护其自尊心，使医务人员在患者幼小的心灵留下良好形象。

（二）青年患者的心理问题

1. 青年患者的特点　青年患者朝气蓬勃，富于理想，感情丰富，独立性强，自我意识强，对疾病反应强烈。因此，青年患者的心理活动错综复杂，容易变化。青年人活泼好动，住院后由于活动受限，可能会将注意力集中于自身而产生幻想。

2. 青年患者的心理反应

（1）否认和愤怒：青年患者患病前身强力壮，生活充满活力，一旦得知自己患病这一事实会感到很大的震惊，他们往往不相信医生的诊断，内心不愿接受得病的现实，直到真正感到体力减弱或出现明显症状时才逐渐默认。

（2）悲观和焦虑：青年人一旦承认自己患病，其主观感觉就会变得特别敏感，过多担心疾病会对自己学习、工作、婚姻、前途产生不利影响，特别是患慢性疾病、意外事故或有可能残疾的患者，其心理活动更加复杂，有时会缺乏理智，甚至产生轻生念头。

（3）情绪不稳定：青年患者的情绪是强烈而不稳定的，当认为自己抵抗力强，能够战胜疾病或病情稍有好转时，就表现欢快和盲目乐观，不认真配合治疗；当认为疾病预后不好或病程较长时，就悲观失望、自卑自弃，情感变得难以捉摸。

（三）老年患者的心理问题

1. 老年患者的特点　衰老是自然现象，是生物体不可抗拒的规律，尽管如此，老年人往往不服老，希望自己能健康长寿。由于老年人各个器官功能逐渐减退，出现一些衰老的表现，如听力下降、视力下降、思维能力减退、容易健忘，情感也变得幼稚。

2. 老年患者的心理反应

（1）否认心理：有的老年患者患病后怕遭到子女的嫌弃而不承认自己患病，特别是女性老年患者担心患病没有人操持家务，因而勉强继续做家务，表示自己无病。

（2）焦虑心理：由于老年人患病后生活秩序改变，如对住院后饮食、休息睡眠等生活规律的改变难以适应，因而变得焦虑不安。有的患者患病后担心家人的生活无人照顾，也可出现焦虑心理。

（3）自尊心理：老年人性格固执，患病后更加如此。希望得到子女关怀，希望得到他人的注意、理解及赞扬，喜欢别人顺从自己。

（4）退化心理：俗话说“老小老小”，是指老年人童心复萌，爱吃零食、贪玩耍，表现得天真幼稚。

（5）自卑心理：老年人随着年龄的增长，对许多事情心有余而力不足。特别是退休后社会角色改变了，社会地位也下降了，内心有一种失落的感觉，患病后认为自己在世时间不长了，因而产生自卑感。

（6）恐惧心理：老年人对疾病充满恐惧感，有的老年人故意隐瞒年龄，隐瞒病情，努力表现得身体健康状态良好。有的老年人体弱多病，常常受到死亡的威胁，因而容易产生恐惧心理。

四、患者心理活动与治疗方式

（一）门诊治疗患者的心理

门诊是患者就诊的第一场所，患者到医院求治，从挂号、候诊到医生诊查、化验透视、实施治疗直至最后取药离开医院的整个医疗过程中，由于程序复杂、环境生疏，加上疾病的痛苦，常使患者产生复杂的心理活动。任何一种不良刺激均可引起患者的情绪变化，甚至发生病情突变。因此门诊医护人员掌握患者的心理，是做好工作的重要保证。患者的心理主要表现为以下几点：

1. 明显的焦虑感　表现为焦躁不安，急于就诊。特别是那些病情较重、对病情模糊不清的患者，就诊心情更加迫切。常常表现为坐卧不宁或来回踱步，不断询问就诊的号码，围观医生诊室等。

2. 挑选高明的医生　患者初次就诊，对自己的疾病知之甚少，希望经验多技术好的医生诊治，往往选择那些年长、两鬓斑白、态度和蔼的医生就诊。有的患者为了达到请高明医生诊治的目的，不惜托熟人找关系，甚至送礼求治。

3. 祈求心理　就诊时患者祈求医生会对他进行全面检查，给予正确的治疗。往往顺从检查，叙述病情极其详细，以期得到重视。这时若医生不耐心倾听，便会产生自责和不安。医护人员应注意维护患者的自尊。

4. 紧张不安心理　当患者终于得到就诊机会时，情绪会变得十分紧张，述说病情不知从何说起，或述说杂乱无章。若遇到医生面露厌烦状时，更感到惊慌和不安。

（二）住院治疗患者的心理

住院患者由于离开了原来熟悉的工作环境和家庭生活，打乱了正常的生活秩序；且由健康人角色转变为患者角色，会产生一系列的心理变化。主要表现有：

1. 适应性的变化　从居住环境、生活习惯、人际交往等各方面都要进行重新适应。

2. 苦闷心理的产生　患者住院后，对自己的工作、学习、婚姻、家庭、经济等问题产生担忧，对自己的疾病也顾虑重重，于是心里苦闷、不安、忧虑、烦躁。这些情绪的产生，对疾病的治疗和健康的恢复很不利。

3. 恐惧不安的心理　常常发生于为诊断某种疾病而进行的检查或手术前。患者惧怕检查带来的痛苦，更惧怕检查后所证实的病情。表现出明显的生理功能紊乱的现象，如心跳加速、脸色苍白、四肢无力、全身冒冷汗等。

4. 期待心理　患者饱受疾病带来的痛苦和心理上的折磨，住院后便将一切希望寄托在医生身上，期待医生能妙手回春，使自己早日康复。往往表现为经常询问病情、对检查及治疗方法不断提问，有的甚至偷看病历，希望对自己的疾病有更多的了解。

（三）手术治疗患者的心理

1. 患者术前的心理　无论手术何等重要，也不论手术大小，对患者都是较强的紧张刺激。患者意识到了这种紧张刺激，就会通过交感神经系统的作用，使肾上腺素和去甲肾上腺素的分泌增加，引起血压升高、心率加快，有的临上手术台时还可出现四肢发凉、发抖、意识域狭窄，对手术环境和器械等异常敏感，甚至出现病理心理活动。我国的医学心理学工作者通过调查发现，患者对手术一是害怕，二是担心。怕的是疼痛与死亡，担心是否会出意外，是否会有残疾和毁容等。大量临床观察和研究均证明，患者术前的这种恐惧和焦虑，将直接影响手术效果，如失血量大、愈合慢等。而且，这种恶劣的情绪状态还易于引起并发症。

另据研究报道，术前焦虑程度对手术效果及预后恢复的快慢也有很大的影响。资料表明，有轻度焦虑者，恢复效果较好；严重焦虑者，预后不佳；而无焦虑者，效果往往更差。这是因为，无焦虑的患者由于对医生或手术过度依赖，过分放心，对生理上带来的不可避免的痛苦缺乏应有的心理准备。

2. 患者术后的心理　患者经过手术，尤其承受大手术的人，一旦从麻醉中醒来，意识到自己已经活过来，颇感侥幸，这时他们渴望知道自己疾病的真实情况和手术效果。由于躯体组织受到程度不同的损伤，都会体验到刀口疼痛，加之躯体不能自主活动，又怕刀口流血或裂开，多产生焦躁不安的心情。开始，他们感到当前的痛苦难熬，过 2~3 天疼痛缓解之后，就又担心预后了。因此，应抓好对术后患者的心理护理。

（四）药物治疗患者的心理

药物治疗过程中，患者和医生都喜欢使用作用强、见效快、安全的药物。药物是否取得良好的疗效，还是会受到经济、社会、文化及个人心理因素的影响。

1. 医生的权威　医生的态度、敬业精神、行为举止等会影响患者对药物的选择和药物的效果。患者希望在医生的指导下，病情迅速好转，直至痊愈。

2. 社会因素的影响　人的行为是在社会中通过经验学习得来的。文化背景、习惯和偏见，以及对所用药物的民间传说、广泛的传媒舆论等的信任程度，将影响患者选择药物的行为。如有的人只相信西医西药，而有的人却对中医中药确信无疑，百般依赖。

3. 经济因素的影响　享受公费医疗的患者喜欢用新药、进口药、名贵药，而经济条件差的患者则希望用价廉而有效的药物。

4. 患者的心理状态　一般认为不同的性格和精神状态，对药物的感受性有显著的影响。如果患者对治疗充满信心，情绪愉快，可能凭借自我暗示的心理作用，使药物的作用加强。

除上述因素外，患者的年龄、社会地位，药品的名称、生产厂家、包装等因素均能影响药物的疗效。

第四节　患者常见心理问题

一、情境性心理失调

许多患者在未知自己的病情之前，精神状态与机体状态都较好，一旦得知患病，角色发生改变后却产生消极情绪，表现为悲观失望、绝望、怨恨命运、好激动、发脾气、多愁善感、抑郁寡欢，对事对人冷漠等，致使病情急转直下，甚至在没有明显的病情加剧情况下，几天内突然死去。这都是由于极度绝望的消极情绪的作用，使心理防线土崩瓦解，从而导致生理免疫功能遭到彻底破坏的结果。

二、人格性心理学偏差

临床观察与研究发现，个性特征与疾病的发生、发展和预后相关。国外对癌症患者和潜在患者进行耗时颇大的追踪调查研究后认为，人的个性可分为以下类型：①Ⅰ型。依赖性强，忧虑时易产生绝望感和无力感，不奋发，不敢发泄情绪，压抑。②Ⅱ型。依赖性大，忧虑时易激动，发脾气。③Ⅲ型。具有Ⅰ、Ⅱ型两型的两面性。④Ⅳ型：有自制力，应激能力好，善于适应环境。研究者认为，Ⅰ型为易得癌症型；Ⅱ型为易得缺血性心脏病型；Ⅲ型为轻度性格障碍型，该型的人虽有Ⅰ、Ⅱ型某些特征，但由于程度轻，且经常变换情绪的处理方式，因而很少死于癌症和心脏病；Ⅳ型为正常型。其中Ⅰ、Ⅱ型个性对人的健康有极大威胁。可见，长期忧郁不解脱，不善于发泄情感的人一般对外界刺激反应敏感，但却难以应付和处理突发情境与事件，因而更容易引起紧张、焦虑、绝望等消极情绪体验。因此，在治疗阶段保持良好的情绪有利于提高治疗效果。

三、常见不良心理反应

一些慢性病患者，在心理上会发生一系列变化，出现许多容易被常人误解的心理问题。了解这些不良的心理反应，不仅有助于对患者的理解和体谅，而且还能更好地照料患者，有利于疾病的治愈。患者主要有以下常见的不良心理反应。

（1）人患病后，感觉异常敏感，心里总想着自己的病，而对其他事物很少关心，这很容易被别人误解为自私或冷漠。

（2）生病属于劣性刺激，势必影响患者的情绪，形成不良的心境，往往看什么都不顺眼，易生闷气，易发脾气，给人以不近人情的感觉。这种消极的情绪，不仅容易被人误解，使人不愿接近，而且极不利于患者的康复。

（3）由于病后受到亲人的关怀与照顾，患者会变得越来越被动、懒惰；情感变得脆弱，甚至幼稚，总希望亲友多照顾、多关心自己。

（4）患者往往会变得神经过敏，疑虑重重。听人低声说话，就以为是谈自己的病，医护人员和亲友好言相劝，也常半信半疑。

（5）许多住院患者看到周围的病友病情加剧或死亡，会产生恐惧心理；怕疼痛、怕死亡，求愈心切，希望早一天确诊，早一天手术，早一天出院。这种心理对康复极为不利。

思考题

1. 什么是患者角色？患者角色适应方面有哪些问题？
2. 患者的焦虑表现有哪些？如何消除患者的焦虑表现？
3. 简述对危重患者的心理护理。

（商丘医学高等专科学校　姜　波）

第十四章

医患与护患关系

学习目标

1. 掌握护患关系的概念与特征、护患关系建立的三阶段、建立良好护患关系的意义、常见的护患冲突类型。

2. 了解沟通的特点和过程、护患沟通的方式。

3. 理解三种护患关系行为模式的主要特征、适用范围和主体作用。

第一节 概 述

李工程师因胃炎、高血压住院。护士早上为他发药。“李工，早上好！昨天晚上睡得好吗？今天感觉怎么样？您现在应该服药了，我给您倒水。这是胃动力药，您感觉上腹部胀痛，胃动力药就是增加胃的蠕动功能，减轻胃胀，所以要在用餐前30分钟服用。”

李工服完药问护士：“你落了一种药吧，医生说要服两种。”护士微笑着说：“噢，你记得很清楚啊，是还有一种药，专门治疗高血压，不过是每8小时服用一次，到时间我会送来的。一定记着半小时后进餐，饭菜要清淡一些，这样容易消化，您好好休息。”

一、医患护患关系的概念与特征

（一）医患关系的概念与特征

医患关系（doctor-patient relationship）是人际关系在医疗活动中的一种具体化形式，是指医务人员与患者之间在临床诊疗活动中，相互联系、相互影响的交往过程，是一种特殊的人际关系。医患关系的实质是医疗人员运用自己掌握的专业知识和技能来帮助患者摆脱病痛，预防疾病，保持健康的过程，与其他人际关系相比具有以下几个特征。

（1）医患关系是以医疗活动为中心，促进患者健康为目的。医患交往的核心是治疗疾病，维护健康的医疗活动，因此医患关系也是一种工作关系。

(2) 医患关系是一种帮助性的人际关系。医患交往的过程是医疗人员以自己的专业知识和技能来帮助患者摆脱病痛，处于帮助者的地位，患者因其健康问题处于被帮助者的地位。

(3) 医患关系是以患者为中心的人际关系。一切医疗过程和医患交往过程都要作用于患者并以解决患者健康问题为目的，评价医患关系就应以对患者的作用和影响为标准。

(二) 护患关系的概念与特征

护患关系（nurse-patient relationship）是指护士与患者在特定环境中交感互动所形成的特殊人际关系，是护士、患者为达到医疗护理等共同目标发生的互动过程。

相对于一般人际关系，护患关系的特殊性主要体现在以下四个方面。

1. 职业关系　是指护士按照职业行为要求与患者有效沟通所建立的特定人际关系。护士与患者的人际交往是其职业行为，故护患关系具有一定的强制性，与友谊、爱情一类自发、非强制性、非规范性的人际关系有显著差异。后者的建立与发展，多以交往双方彼此的共同需要和相互吸引为基础。护患关系则不同，无论护患双方有否相互吸引，患者的年龄、身份、职业、素质如何，护士都需按照职业要求与患者建立并保持良好的护患关系。尤其是基于整体护理模式，建立良好的护患关系，更是护士的重要职责和基本义务。

2. 信任关系　是指护患之间建立相互尊重、设身处地和彼此信赖的关系。信任关系是护士顺利完成护理工作的前提，护患情感联系的衡量标准，需区别于友谊、爱情等人际关系，应服从护理工作的目的、性质和任务，需避免个人情感的过度卷入。其主要有三点理由。

(1) 可致护士与患者情感的高度互动，即一旦护士或患者一方出现情绪变化，易致对方产生相应的情绪波动，既可影响护士的理性活动或干扰护士的工作常态，也可致患者的情绪困扰不利其身心。

(2) 极易导致护患之间出现不合时宜的情感交流，把原本恰当的职业关系导向不符合职业规范的友情、爱情等功利性人际关系。

(3) 可能涉及患者健康之外的其他需求，易与护士的超负荷常规工作任务冲突，还耗费护士相当的时间和精力，甚至影响护理工作的总体效益。护士有时需要给予临终患者、婴幼患儿等特殊患者较多的情感投入。

3. 群群关系　是指护方群体与患方群体之间的关系，护方群体包括护理管理者、责任护士、护工等；患方群体包括患者及其家属。衡量护患关系，不仅看护士个体与其所负责患者个体的关系如何，还要评估护方群体与患方群体之间的关系。

临床护理过程中，护士群体中任何一个个体对患者的态度、责任心等，都会影响患者对护理工作质量的整体感受和对护方群体的总体评价。若一位患者对其先前所遭遇个别护士的冷漠、责备等记忆犹新，尽管之后再得到其他护士的友善对待，他却将其归因为自己很幸运地遇到素质好的个别护士，而不是全体护士的职业素质高。由此可见，良好的护患关系，不仅要求护士与其所负责患者之间建立良好护患关系，还要求护方全体成员对所有患者及其家属一视同仁，设身处地为患方着想，并真诚地帮助他们。

4. 治疗关系　是指护士作为患者就医的帮助者，有责任尽力使其护理工作达到积极、建设性的效果，要发挥其治疗的增效作用。治疗性护患关系，对患者群体具有双重影响。

护患关系良好，有助于减轻或消除患者源自环境、诊疗过程及疾病本身的压力，有助于其诊治疾病、推进康复进程，达成其身心适宜状态。护患关系紧张，可加重患者的心理负担，引发患者的情绪恶化，甚至严重影响其治疗、康复效果。因此，护患关系是一种有目标、需谨慎执行、特殊的治疗性关系，护士的素质、专业知识和技术均可影响治疗性关系的发展。

二、护患关系的建立

（一）建立护患关系的三个阶段

护患关系的建立与发展一方面是出于服务对象身心健康的需要，另一方面是出于护士工作的需要。因此，护患关系的建立与一般人际关系的建立规律有所区别，可以分为以下三个阶段。

1. 观察熟悉期　是指护患双方从开始接触到熟悉，并初步建立信任关系的阶段。此期护士需向服务对象介绍治疗环境及设施、医疗场所各项规章制度、参与治疗的医护人员等，并初步收集服务对象生理、心理、社会文化及精神等各方面信息与资料。服务对象也应主动向护士提供相关资料，为进一步治疗与沟通奠定基础。在此阶段，护士与服务对象接触时展现的良好仪表、言行及态度等都有利于护患间信任关系的建立。

2. 合作信任期　是指护患双方在初步建立信任关系的基础上开始护患合作，是护患关系最重要的阶段。此期护士需与服务对象共同协商制订护理计划。护士对服务对象应一视同仁，尊重服务对象人格，维护其权利，主动提供周到的服务，而服务对象也应做到遵守相关制度，配合护士完成护理计划。在此阶段，护士的知识、能力及态度等都是建立良好护患关系的基础。

3. 终止评价期　是指护患双方通过密切合作，达到了预期护理目标，护患关系即将进入终止阶段。此期护士应在此阶段来临前为服务对象做好准备，并进行有关评价，如护理目标是否实现，服务对象对自己目前健康状况是否满意，服务对象对护理服务是否满意等。此外，护士也需要对服务对象进行有关健康教育及咨询，并根据服务对象具体情况制订出院计划及康复计划。服务对象也应对自身健康状况及护理服务做出正确的评价，为结束护患关系做准备。在此阶段，护士还应继续关注服务对象健康状况，不能掉以轻心，避免服务对象病情反复。

（二）建立良好护患关系的意义

护患关系是在医疗护理实践活动中，护理人员与患者之间确立的一种人际关系。护理工作者只有不断规范护理行为、加强护患沟通，提供与社会进步、患者需求相适应的护理服务，才能有利于护患和谐的构建。护患和谐既有利于患者减轻痛苦，保持、恢复和促进健康，提高生活质量，又有利于护士身心健康，快乐工作。可见，建立良好的护患关系有着重要的意义。

（1）良好的护患关系是护理工作顺利开展的重要条件。在护理过程中的每一项工作都必须通过护患双方的合作才能顺利地进行。为了对患者做出正确的诊断和实施相应的护理措施，护理人员需要患者提供详尽的病史资料，及时反馈信息，因此患者的合作是非常重要的。护患之间的相互信任、相互尊重的良好关系能明显提高护患之间的合作程度，也有助于护理措施有效地实施。

（2）良好的护患关系是对患者的一种心理和社会支持，具有积极的心理帮助和社会支持的功效。护理措施的效果与护患关系有着密切的关系。临床实践中可以见到，知识和技能相仿的护理人员对同类患者的护理中其疗效会有较大的差异，这就说明护理效果不仅取决于护理人员的知识与操作技能，同时也取决于护患之间的关系。

（3）良好的护患关系可造就良好的心理气氛和情绪反应，对患者而言，可消除或减少由疾病所带来的心理应激，减轻痛苦，而且还可以获得良好情绪所致的生理康复效应。对于护理人员来说，则可使护理工作变得丰富多彩，保持与增进心理健康。

三、护患关系的行为模式

护患关系的行为模式，可据其主要特征、适用范围、护士的主体作用等不同，分为以下三种（表14-1）。

表14-1　三种护患关系行为模式的比较

模式	护士角色	适用范围	主体作用
主动—被动	“保护者”	昏迷、婴幼儿等	“为患者做些什么”
指导—合作	“指导者”	创伤恢复期等	“教会患者做些什么”
共同参与	“同盟者”	慢性疾病等	“让患者选择做些什么”

（一）主动—被动模式

1. 主要特征　护士具有绝对主动地位和不容置疑的权威性，通常以“保护者”的角色形象出现在患者面前，为患者提供必要的支持和帮助；患者则处于完全被动的地位，一切听任护士的处置和安排，基本不具备发挥自身主观能动性的能力。

2. 适用范围　该模式适用于护士与昏迷、休克、严重创伤、婴幼儿、精神病发作期等患者之间建立的护患关系。由于此类患者尚未形成或因故已失去正常的思维能力或确切的表述能力，除了完全服从护士，他们别无选择。

3. 主体作用　此模式要求护士以其较强的工作责任心、善解人意的同情心等主动为患者提供全面的扶持和帮助，使良好的护患关系成为此类患者抵御病痛、获得适宜身心状态的主要精神支柱。

（二）指导—合作模式

1. 主要特征　护士具有相对的主动地位和一定强度的权威性，但必须基于其已取得患者充分信任及良好合作。护士通常以“指导者”的角色形象出现在患者面前，为患者提供必要的指导和咨询；患者则处于相对被动的地位，根据自己对护士的信任程度有选择地接受护士的指导和建议，依据自身主观能动性的高低，对护士指导的合作程度不同。

2. 适用范围　该模式适用于护士与急危重症患者、重病初愈的恢复期患者、手术及创伤恢复中的患者等之间建立的护患关系。此类患者虽然神志清楚，但因较严重疾病状态限制其发挥自身能力，他们的康复需求强烈却常感力不从心，对护士的依赖性较强，有时甚至出现过度依赖或“退行”的行为。

3. 主体作用　此模式要求护士以良好职业素质、积极职业心态和良好角色形象等赢得患者的充分信任，取得患者的密切配合，以实现护士专业化指导及咨询的最大效能，让默契的护患关系成为此类患者增强信心、提高生活质量的重要精神力量。

（三）共同参与模式

1. 主要特征　护士与患者基于其平等的人际关系，共同发挥各自的主动性。护士的主动性较突出地体现在引导患者的主观能动性等，通常以“同盟者”的角色形象出现在患者面前，为患者提供积极的建议和合理方案；患者也能主动参与其疾病过程，有较强的康复意识并付诸行动，多能主动与护士沟通，寻求并随时采纳护士给予的各种合理化建议等。

2. 适用范围　该模式适用于护士与各类慢性躯体疾病患者、心身疾病患者、精神疾病缓解期的患者等建立的护患关系。此类患者基本具有保持其能力的常态，他们的参与意识较强。但其受制于自身疾病知识、人格特征等主客观因素的影响，会产生一些不恰当的患者角色行为，需在护士的循循善诱和积极影响下，逐步形成对其疾病过程的适宜行为方式，较好地发挥其抗衡疾病的主观能动性。

3. 主体作用　此模式是“责任制护理”“整体护理”的核心模式，不仅要求护士有丰富的知识结构，能为患者设计个性化、多层面、较优质的护理计划和方案；还要求护士具有建立良好护患关系的较强主导性及增进人际吸引的职业魅力，能与不同层次患者实现最充分的人际沟通。再以护患双方的相互支持、精诚合作等，营造全面促进患者达成适宜身心状态的良好人际氛围。

第二节　护患沟通

一、沟通的概念与目的

1. 沟通的概念　沟通又称交往，是人与人之间在共同的社会活动中彼此进行交流各种观念、思想和情感的过程，同时沟通具有交流信息、传递情感和建立关系的三大功能。但是心理沟通并不是简单意义上的信息传递过程，是一切人际关系的前提和基础。护患沟通是护理人员与患者之间的信息交流过程，所交流的信息，既有同疾病诊治直接有关的内容（如疾病诊断、医疗操作、躯体护理、辅助检查等），又包括双方的思想、情感、愿望和要求等方面。沟通是人与人之间发生相互联系的主要形式，也是建立和维持人际关系的手段和过程，沟通越多，认识愈深，关系就愈密切。同时，建立良好的护患关系，就必须护患彼此沟通，通过沟通达到心理相互认同、默契，缩小护患之间的心理距离。

2. 沟通的目的

（1）心理信息的收集：患者各种资料的收集对护理工作非常重要。在日常护理过程中，护理人员一般是通过常规的临床检查获得患者身体健康状况的资料，但是，还需要了解患者的社会、家庭背景，心理特征及需求等多方面的心理信息。这些资料的获得必须通过沟通才能获得。离开了沟通，则无法得到患者真实的心理信息资料，给心理护理的实施带来困难。

（2）建立和改善护患关系：各种人际关系，都是在人际交往的基础上建立的，护患关系也是如此。护士在心理沟通中处于主导地位，以患者为中心，有目的地为患者健康服务。良好的沟通，不仅可以使护士能够获取患者完整、真实的心理信息资料，而且在沟通过程中能使患者体验到友好、尊重、融洽的情感，应做到无损于患者心身健康，不违背患者主观意愿，不泄露患者个人隐私等，使患者对护士的工作产生信任，形成良好的护患关系。反之，则可导致护患关系紧张或冲突。

(3) 实现理想护理效应：心理沟通是一种影响他人的重要手段，它能够调整或改变他人的认识、情绪，从而使患者积极主动地配合诊疗和护理。沟通不仅能收集患者的相关信息资料，而且能与患者共同探讨、确定存在的护理问题，制订护理目标，为患者提供必要的知识和心理支持，还能为个性化的患者设计多层次的护理计划和方案，这样患者必然会尊重护士，积极配合，从而增加了护理工作的协调性。合作性及有效性，使其得到较理想的护理效果。

二、沟通的特点与过程

1. 以患者为中心　护理人员与患者之间建立关系需要双方的参与，关系建立的主要目的是为了帮助或维护患者的健康，患者是核心。因此，与患者沟通应该以患者为主体，护理人员的话题应围绕着患者的问题，制订计划也应是为了满足患者的健康要求，而不是闲暇时的聊天或者是谈论护理人员本身的问题。虽然护理人员也有自尊及情感需求，但一个有沟通言语技巧的护理人员不会因此忽视患者的需要，会从亲戚、朋友以及咨询人员那里寻求适当的帮助来满足个人的需要，而将其所有精力用在满足患者的需求上。凡事都应符合以“患者为中心”的原则，以患者为主体来进行沟通。

2. 接受和尊重　在临床护理工作中，患者的认知、言行可能出现偏差，护理人员应该随时监测自己在沟通中自我价值观的呈现，并随时进行调整，这时护理人员的同情心及主动倾听意识在沟通中会起到非常重要的作用。应该注意的是，接受和尊重并不是不能提出反对的意见，尤其是当患者的认识或行为不正确时，护理人员可以诚恳、善意地向患者提出反对意见。

护理人员有接受和尊重患者的义务。有时候由于疾病的原因，同患者在沟通时会受到某些限制，甚至让人看起来可能是无理的、令人不愉快的，或者是古怪的，这时护理人员必须接受患者行为，并以不加批判的态度来协助患者，进行有效的沟通。

3. 协助患者维持希望　“每个患者都是有希望的”，这是每个护理人员必须具备的信念，并在与患者进行沟通时表达这个信息协助患者维持希望，使患者消除疑虑，增强治疗信心。如果护理人员对一个患者不抱希望，就会在同患者沟通的过程中自然流露出这样的信息。患者可能会十分敏感地感觉到“我的病没有多大希望了”，而导致患者丧失治疗信心，出现恐惧及紧张情绪。

4. 注意隐秘性　护士在与患者沟通互动时，一切都应遵守隐秘原则，只有在对患者有益的情况下，才有可能将患者的特定资料提供给其他人员。而且护理人员应事先向患者解释这种可能的状态及其重要性。护理人员对患者的特殊要求必须保持诚恳，稳重的态度，注意谈话的技巧及治疗环境的安排与布置，这样才能使患者在隐私方面所感受的威胁减至最轻的程度。

三、沟通的方式

（一）语言与非语言沟通

根据沟通的不同符号系统，可将人际沟通分为语言和非语言沟通。

1. 语言沟通（verbal communication） 是指以语言文字为交流媒介的信息传递。它会受个人意识、文化程度以及所处社会、经济等诸多因素的影响。有效的语言沟通必须建立在沟通双方彼此能懂的语言上，因此，沟通前应评估沟通对象的语种及语言能力，以便选择适合的语言清楚地表达欲传递的信息。

按照语言的形式，语言沟通又分为口头语言沟通和书面语言沟通两种形式。

（1）口头语言沟通：是指人与人之间以口头语言为载体进行的信息传递，是人们最常用的语言沟通方式。其包括说话和听话过程，有交谈、演讲、讨论等形式。

（2）书面语言沟通：是指以书面文字、符号为载体进行的信息传递。它较口头语言沟通正式、准确，具有权威性，同时具有保存和备查功能。书面语言沟通包括报纸、杂志、书籍、信件、合同、协议、通知、布告等形式。

2. 非语言沟通（nonverbal communication） 是指以人的表情、姿势、服饰以及与他人的位置、距离等为载体进行的信息传递。非语言沟通的作用概括如下：①支持、修饰、加强或否定语言行为的作用。例如：某护士与患者交谈时，时而看手表，时而东张西望，于是，患者对护士说："您有事儿的话，我明天再跟您说吧。"护士表示："我没事，您说吧。"患者稍停顿又说："其实我也没什么要说的，再见。"这位护士嘴上说没事，但她的行为已经否定了她的语言。②直接替代语言行为的作用。如人们眉开眼笑、手舞足蹈，表示快乐、兴奋；痛哭流涕、捶胸顿足，表示难过、悲痛。③表达语言所难以表达的内容。如久别重逢的亲人见面后激动得说不出话来，但是他们紧紧拥抱、泪流满面则表示出了亲人的思念之情。④真实表达内心的作用。非语言沟通有时比语言沟通更接近事实，正如弗洛伊德所说："没有人能保守秘密，如果他的嘴保持沉默，他的手指尖却在喋喋不休地说着，他浑身的每一个毛孔都渗出对他的背叛。"

非语言符号会因社会文化不同而表达的意思有所不同，如果用自己的社会文化去解释来自另一种社会文化的人的非语言行为可能会发生错误。例如表示赞同时，美国人点头，希腊人却是摇头。

在护理工作中，某些情况下非语言沟通是获得信息的唯一方法，例如使用呼吸机的患者、新生儿等。因此，护士要善于观察和理解患者的非语言行为，以获得真实、准确的信息。同时，护士在与患者交流的过程中，应恰到好处地应用非语言行为，以弥补在某些状态下语言交流的不足。

（二）正式沟通与非正式沟通

根据沟通渠道产生方式的不同，可将人际沟通分为正式沟通和非正式沟通。

1. 正式沟通（formal communication） 是指在组织系统内，依据一定的组织机构所明文规定的途径进行信息交流。例如组织间的公函来往，组织内部的文件传达、召开会议、上下级之间的意见交换等。

2. 非正式沟通（informal communication） 是指正式沟通渠道以外的信息交流，如私人聚会、小群体闲谈、传播小道消息等。

(三) 有意沟通与无意沟通

按照沟通的意识性是否明确，可将沟通分为有意沟通与无意沟通。

1. 有意沟通（intended communication） 是指沟通者为达到某种目的而进行的信息交流，例如交谈、收集病史、打电话、写信、讲课等。

2. 无意沟通（involuntary communication） 是指无意识情况下发生的信息交流，如在公共汽车上一个乘客发出剧烈的咳嗽声，周围的乘客听到后自觉将脸背离此人，并尽量远离。

(四) 纵向沟通与横向沟通

按照沟通的流向划分，沟通可分为纵向沟通与横向沟通。

1. 纵向沟通（lengthways communication） 又分上行沟通和下行沟通。上行沟通是指组织管理系统中自下而上的信息传递，如护士向护士长反映工作中存在的问题等。下行沟通是指组织管理系统中自上而下的信息传递，如护士长向护士传达护理部的指示等。

2. 横向沟通（transverse communication） 是指组织系统中层次相当的个人及团体之间所进行的信息传递，又称水平沟通。如护士与护士之间的沟通等。

四、沟通的影响因素

护患沟通过程中，存在各种影响有效护患沟通的因素，其中主要有以下几种。

(一) 信息编码

临床护理工作中的信息编码不当主要表现在三个方面：①护士较多使用专业词汇或者患者不熟悉的术语，如医学名词等；②护士表达的内容含义模糊，如“明日检 查前，您必须禁食”，患者很可能把“禁食”理解成“进食”；③护士选择了患者不懂的语言，如使用方言等。因此，护士在正式沟通前，应明确沟通内容，了解患者背景，选择恰当语言，对必须使用的专业术语予以通俗解释等。

(二) 态度

护患沟通的目的不仅是简单地传递信息，更主要是通过沟通去影响患者、了解患者的真实感受，为此护士必须先赢得患者的接纳和信任。患者能否予以接纳和信任，关键是护士在沟通中对患者所展示的态度。热情友好的态度能使沟通深入进行，有效地实现沟通的目的；若护士抱以冷漠、粗暴的态度，患者会拒绝交流。

(三) 知识

知识是影响护患沟通的最一般背景因素，护士缺乏知识可能使沟通的各个环节出现障碍，如知识可能影响信息的表达、影响对患者表达信息的理解等。尤其是随着现代护理观念进步，护患沟通已从原先一般的信息传递，上升到具有治疗性目的。欲使护患沟通达到治疗效用，护士需具有医学、护理学、心理学、社会学等综合性知识。如对心身疾病患者，护士不仅实施临床护理，还应让患者了解与其疾病相关的社会心理因素，学会应对技巧。若护士没有健康教育等相关知识，护患沟通便无法达此目的。

(四) 沟通技巧

良好的沟通技巧可使护患沟通迅速、顺利地完成；缺乏沟通技巧可使护患沟通的障碍重重。若护士在与患者交谈中经常打断患者说话，或东张西望，或在患者伤心痛哭、情绪波动时缺少适当反应等不良沟通行为，均会阻碍沟通的深入进行。总之，沟通技巧对整个沟通过程起着加速与催化的作用。

（五）社会文化背景

临床患者来自社会各个阶层，有不同的社会角色、观念和风俗习惯。虽然他们进入医院后的共同角色是患者，但其背景因素仍会无形地影响护患沟通。例如，社会地位较高的患者，可能在言谈举止中表现出优越感、支配欲；有的患者可能对护士存有偏见，对待医生与护士的态度有明显反差，以致挫伤护士的自尊，影响护士与之沟通的积极性。此外，我国的多民族国情，还要求护士对不同民族患者的文化风俗习惯有更多。

第三节　护患冲突与护患关系的调控

李老师5个月的孩子患了重症肺炎，医生说要住进重症监护室，看着孩子急促的呼吸，轻度发乌的小嘴，她没了主意，忐忑不安地交了住院费，匆匆忙忙地来到了住院部ICU病房的门口按了门铃，护士小张走到李老师跟前，摸摸孩子的头并亲切地问：“是住院吗?”

李老师说：“是的，孩子病得好重。”

小张说：“别着急，快进来吧，把孩子交给我，我们已接到急诊室的通知，准备了氧气，马上给她上氧。您坐这里稍等一下，医生马上过来问病史。”

孩子低声呻吟着，李老师不情愿地将孩子交给了小张，小张见状边接过孩子边说：“宝宝好可爱，有四五个月了吧，长得好乖，阿姨抱抱。”小张轻轻地接过宝宝，哄个不停，宝宝也不哭不闹了，李老师顿时觉得放心了。

随着护理实践范围和功能的扩大，护患关系中的活动主体包含了更丰富的内容。护理人员一方可以是护理员、护士、护士长或护理部主任，而患者一方可以是患者及其家属、陪护人、监护人、患者所在的单位，甚至媒体舆论。而在临床工作中，与患者接触最多的也是护士。面临当前医患关系日趋紧张的形势下，怎样在护理工作中协调护患关系，减少摩擦与纠纷，已成为摆在护理工作者面前的重要课题。在临床工作中，护患间的冲突往往成为损坏护患关系和交往的重要因素之一。虽然在医疗过程中，患者和医务人员都有积极交往的愿望，但在实际交往中仍会出现冲突现象，影响交往的广度和深度。

一、常见的护患冲突

产生护患冲突主要原因，在护理人员方面有：①对患者的关心支持不够，甚至产生厌烦、鄙视，使患者产生失落感和不安全感；②以权威、救世主自居，缺乏应有的职业道德和医德修养；③过分看中个人的功利，并明显地表现在与患者的交往过程中；④护理人员本身存在心理问题，在与患者的交往中表现出人格、认知、情绪等心理素质方面的薄弱。在患者方面有：①对护理人员期望和要求过高，因现有条件不能达到期望而产生失望及沮丧，认为护士业务水平不够或认为护理人员对他不尽心尽力，而产生对护理人员的信任下降，影响护患关系；②患者因疾病导致出现情绪和心境方面的反应，如敏感、易激惹、抱怨、愤怒、抑郁等；③患者在患有躯体疾病的同时存在着心理方面的障碍，使护患关系转入反感和对立状态；④受其他社会因素的不良影响，对护理人员过分挑剔、抱有成见。

二、护患关系的调控

良好的护患关系是保证医疗服务顺利进行的前提。构建和谐的护患关系是一项系统工程，需要医护人员、患者、卫生主管部门乃至全社会的共同努力。下面主要从护理人员的角度，讨论如何对护患关系进行调控。

（一）培养良好的个性品质

个性品质是影响人际关系的根本因素。在护理过程中，护士的个性品质总会在护患沟通中的一言一行表现出来，从而对护患关系的建立和发展造成积极的或消极的影响。研究表明，护士的下列个性品质对关系的影响尤其显著。

1. 尊重　是赢得患者好感和信任的前提。对患者的尊重主要体现在对所有患者一视同仁，能接受患者的不同观念、习惯，没有任何偏见或轻视。然而当前的现实情况是，有些护士对待文化层次较低或有着这样那样不良习惯的患者，总是流露出难以掩饰的轻视目光；更有甚者，动辄声色俱厉地教训患者。对这种情况如听之任之，不仅有损护士自身的形象，更是对患者自尊心极大的伤害，极易引发护患冲突。当然，尊重并非无原则地忍让，更不是一味地纵容，偶尔遭遇个别蛮不讲理、寻衅滋事的患者，一定要冷静，在劝导、制止无果的情况下，可寻求保卫部门解决；出现严重后果的，应诉诸法律。

2. 体贴　主要体现在能理解患者的痛苦和感受，设身处地为患者着想，尽量满足患者的需要。体贴常常体现在一些看似平常的小事上，比如给患者一个友好的微笑，为熟睡的患者拉上窗帘、掖好被子，做到体贴入微，不放过任何一个细节。这些细节很容易做到，但又很难做好，因为它要求护士不仅要细心，而且要有一颗全心全意为患者服务的爱心。

3. 真诚　表现为真心实意地帮助患者，坦率地说明可给予的和不能给予的帮助，取得患者的信任和理解。在临床护理中，患者会提出各种各样的要求，有些是合理的，有些是不合理的，凡是合理的要求，护士应尽可能给予满足；不合理的，应坦率地告知不能给予的原因；至于对个别患者的无理取闹、非分要求，护士也无须压抑自己的情绪，应正告他："你这样做，我很生气，但是为了你的健康，你应该……"

4. 责任心　护理是一项关乎患者生命与健康的工作，护理人员应一丝不苟，来不得半点马虎。一位护士如果工作马虎，无论他的态度如何友好，也不可能得到患者的信任。

（二）掌握有效的沟通技巧

沟通技巧是用来展示良好个性品质的一些行为方式，掌握有效的沟通技巧可以较完美地展示良好的个性品质，掩饰个性中的某些弱点。从临床的意义上说，它更具实用性和可操作性。以下介绍一些常用的沟通技巧。

1. 注重"第一印象"　良好的第一印象对良好的护患关系的建立有着事半功倍的效果。为给患者留下良好的第一印象，主要应做好以下几点：①主动向患者介绍自己的姓名、职务等。②记住患者的姓名，选择恰当的称呼。用床号称呼患者不够尊重，应根据患者的职业背景选择恰当的称呼，如X老师、X师傅、X同志、X先生、X女士等。但在一般情况下，不宜以职位如"X局长"称呼患者，这样称呼不仅不利于患者的角色转变，还可能给护士带来心理压力。

2. 介绍护理单元　全面介绍科室的环境、病房设备的使用方法、患者饮食安排、探视陪护制度等，以消除患者环境的陌生感，缓解患者的焦虑、恐惧情绪。

3. 注意外在形象 护理人员应做到仪表端正、举止大方、服饰整洁、语调轻柔、和蔼可亲，上班期间始终以“白衣天使”的形象出现在患者面前。

4. 学会倾听 倾听并不只是听对方的有声词句，而且要通过对方的表情、动作等非语言行为，真正理解患者所表达的内容，体会患者的真实感受。有效的倾听并不容易做到，据统计只有10%的人做到了有效倾听。要成为一位有效的倾听者，必须做到：①聚精会神，避免分散注意的动作，如看表、东张西望等。②距离适当，姿势自然，保持眼神交流。③不打断患者说话。④适当地反应。在倾听患者说话时，可以轻声地说“是”“对”或点头，以表示你认可对方的话，并希望他能继续说下去。⑤仔细观察患者的非语言行为。患者在交谈时的非语言行为包含了丰富的信息，它有助于护理人员理解患者真实的想法、情感，如患者说“我很担心”，他的面部表情和语调常常能反映其担心的程度。

思考题

1. 护患关系有哪些行为模式？它们各自的适用范围是什么？
2. 沟通的特点是什么？有哪些沟通的影响因素？
3. 常见的护患冲突有哪些类型？

（合肥职业技术学院 张 丽）

第十五章

患者的心理护理

学习目标

1. 掌握心理护理的概念与目标。

2. 熟悉心理护理程序及其常用技术，如访谈法的技巧，放松技术等。

3. 了解手术患者、急性患者、儿童患者、老年患者、传染患者、重症患者等不同患者心理护理的特殊性。

第一节 心理护理概述

一、心理护理的概念

心理护理是护理人员以良好的人际关系为基础，运用心理学的理论和方法，通过与患者的沟通，改变其不良的心理状态和行为，促进康复或保持健康的护理过程。

心理护理是目前临床护理实践中备受关注的课题之一。心理护理的实施者主要是专业的护理人员，其次是其他护理人员。

心理护理具有独特性。患者的心理活动是千差万别的。影响患者心理的因素有民族、性别、年龄、职业、文化程度、社会实践、道德观念、思维方式、性格特征、疾病种类、病情等，所有这些都会使患者产生不同的动机、不同的需要、对待疾病不同的行为方式。护理人员应根据患者的认知、情绪、行为反应的个体特征，采取针对性的护理措施，使其达到治疗和健康所需要的最佳身心状态。

在心理护理过程中，患者的主观因素起决定性的作用，这就要求护理人员与患者建立良好的人际关系，千方百计调动其积极性，以患者为中心，与患者共同制订心理护理计划。

二、心理护理的目标

心理护理的最终目标是使患者保持最佳的心理状态。具体包括以下几个方面：

（1）提高患者的自信心。

（2）促进患者的人际关系。

（3）满足患者的合理需要。

（4）消除患者的不良情绪。

三、心理护理的原则

（一）服务性原则

心理护理是护理工作的一个组成部分，同样具有服务性的特点。护理人员为患者提供各项服务时，其工作态度和工作作风及技术水平直接影响患者的心理活动。因此，护理人员要时刻注意自己的一言一行，做到热心、细心、耐心。

（二）主导性原则

心理护理是护理人员与患者在交往过程中完成的。在心理护理过程中，护理人员与患者建立良好的人际关系可促进护理工作的顺利进行。护理人员通过与患者的交往，可以增进感情、交换思想、协调关系、促进了解、满足需要。在实施心理护理过程中，护理人员应起主导作用，以职业角色人格的影响力赢得患者的信任，取得患者的密切配合。

（三）启发性原则

在心理护理过程中，护理人员作为主导者，应运用医学、护理心理学以及相关学科的知识启发和教育患者，纠正患者对疾病的不正确认知，消除其不良情绪，使患者正确对待疾病、治疗及预后，积极主动地配合护理人员进行各种治疗和护理。

（四）针对性原则

由于患者的心理活动具有独特性，因此心理护理没有固定的模式。在心理护理过程中，护理人员既要注意患者心理活动的共性，遵守统一的原则，又要根据患者心理活动的个体差异，认真分析其心理需要，因人而异，有针对性地开展护理活动。

（五）自我护理性原则

良好的自我护理是心理健康的表现。自我护理是患者为了生存和健康所进行的自我实践活动。心理护理的目的之一是调动患者的主观能动性，指导患者参与心理护理计划的制订、实施，这样既可满足患者的部分心理需要，又可维护患者的自尊、自信，充分挖掘患者的内在潜能，使之尽快恢复健康。

第二节　心理护理程序及其常用技术

心理护理是整体护理不可分割的有机组成部分，它是一个连续的、动态的过程，心理护理的目的是为服务对象解决影响健康及康复的心理问题，提高患者的健康水平。心理护理程序归纳起来主要包括六个环节。

一、心理护理程序

（一）建立良好的护患关系

在心理护理程序中建立良好的护患关系是心理护理成败的关键，良好的护患关系对心理护理效果起到非常重要的作用，并贯穿于心理护理全过程。这包括运用人际关系沟通技巧，主动与患者建立融洽的护患关系，切实做到无损于患者的身心健康，不违背患者的主观意愿，不泄露患者的个人隐私等。

（二）收集心理信息、进行客观量化的心理评估

1. 收集患者心理信息　要想准确掌握患者的心理状态，必须全面收集反应患者心理状态的各种资料，通常应与收集患者的其他临床资料同时进行。收集的资料内容包括患病后的心理反应及心理需求，以往心理健康状况，此次患病心理因素与疾病的关系、家庭经济状况、家族史等情况。在方法上，采用观察法、交谈法、护理查体、心理测验等。护士借助现代心理学的研究方法和工具，确定患者的心理状态，确保心理护理科学有效的实施。

2. 进行心理测评　要对各种患者的心理状态实施准确评估，需酌情选用不同的测定方法和心理测评工具，才能客观准确地分析出患者心理问题的性质、程度和主要原因，从而采取有效的心理护理对策。其评定结果，应为既可以反映某些特殊疾病过程中患者心理反应的共同点，又可以较好地区别患者的个性特征。例如某些特殊疾病，在不同年龄阶段、性别、职业、文化程度等因素制约下，患者状态的共性规律及患者的个性化特征，都可以通过量化评定获得比较客观的依据。根据患者心理问题的特点，可分别选用人格量表、情绪量表、需要问卷、疾病认知等测评工具。

（三）确定患者基本心态

1. 对患者心态进行分类　明确患者基本的心理状态，实施有效心理护理，减少护理的盲目性，确保一些患者的严重心理失衡得到重点调控。可从两个方面考虑：首先确定患者基本心理状态的特点，从总体判断上大致划分为“好、中、差”几种状态，重点分析出患者占主导地位的具有本质特征的消极心态，分析是否存在“焦虑、抑郁、恐惧、担忧等”加以区分。其次是确定患者存在的消极心态的基本强度，用“轻度、中度、重度”加以区分。确定患者基本心态时，应客观准确，既不可忽略也不宜夸大，以便为选择心理护理的对策提供有价值的参照依据。

2. 确定患者心态　确定患者基本心理状态，与对患者的临床病症进行确诊一样，越具体、越清晰，越有利于护士对患者基本心理的掌握。如严重焦虑的含义比较含糊、笼统，会使护士对它的理解产生差异性。但是量化的焦虑值评定，能帮助护士比较准确地掌握患者焦虑情绪状态的严重程度，以便采取相应的对策。另外，对患者的焦虑值进行再次量化评定的结果，可作为心理护理实施效果的评价依据。量化评定是患者对自己主观感受或他人行为的客观观察进行量化描述的方法。例如，如果对某患者的焦虑情绪进行量化评定，对患者说：“如果没有焦虑为0分，最重的焦虑为10分，你认为您的焦虑程度是几分?”这样护士能根据患者赋予的分数值更准确地掌握患者焦虑情绪状态的程度，采取相应的心理护理。

（四）分析主要原因和影响因素

1. 分析影响患者情绪的心理社会因素　在临床上，患有同类疾病且本人背景基本相似

的患者，可因其自身个性的差异，而导致心理状态的性质、程度等方面的不同，在选择心理干预对策前，必须对导致患者消极心态的基本原因和主要影响因素做分析。

2. 确定患者的个性类型　个体在遭遇疾病、意外等挫折时，所产生心理反应的强度及采取的应对方式，主要取决于个体的性格类型，而他们所患疾病的性质、程度等因素的影响，则处于次要地位。个性特征决定了他对疾病等挫折所采取的基本态度，虽然他对疾病的情绪反应及应对方式可能会因病情的轻重有所不同，但不会因病种不同而出现心理反应上的本质差异。乐观积极的个体，即使身患“绝症”，大多在经历一个短暂的痛苦阶段后，便很快会找到新的人生支点，不会终日以泪洗面、郁郁寡欢，不会轻率地结束自己的生命。此外，性格外向的人，因疾病产生负性情绪时，会通过自己的言行使不良情绪得到宣泄。性格内向的人，则可能终日闷闷不乐。胆汁质类型的人感受性最低，同种程度的病痛感觉也相对最低；抑郁质类型的感受性最高，同种程度的病痛感觉也相对最高。可以通过让患者评定一些大多数人遇到过的一些病痛来判断患者的感受性。例如：先问患者印象最深的一次生理伤痛的事件，如果患者说有一次吃坏了肚子导致拉肚子，当时痛得要死，可以对患者说：“如果我们只有一点点痛时给 1 分，最重的痛为 10 分，你认为你那次痛的程度是几分?”我们很多人经历过拉肚子痛的事件，一般感觉这种痛在 5、6 分以下，如果患者对这样的痛给予 7 分以上，这样的患者也许就是感受性高的患者，他们所表达的或感受的疼痛比一般人严重一些。相反，感受性低的患者，他们所表达的或感受的疼痛可能比实际的要低。注意，要量化评定一个人的个性不能只问一个问题，一般要有 10 个以上的问题并给予相应的评定才有效，而且这种评定也只能做相应的参考。

（五）选择适宜对策

1. 先考虑共性规律　患者在疾病过程中的心理状态可因其个体差异而存在千差万别，但在很多方面，又有共性规律可循。患者的心理状态也是个性与共性的对立统一，对患者实施个体化心理护理，首先就要考虑的是患者心理状态的共性规律，然后再结合患者的个性特征，确定实施心理护理的总体原则。

2. 使用规范化护理　在共性化心理护理中，规范标准的临床应用模式是提高心理护理质量的重要保障。如对于入住急诊观察室、重症监护室等的患者，不同护士在为患者做各种解释时，应使用统一、规范的专用解释性语言的指导语；要求每个护士都能熟练掌握，以避免因护士各自的职业阅历、工作经验不同而导致对患者的不同影响。

（六）评价

1. 综合性评价心理护理效果　包括患者的主观体验和患者身心康复的客观指标。可设置实验组和对照组，设法控制复杂的干扰因素，使结果具有可比性。建立起一套心理护理效果的评价体系，有规范统一的评定标准。

2. 分析确定下一阶段工作计划　护士还需在心理护理效果评定的基础上，分析未实现预期结果的原因，如：①预期结果不切实际，标准过高；②护理措施不当；③病情迅速恶化；④护患关系不协调，患者不合作；⑤医护协作不好；⑥护理资源不足等。然后，对前阶段心理护理的实施做出小结，并能根据不同的结果，确定新的方案

需要说明的是，对患者实施心理护理不可能是一劳永逸的，心理护理的过程是一个动态的过程。患者的心理活动总是受到其疾病过程中各种因素的影响，而且与其所患疾病的严重程度不成正比。因此，心理护理的程序是相对的，步骤是灵活的，过程也是循环往复

的，心理护理的理论也需在临床实践中不断地发展和完善。

二、心理护理的常用技术

1. 访谈法（interview）　又称晤谈法，是指通过护士和患者面对面地交谈来了解患者的心理和行为的心理护理方法。在访谈过程中，尽管谈话者和听话者的角色经常在交换，但归根到底护士是听话者，患者是谈话者。患者在谈话的过程中，不仅可以提供一些有利于治疗的信息，还能宣泄影响健康的心理问题，护士专注听的过程也会让患者感到被人关注的温暖；这份温馨也是非常好的心理护理。

在实施访谈时应注意的事项：

（1）使患者有轻松愉快的心情；不使患者感到有压力；创设恰当的谈话情境。

（2）预备好相关的知识；生活中的饮食习惯、作息习惯、行为习惯以及心态都影响健康，在访谈过程中给予健康生活指导。

（3）应具备细致的洞察力、耐心和责任感。

（4）可以对患者进行有利于康复的良好暗示。

（5）对相同的事情会从不同的角度提问。

（6）能如实准确地记录访谈资料，不曲解患者的回答。

2. 暗示法　人都会受到心理暗示。受暗示性是人的心理特性，它是人在漫长的进化过程中，形成的一种无意识的自我保护能力和学习能力；当人处于病痛、陌生、危险的境地时更容易受暗示。暗示的方式多种多样，有语言暗示、手势暗示、表情暗示、环境暗示等。但就其类型而言，只有两类：一类是积极的暗示，一类是消极的暗示。心理护理中多给患者积极性的暗示。在临床中，心理暗示可以用来辅助治疗疾病，甚至单独用来治疗疾病。例如，国外有一位化学家，叫约瑟夫·墨菲，他患了皮肤癌，百药无效，反而越来越恶化。后来，他每天祈祷两三次，每次大约 5 分钟，3 个月后居然不吃药而愈。他的病是怎样治好的呢？就是运用了积极的暗示。

积极的心态，使患者自信、自爱、坚强、快乐、兴奋，让患者的能力源源涌出。如果患者有积极的心态，患者就能随意进入生龙活虎的进取状态，乐观应付，充满把握，全身焕发活力，心智敏锐，从而使患者发挥抗病魔的潜能。

3. 行为训练法　由于患者可以免除一般社会角色的职责，需要得到照顾。当他们适应患者角色后，有的人出现患者角色强化或潜意识中不愿意康复。虽然主观上盼望早点康复，但实际情况以致难以康复。这种情况要指导患者进行相应的行为训练，改善并提高他们的社会适应能力，促进患者康复。行为训练法的理论是正面强化（奖励性刺激）就能够促使某些符合人们愿望的行为产生。某种不适合人们意愿的行为在受到否定时（如受到拒绝或惩罚），就会逐渐消失。

4. 社会支持法　社会支持是指人们感受到的来自他人的关心和支持。社会支持可以保护患者免受压力事件不良影响的有益人际交往。社会支持使患者经历被爱，获得有价值感和为他人所需要的一种信息，能减轻心理应激、缓解紧张状态、提高社会适应能力，是一种在社会环境中促进患者康复的力量或因素。

社会支持有客观支持、主观体验到的支持和对支持的利用度。客观支持也称实际社会支持，包括物质上的直接援助和社会网络、团体关系的直接存在和参与，是客观存在的现实，这是人们赖以满足他们社会、生理和心理需求的重要资源；主观体验到的支持也称领悟社会支持，即个体所体验到的情感上的支持，也就是个体在社会中受尊重、被支持、被理解因而产生的情感体验和满意程度，与个体的主观感受密切相关。对支持的利用度是个体对社会支持的利用情况，有些人虽然可以获得支持，却拒绝别人的帮助。心理护理中重点要引导患者增加社会支持的主观体验和对支持的利用度，当然护士给予的社会支持显然也是很重要的。

5. 放松技术　是一种通过训练有意识地控制自身的心理生理活动、降低唤醒水平、改善机体紊乱功能的心理治疗方法。在进入放松状态时，交感神经活动功能降低，表现为全身骨骼肌张力下降即肌肉放松呼吸频率和心率减慢，血压下降，并有四肢温暖，头脑请醒，心情轻松愉快，全身舒适的感觉。同时加强了副交感神经系统的活动功能，促进合成代谢及有关激素的分泌。通过一定程式有规律的训练，可以使个体学会从精神上和躯体上（骨骼肌）进行放松。经过放松训练，通过神经、内分泌及自主神经系统功能的调节，可影响机体各方面的功能，从而达到增进心身健康和防病治病的目的。

（1）放松训练的准备工作：安排一间安静整洁、光线柔和、周围无噪声的房间，在施疗时，指导师说话声音要低沉、轻柔、温和，让患者舒适地靠坐在沙发或椅子上，闭上眼睛。

（2）指导师："现在我来教你如何使自己放松。为了让你体验紧张与放松的感觉。你先将你身上的肌肉群紧张起来，再放松。请你用力弯曲你的前臂，同时体验肌肉紧张的感受（大约10秒）。然后，请你放松，一点力也不用，尽量放松，体验紧张、放松感受上的差异。（停顿5秒）这就是紧张和放松。下面我将让你逐个使身上的主要肌肉群紧张和放松。从放松双手开始，然后双脚、下肢、头部，最后是躯干。"

（3）放松训练过程：

1）"深深吸进一口气，保持一会儿。（大约15秒）好，请慢慢把气呼出来，慢慢把气呼出来。（停一停）现在我们再来做一次，请你深深吸进一口气，保持一会儿。（大约15秒）好，请慢慢把气呼出来，慢慢把气呼出来。（停一停）

2）"现在，伸出你的前臂握紧拳头，用力握紧，注意你手上的感受。（大约15秒）好，现在请放松，彻底放松你的双手，体验放松后的感觉，你可能感到沉重、轻松，或者温暖，这些都的放松的标志，请你注意这些感觉。（停一停）我们现在再做一次。"

3）相应依次放松头部肌肉、颈部、双肩、双臂，躯干上的肌肉群、臀部、大腿、小腿、双脚。

（4）结束放松：这就是整个放松过程。"现在感受你身上的肌肉群，从下至上，使每组肌肉群都处于放松的状态。请注意放松时的温暖、愉快、轻松感觉，并将这种感觉尽可能地保持1~2分钟。然后，数数，数至'五'时，睁开眼睛，你会感到平静安详，精神焕发。（停1~2分钟）好，开始数，'一'感到平静，'二'感到非常平静安详，'三'感到精神焕发，'四'感到特别的精神焕发，'五'请睁开眼睛。"

第三节　临床各科患者的心理护理

一、儿科患者的护理

1. 根据患儿不同年龄特点采取不同的心理护理措施

(1) 6 个月左右的婴儿：心理反应虽然小，但非常需要母亲的爱抚，护士应经常对他们轻拍、抚摸、搂抱及逗笑，能调节患儿大脑的兴奋和抑制过程，从而产生一种在母亲怀中的安全感。

(2) 6 个月至 4 岁的患儿：心理反应明显，最好允许家长陪护，这样较容易使患儿建立起周围环境的安全和信任感。对这类患儿，护士更应多关心体贴，避免呵斥、责备患儿，可通过与患儿一起做游戏如讲故事、玩玩具、看图画等建立良好互相信任的护患关系，帮助患儿克服对医院的恐惧感。

(3) 年幼患儿：病情变化快，不善用言语表达自己的感受，要求护士多观察，留意其非言语行为如患儿表情、目光、体态等，随时发现病情变化并对患儿心理需求做出估计，以便采取相应的护理措施。

(4) 年龄较大的患儿：能较好地用言语进行沟通，能够与病房其他患儿建立伙伴关系。护士应尽可能地与患儿进行沟通，解释住院和诊治的原因，取得患儿的信任和合作。也可让患儿做些力所能及的工作，如收拾自己的东西，帮助病重患儿拿些东西等，对患儿的积极行为要及时鼓励和表扬，从而使患儿主动参与和积极配合医护工作。

(5) 致残患儿：往往具有严重抑郁、自卑心理，更要加倍呵护，给予积极的支持和鼓励。护士应经常巡视，给他们讲一些小故事，讲身残志坚的故事，增强他们对生活的热爱和治疗的信心。

2. 医院环境布置　要符合儿童心理特点。①儿科病房工作的护士着装应提倡工作服颜色多样化，只有负责治疗的护士才着白色工作服，戴操作帽，其他护士可穿彩色工作服，以便缓和紧张的气氛，减轻患儿惶恐不安心理。②儿科病房布置应儿童化，墙壁的颜色鲜艳多彩，布置一些吸引儿童的图案，门窗可装配一些彩带或其他饰物，要有些吸引儿童安全的玩具，这样看起来好似一个游艺场，使患儿心情愉悦，以便进行良好的沟通。

二、老年患者的心理护理

1. 尊敬老年患者　老年患者突出的心理要求是受到重视和尊敬，因此要求护士重视对老年患者的尊敬。对老年患者称呼要有尊敬之意，言行要有礼貌，举止要庄重，谈话要有耐心，而且听他们讲话时要专心，回答询问要慢，由于老年人听力下降，讲话声音要大些。对老年患者决不能奚落、挖苦，损伤他们的自尊心。

2. 关心老年患者　对老年患者的关心应从生活安排和心理调适两方面着手，做到精神支持和对老年患者生活无微不至的照顾。精神支持是指密切地关注老年患者的心理变化，掌握他们的心理需求，护士要针对其问题进行耐心的解释，打消他们的顾虑，增强解决问题的信心。进行支持时，要尽可能地做到共情，设身处地从老年患者的角度考虑他们的问题和困难，帮助解决。老年患者住院治疗，因打破了习惯的生活方式，而感到生活很不方便，但又不肯经常求助别人，因此护士对老年患者的住院生活要更加细心照顾。护理老年患者时要勤快、细心、耐心、周到、不怕麻烦，要充分考虑老年患者的特点和习惯，如把物品放在容易取到的地方，饮食上尽量适合老年人的口味，不要勉强吃不喜欢的食物，提供安静、舒适、温暖、安全的睡眠环境。同时，病室设备和布置要考虑老年人运动的需要，如走廊、厕所及浴缸两边应有扶手，病室放有轮椅，地面干燥不滑等。

3. 恰当的心理护理干预　根据老年人心理特点采取一些心理护理干预措施。首先，老年患者大多为慢性疾病，由于患病时间较长，积累了丰富的自我保健经验和应对疾病的独特方式，因此护士要善于发现总结这些经验，不要轻易否定患者已行之有效的应对方式；其次，组织患者参加集体活动，鼓励患者互相交流。护士要讲解一些疾病和保健基本知识，可邀请一些有经验的恢复较好的患者现身说法，传经送宝，提高老年人战胜疾病的信心。还可安排老人进行一些集体运动，如室外散步、打太极拳，练气功等，可起到调节老年人情绪、克服孤独感。老年人易忘事、刻板、古怪等，应给予积极的帮助。如帮助老年人制订日常生活时刻表，按时提醒，以保持行动的计划性。

4. 尽可能多的社会支持　调动老年人的各种社会关系，在精神和物质上给予关怀，要告诉患者家人多来探视，给老年人带喜欢吃的东西。鼓励患者亲友、老同事及单位组织派人看望，亲人、朋友、同事的探望哪怕只有几分钟，对老年人而言也是莫大的安慰。但是，护士要提醒探视者切莫谈论过于刺激性话题，以免因过于激动发生意外。

三、手术患者的护理

1. 术前患者的心理护理　术前患者心理反应因人而异，个体差异较大，护士应根据患者术前心理反应的程度和种类、手术性质而灵活地采用心理护理措施，使之发挥更大效应。

（1）提供有关手术治疗的必要信息：护士应耐心地与患者进行交谈，听取患者的意见和要求，确定患者的心理反应，建立起良好的护患关系，及时向患者和其家属提供有关手术信息。①详细介绍患者的病情，说明手术的重要性和必要性，对手术的安全性要做出恰当的解释。对于手术复杂、危险性大的患者，应介绍医护人员是如何对病情进行反复研究而确定最佳手术方案，使患者感到医护人员对其病情十分了解，对手术极为负责。②提供有关医院章程制度及生活事物准备信息。③采用适当的语言，使患者在轻松自如的气氛中了解手术中的真实的痛苦体验、术后各种护理措施及对患者的具体要求。

（2）应用行为控制技术，及时减轻患者术前焦虑：常用的焦虑行为控制技术有：①让患者做放松、深呼吸、咳嗽动作练习能够有效地对抗焦虑，减轻术前焦虑和术中痛苦感。②让手术效果良好的患者进行介绍，可帮助术前患者克服术前恐惧。护士在进行了行为控制技术时，应安排2~3个单元时间与患者共同讨论，以便评估患者对这些方法的掌握程度及效果。

（3）增强社会支持：与已手术成功患者同住一室，安排家属及时探视，同事和朋友的安慰和鼓励，能增强患者治疗疾病的信心，减轻患者的术前焦虑。

（4）手术室环境方面要求：手术室环境应保持整洁寂静，医护人员谈话应轻柔和谐，遇到意外事件时要保持冷静，不要惊慌失措，以免对患者产生消极暗示，造成患者紧张。

无论手术何等重要，也不论手术大小，对患者都是较强的紧张刺激。患者对手术一是害怕，二是担心。怕的是疼痛与死亡，担心的是是否会出意外，是否会有残废和毁容等。他们反映，入院就盼早日手术，一安排手术日就惶恐不安，吃不下饭、睡不好觉，尽管在手术日的前一天晚上服用安眠药，仍难以入睡。大量临床观察和研究均证明，患者术前的这种恐惧和焦虑，将直接影响手术效果，如失血量大、愈合慢等。而且，这种恶劣的情绪状态还易于引起并发症。因此，术前的心理护理具有极为重要的意义。为此应当进行术前心理咨询。咨询应由有权威的医生和护士进行，耐心听取患者的意见和要求，向家属详细交代病情，阐明手术的重要性和必要性，尤其要对手术的安全做肯定的保证，决不应向患者交代什么千分之一的危险性。权威性的咨询对患者获得安全感极为重要，还要依据不同的患者，用其恰当的语言交代术中必须承受的痛苦。如准备在局麻下做腹部手术，就应告诉患者术中牵拉脏器时会感到不适和牵拉痛，届时应有思想准备，并行深呼吸，努力放松，可以减轻疼痛等。对术后如需用鼻饲管、引流管、导尿管及需在身上附加仪器者，术前也应向患者说明，使患者醒来后不致惧怕。又如需做气管插管或术后放置鼻饲管的患者，因将影响说话，应事先告诉他们到时如何表示自己的需求。对于危险性大、手术复杂、心理负担重的患者，还要介绍有关专家是怎样反复研究其病情并确定最佳手术方案的，并突出强调他本人在手术中的有利条件等，使患者深感医护人员对其病情十分了解，对手术是极为负责的。另外，做过同类手术患者的信息，对术前患者的情绪影响较大，护士可有针对性地组织交流。病房护士还应介绍手术医生和护士情况，在患者面前树立手术医生的威信，以增加患者的安全感。在术前让患者看一下术后观察室，介绍一下术后护理措施也是有益的。这些心理上的准备，对控制术中出血量和预防术后感染都是有益的和必要的，并可使患者正视现实，稳定情绪，顺应医护计划。

另据研究报道，术前焦虑程度对手术效果及预后恢复得快慢也有很大的影响。资料表明：有轻度焦虑者，效果较好；严重焦虑者，预后不佳；而无焦虑者，效果往往更差。这是因为，无焦虑的患者由于对医生或手术过度依赖，过分放心，对生理上带来的不可避免的痛苦缺乏应有的心理准备。

2. 术后患者的心理护理　术后患者心理护理应根据患者具体病情和心理反应进行，主要有以下几个方面：

(1) 及时向患者反馈手术信息：术后患者一回到病房或麻醉苏醒后，护士应立即告诉患者手术顺利完成，达到了手术的目的，让患者放心。应向患者多传递有益信息，给予鼓励和支持，减轻患者术后心理负担。

(2) 正确处理术后疼痛：护士应及早告诉患者术后几天之内刀口疼痛较重，让患者预先有心理准备。有时患者会向护士主动表达疼痛，也有些患者强忍疼痛，不愿表达，此时护士可从表情、姿势等非语言表达方式观察疼痛情况，及时给予处理。应积极给予镇痛剂减轻疼痛，一般术后 6 小时内给予镇痛剂可减轻术后整个过程疼痛；鼓励患者运用术前训练的放松技术和深呼吸技术；让患者听自己喜欢的音乐有时也可以起到减轻疼痛作用。有些患者害怕疼痛和伤口裂开，不敢及早活动，应告诉患者采用正确的咳嗽、翻身和四肢活动方法，可使患者敢于活动，提早康复。

(3) 帮助患者克服消极情绪：术后患者出现焦虑、抑郁等消极情绪的原因很多，如大多数术后患者愿意把自己与做过相同手术的患者比较，或者与自己术前对术后疗效的期望比较，而产生术后感觉不良。此时，护士应告诉患者正确评价疗效的方法，应根据个人的病情特点、手术情况及术后检查情况来评价，让患者感到自己正在康复之中，不必紧张；同时，护士也应在生活上、心理上给予全面支持，鼓励患者战胜消极情绪。

（4）帮助患者做好出院准备：大多数患者伤口拆线后就可出院回家，但此时各方面功能尚未完全恢复，因此向患者详细介绍出院后自我锻炼的知识，如什么时候才能进行哪些活动、饮食上有何特殊要求等。有的患者手术后带来部分生理功能丧失（如子宫、卵巢切除）或残缺（如截肢）等，给患者带来心理上的重大创伤。对这样的患者，更要进行心理支持，努力为患者提供克服困难和适应新生活的手段，使患者勇敢地走向新的人生道路。

链接

临终关怀是指对生存时间有限（6个月或更少）的患者进行适当的医院或家庭的医疗及护理，以减轻其疾病的痛苦、延缓疾病发展的医疗护理。临终关怀不追求猛烈的、可能给患者增添痛苦的或无意义的治疗，但要求医务人员以熟练的业务和良好的服务来控制患者的症状。包括：①身体关怀：透过医护人员及患者家属的照顾减轻病痛，再配合天然健康饮食提升身体能量（实例）。②心理关怀：透过理念的建立减轻恐惧、不安、焦虑、埋怨、牵挂等心理，令其安心、宽心，并对未来世界（指死后）充满希望及信心。③道义关怀：回顾人生寻求生命意义或多半透过宗教学说及方式建立生命价值观，如永生、升天堂、往极乐世界等。

思考题

1. 心理护理的最终目标是什么？
2. 怎样建立良好的护患关系？
3. 想一想，喉癌患者的心理护理该怎样进行？

（湖南中医药高等专科学校　刘红云）

第十六章

中医心理学

学习目标

1. 掌握心神感知论、脏合情志论、人格体质论等中医心理基本理论。

2. 熟悉脱敏渐适法、情志相胜法、移情易性法、说理开导法、导引吐纳法等心理治疗方法。

3. 了解清静养神、择时调神、节欲保精、调神畅气等中医心理卫生理念。

第一节 中医心理学概述

在几千年中国传统文化的积淀中，蕴含着丰富的心理学思想。早在先秦时期，中国古代哲学思想就渗透到中医理论体系中，成为中医理论的组成部分，2 000 多年来，一直有效地指导着临床实践。中医学中虽然没有“心理学”一词，但却有着极为丰富的中医心理学思想与实践经验。

一、中医心理学概念

中医心理学是继承中国古代哲学对心理现象的认识，运用中医基础理论和实践，与现代心理学相互渗透和交叉，研究心理现象发生、发展规律及心理因素在人体疾病过程中的作用及其规律的一门学科。中医心理学的基础理论，是引用古代的哲学思想，运用中医基本理论，结合现代心理学的研究，论述中医心理学的物质基础、理论基础与实验研究。同时，中医心理学基础理论对心理卫生保健、心身疾病的病因病机和辨证论治的确立、心理护理等具有广泛的指导意义。

中医学是以整体观念为基础，把人体看成一个有机的整体，强调了形与神的统一性；把人与自然环境、社会环境看作一个统一体，强调了人与自然、社会的内外统一性。中医理论体系中有着丰富的心理学思想，这些心理学思想贯穿了中医的整体观思想，突出体现了人的精神、意识、思维活动是建立在脏腑功能基础之上的；人的心理活动有个体差异性，同时必然受到自然环境和社会环境的影响。在传统中医学中，也有着丰富的治疗心理疾病的临床实践经验。因此，中医心理学是中医体系的重要组成部分。中医心理学是从中医学这个母体中分化出来的学科，它的理论基础体现了中医学的基本特点，在继承中国古代心理学思想的基础上，运用现代心理学的框架，着重研究心理现象发生、发展的规律，研究心理因素在人体生理、病理、疾病的诊断和治疗过程中的作用及其规律。

二、中医心理学的形成和发展

远古时代，社会生产力十分落后，人类对自然缺乏正确认识，对于疾病的产生原因，常常看作是神灵惩罚或恶魔作祟。因此，治病手段就是对两者的“软硬兼施”，或祈祷神灵的保佑和宽恕，或驱鬼、辟邪。远古时代的医生虽然也掌握了一部分药物和针灸治疗手段，但主要医疗方法还是“祝由”，因为这种使用语言行为进行治疗的方法最方便、最易实施。“祝由”这样的医疗活动实际上包含了许多现代心理治疗方法在内。此期就是中医心理学思想的萌芽时期。

《内经》是我国科学史上的一部重要的著作。它将古代哲学思想系统地运用于医学，确定了中医的整体观念；提出了脏象经络学说；阐发了病因病机；制定了诊治大法，标志着中医理论体系的确立。在中医理论体系中，中医心理学内容是一个重要的组成部分。《内经》也是中医心理学雏形的标志。中医心理学基础理论中的阴阳五行学说、心主神明、脏象学说等中医心理学基本理论均在《内经》中基本奠定，形成了七情学说的雏形。《内经》中的“九气”“五志”都是以后南宋陈无择定型七情学说的基本依据，对睡梦等心理现象、对个体心身发展的基本观点、对心理过程、对人格体质学说等一系列问题都形成了基本的认识，四诊心法、心理病机、心理疗法、心理卫生等一系列中医心理学的临床实践方面的基本内容都包含在内。历代的医学家，无论是从基本理论还是医疗实践方面，都在《内经》的基础上，极大地丰富和发展了中医心理学思想。

我国杰出的医学家华佗，在心理治疗方面，有着许多精辟的论述及治验病案。《华佗神医秘传》中说：“忧则宽之，怒则悦之，悲则和之，能通斯方，谓之良医。”意即一个高明的医生，必须能针对患者的不正常的情志，进行心理治疗。他曾明确提出医心的重要，指出：“夫形者神之舍也，而精者气之宅也，舍坏则神荡，宅动则气散。神荡者昏，气散则疲，昏疲之身心，即疾病之媒介，是以善医者先医其心，而后医其身。”华佗十分重视心理因素在治病中的作用，故其所提出“先医其心”的主张很有科学价值。也说明心治是一种病因疗法。

张仲景所著《伤寒杂病论》至今仍有效地指导着临床。他强调了心身调理的治疗思想，并把精神、情志的异常变化作为诊断、辨证的重要依据。他形象地描述了奔豚病的证候，明确指出本病“皆从惊恐得之”，并创奔豚汤、桂枝加桂汤治之。他首先提出“脏躁”病名，描写其症状表现为“喜悲伤欲哭，像如神灵所作，数欠伸”。指出患脏躁症的患者，无故悲伤欲哭，或哭笑无常，连续打哈欠伸懒腰，动作言语都不能自控，似有“神灵附体”一般。可见脏躁是一种精神障碍疾病，其病因以情志刺激为多见。并创甘麦大枣汤治之。对诸如百合病、惊悸、失眠等常见的与心理因素密切相关的疾病都确立了完整的理、法、方、药辨证论治原则。根据隋唐医事制度，太医署中均设有祝禁科，并设有咒禁博士、咒禁师等医疗官职。如果把祝禁科看成最早的原始蒙昧的心理治疗科，那么咒禁博士、咒禁师等可谓官方命名的最早的“心理治疗医生”。

孙思邈是唐代著名医学家，他的医学心理学思想，受到了当时盛行的佛教及儒家、道家思想的影响，重视养生、养性。他在《千金方》中具体介绍了运用“内视法”“调气法”“呼音法”等气功养性方法来疏通气机，调畅情志。同时，还记载类似现代暗示疗法的禁咒疗法，每法中的律令（即行禁时的咒语）对病情都有针对性，并配合药物，对患者有明显的暗示治疗作用。特别是孙思邈在其临床实践中把某些心理活动的变化看成是内在脏腑病变的部分症状，从而把心理活动的变化纳入了脏腑辨证体系，指出：“心气虚则悲不已，实则笑不休。……悲忧思虑则伤心，心伤则苦惊喜善忘”，进而提出：“治心实证，惊梦，喜笑恐畏，悸惧不安，用竹沥汤”，“治心不足，善悲愁恚怒，……善忘，恐不安，妇人崩中，面色赤，茯苓补心汤”。由此看来，孙氏对心神病证的辨证论治是理、法、方、药密切联系的。

宋、金、元时期是中医心理学成长、发展时期。陈无择所著的《三因极一病证方论》中，将各种致病因素归结为内因、外因、不内外因，统称为“三因”。其中内因即喜、怒、忧、思、悲、恐、惊。陈氏在论述三因致病时，特别突出了情志因素的致病作用，所创立的“七气汤”“大七气汤”“小定志丸”“菖蒲益智丸”等方剂，为中医诊治情志病做出了贡献。

金元四大家从不同的角度，丰富和发展了中医心理学思想。刘完素以倡“火热论”著称。他提出“五志化热”的著名理论，即“五脏之志者，怒、喜、悲、思、恐也，……若五志过度则劳，劳则伤本脏，凡五志所伤皆热也”。因而提出一套降心火、益肾水为主的治疗火热病的方法，并注重调理情欲。这当然也包括心神疾病的治疗。李杲认为“百病皆由脾胃衰而生”，而脾胃受损的原因主要有饮食不节、寒温不适、劳役过度及情志因素，其中情志因素常为先导，“饮食失节，寒温不适，脾胃乃伤。此因喜、怒、忧、恐损耗元气，资助心火，火与元气不两立，火胜则乘其土位，此所以病也”。在治疗上他也非常重视情志因素的作用，主张服用“补中益气汤”时，必须“宁心绝思，药必神效”。张从正是杰出的中医心理治疗大师。他在《儒门事亲》中指出：“悲可以治怒，以怆恻苦楚之言感之：……此五者，必诡诈谲怪，无所不至，然后可以动人耳目，易人视听。”他的心理治疗医案流传至今，而且有治有论，在理论及实践方面均有创见。

明、清时代，临床各科的心理学思想、心理治疗都有一定发展，太医院十三科中仍然保留有祝由科。各科医家对七情病因病机普遍重视。张介宾在《类经・会通》中专列“情志疾病”29条。《景岳全书》中对痴呆、癫、狂、痫、郁、诈病等与精神因素密切相关的病证论述颇详，还特别指出“以情病者，非情不解”，“若思郁不解致病者，非得情舒愿遂，多难取效”。缪希雍在《本草经疏》写到：“以识遣识，以理遣情，此即心病还将心药医之谓也。”这个时期，心理治疗运用广泛，具体方法丰富多样，像情志相胜疗法、两极情绪疗法、激情刺激疗法、暗示疗法、说理开导疗法、移精变气疗法等，在临床上都取得很好疗效，许多医家的医案中都有详细、生动的记载。由于各种心理疗法应用广泛，影响很大，甚至在当时的文学作品中都有所反映。

链接

吴敬梓的《儒林外史》中以夸张的手法形象地记述了“范进中举”的故事，穷秀才范进参加科举考试连年不中，屡遭岳父胡屠夫羞辱，直到有一天终于金榜题名时，范进因过喜而连叫“我中了”呈疯癫状，后经他平时最惧怕的岳父胡屠户打了一个耳光而清醒。说明人过喜会伤心而癫狂的情志致病的机制，同时也说明了恐胜喜的中医心理治疗方法的显著疗效。

第二节　中医心理学基础理论

一、心神感知论

祖国医学在心主神明论的基础上，提出人的感知活动都是在心神的主导下进行的。《灵枢·本神》说：“所以任物者谓之心。”正因为神舍于心，心神是人类感知活动的中枢，所以脏象之心才成为反映所感知客观事物的所处。目、耳、鼻、舌、身是机体五种重要的感觉器官，分别司视、听、嗅、味和体表痛、温、触、压觉。

1. 视觉　目为视觉器官，为心神任物的主要门户。经由此门户，心神可辨明暗、分色泽、知形状；还可感知时间、空间和运动的变化。目与五脏均有联系，但与肝脏联系更为密切。故《内经》称：“目者，肝之官也。”主要体现在“肝藏血”，血气是视觉的物质基础。另一方面是“肝藏魂”，魂游于目而为视。另外，目与心的关系也十分密切，表现在心神对目所接收的外部客观事物映象正确感知上。神志正常时，可准确快速反应视力所及的外部客观世界的映像；反之，心神失常时，即使肝目无病，视觉也不能正确反映客观事物。临床上所见的邪闭心窍、神志昏迷患者的视觉失常，邪扰心神、神态失常患者的幻觉均表现了心与目的关系。

2. 听觉　耳为听觉器官，用以辨别不同音质、音量。通过经络与各内脏特别是心、肾紧密相连。故《内经》称：“耳者，肾之官。”“肾气通于耳，肾和则耳能闻五音。”“心主血脉，耳得血而能听。”临床上若心神不明，神气不行，则可导致听觉异常。正所谓“狂，目妄见，耳妄闻”。

3. 嗅觉　鼻为呼吸门户，也是嗅觉器官，用以分辨各种气味。中医认为鼻是肺所主官窍。鼻的功能正常与否，主要取决于心、肺功能的正常与否。肺气通于鼻，肺和则鼻能知香臭。五气入鼻，藏于心肺，心肺有病则鼻为之不利。

4. 味觉　舌为味觉器官。除肺以外，五脏均通过经络与舌有直接联系。舌以部分言之，五脏皆有所属；以症言之，五脏皆有所主。五脏之中又以心、脾与舌关系最为密切。故有“心气通于舌，心和则能知五味”。又有“脾气通于口，脾和则口能知五谷”。一旦脾失健运，就会出现纳呆食少，口淡无味。

二、脏合情志论

中医继承古代哲学的情志理论，发展为喜、怒、忧、思、悲、恐、惊七情学说，并将五脏与七情的关系归纳为“心在志为喜，肝在志为怒，脾在志为思，肺在志为悲，肾在志为恐”。而七情致病则表现为“怒伤肝，喜伤心，悲伤肺，恐伤肾，思伤脾”。

三、人格体质论

祖国医学的气质人格理论是建立在阴阳整体论的基础之上的，因此，在目前的文献资料中多以阴阳人格体质学说称之。《内经·灵枢》“通天篇”和“阴阳二十五人篇”较为系统地论述了阴阳人格体质学说。“通天篇”根据个体阴阳气的多少将人格分为太阳、少阳、阴阳和平、少阴、太阴等五大类。

1. 太阴型　表面谦虚，内心另有所谋，好得恶失，抑郁，面色阴沉，爱哭泣，如林黛玉。

2. 少阴型　喜好小利，嫉妒心重，幸灾乐祸，站立时躁动不安，走路时似伏身向前、反应较迟缓，如蒋干。

3. 阴阳和平型　安静自处，不好名利，寡欲无喜，顺应事物，适应变化，从容稳重，如诸葛亮。

4. 少阳型　自尊心强，爱慕虚荣，活泼好动，好交际，好抛头露面，昂首挺胸，手常背于后，如程咬金。

5. 太阳型　好高骛远，意气用事，过于自信，易冲动，感情用事，不易控制，如张飞。

湖南中医药高等专科学校阴阳人格分类量表编制课题组以阴阳人格理论为依据，以现代心理测量学为基础，首先精心编制设计了《阴阳人格分类手工量表》，随后又借助现代计算机技术，编制了《阴阳人格分类电脑量表》。经对初步测试结果分析表明，该量表信度、效度完全满足量表的基本要求。

阴阳人格分类测量手工量表

指导语：下列 75 道题中你认为：①很符合自己情况的，记 2 分；②比较符合的，记 1 分；③介于符合与不符合之间的，记 0 分；④比较不符合的，记-1 分；⑤完全不符合的，记-2 分。

1. 考虑问题或做决策时总是瞻前顾后，生怕出差错
2. 钱财对人的一生而言应该是多多益善、永无止境的
3. 对个人名利看得比较淡
4. 喜欢与他人一起高谈阔论
5. 即使是一己蝇头小利，也从不马虎了事
6. 看到他人遭受挫折时总有一种说不出的高兴
7. 对现实感到满足，对未来充满信心
8. 获得丰厚报酬时总是显得格外高兴
9. 虽有远大抱负和理想，总觉得客观条件限制了这些理想的实现
10. 善于与各种各样的人交朋友

11. 尽管常遭挫折，但从不怨天尤人
12. 从不为一件值得高兴的事欣喜若狂
13. 为了达到自己的目的宁愿冒险也不愿坐等时机
14. 在他人获得名誉利益时总有一种眼红和不舒服的感觉
15. 不太愿意做默默无闻的工作
16. 不管什么场所，尽管自己有自己的想法，也不愿发表自己的见解
17. 城府较深，喜怒哀乐从不溢于言表
18. 对自己所追求的目标总是采取顺其自然的心态
19. 不管是什么场所，总是抬头挺胸、目空一切
20. 同事、同学和朋友都讲我为人随和，好打交道
21. 走路总是情不自禁地左右摇摆
22. 有许多美好的打算，目前为止真正实现的几乎没有
23. 考虑问题及言行举止总是容易受他人影响
24. 能随时代的进步而不断更新自己的思想观念
25. 工作和生活中一些常规任务总需要他人催促才能完成
26. 无论什么场合下都能严格约束自己，注重自己形象仪表与衣着
27. 不管在什么环境下都能很快适应自如
28. 对读过的书，听过的课通常都有很深印象
29. 只要能达到挣钱的目的，一切手段都能用得上
30. 为了复习考试，再好看的电视也能忍住不看
31. 在观念和生活方面从不追求前卫和时髦
32. 在各种考试和比赛中都能比别人提早交答案
33. 胜任工作能写会算，业余生活能歌善舞
34. 遇到不公正的事总爱打抱不平
35. 每当需要支付某项费用时，总要不断地讨价还价
36. 内心感受不愿告诉他人
37. 不太注意衣着打扮
38. 对家庭、集体、他人和自己的重大事情总是操心不断
39. 乐于参加各种活动，并成为他人关注的目标
40. 相信天道酬勤的道理，在事业上肯花功夫
41. 对别人的缺点和问题总是忍不住要当面指出，否则总觉得不舒服
42. 即使现实情况相当不错，但仍总觉得灾难就要降临
43. 别人生气时，虽与自己无关，但也会因此而烦恼
44. 别人哭得再伤心，也很难打动自己
45. 对份外财物从不心动
46. 遇到对自己有利的事总是抢着去做
47. 尽管有些事情是客观条件造成的，仍旧不断地责怪自己
48. 容易接受新知识和新事物，但经常是点到为止，不做深入研究
49. 喜欢以理服人，讨厌权势压人

50. 不会受他人影响而改变自己的目标
51. 在经济上信奉“亲兄弟、明算账”的观念，决不含糊
52. 遇到重大事件从不乱表态、很少乱发言
53. 从不因困难和挫折放弃自己的计划
54. 做事只有 5 分钟热情，经常是有始无终
55. 对人生的看法较为消极，显得多愁善感
56. 经常反思检讨自己，不断激励鞭策自己
57. 在各种激烈的比赛中往往都有较好表现
58. 相信“面包会有的”，“一切都会有的”
59. 做事、说话以及处理问题总是比别人要慢半拍
60. 遇到问题总是喜欢问个什么、为什么
61. 对自己的弱点和不足往往看得较多，从不炫耀自己的优势
62. 做事专心致志，不受外界干扰
63. 在上级领导和知名专家面前能准确表达自己的想法
64. 在我看来，同学、老乡、战友甚至是家里人都是靠不住的
65. 活动中比别人玩得更尽兴，安静时也能耐得住寂寞
66. 观察事物、分析问题比别人更仔细
67. 一般不发言，一旦开口，总是一鸣惊人
68. 乐于助人，不图回报
69. 对领导、父母、老师总是百依百顺，从不在他们面前顶牛
70. 在大庭广众面前容易红脸
71. 在不开心的时候也能够控制自己的情绪
72. 在处理和解决问题时，总认为自己的办法是最高明的
73. 一旦遇到困难和挫折，容易灰心丧气，甚至绝望
74. 从不指望“天上会掉馅饼”
75. 待人温和，与人为善

阴阳人格分类计分表

太阳	题号	4	9	11	20	22	28	34	37	41	48	54	57	63	70	72
	得分															
少阳	题号	1	10	15	19	21	26	32	39	43	50	53	58	65	66	74
	得分															
平和	3	7	12	18	24	27	31	40	45	49	52	56	62	68	75	
	得分															
少阴	5	6	14	16	25	30	33	38	44	46	51	60	61	69	73	73
	得分															
太阴	题号	2	8	13	17	23	29	35	36	42	47	55	59	64	67	71
	得分															

结果判断：①如果某一类人格得分明显高出其他四种，均高出 4 分以上，则可定为该类人格，如果该型人格得分超过 20 分，则为典型型，该型得分若在 10~20 分，则为一般型。②2 种人格得分接近，其差异低于 3 分，而且又明显高于其他 3 种，高出 4 分以上，则可定为这 2 种人格的混合型。③3 种人格得分均高于其余 2 种，而且接近，则为 3 种人格的混合型。

第三节　中医临床心理学

一、中医心理卫生

1. 清静养神　所谓清静养神，是指保持安宁的心境，保养充足的神气，从而维持心身健康。《素问·上古天真论》指出："恬淡虚无，真气从之，精神内守，病安从来。"中医名家刘河间也曾论述"心乱则百病生，心静则万病悉去"。应该注意的是，清静养神并非无欲无心，无理想、无抱负、无作为的懒惰心理，只是一种神情专注、淡于功利、排除杂念的平和心态。

2. 择时调神　所谓择时调神，是指按照自然界的时间节律来调节人的心理神态，从而达到神调体健的目的。《素问·四气调节器神大论》指出："春三月，此谓发陈，天地俱生，万物以荣，夜卧早起，广步于庭，被发缓行，以使志生，生而勿杀，予而勿夺。"与一年四时变化节律相类似，一日昼夜变化也表现为"日出为春，日中为夏，日落为秋，夜半为冬"。中医心理学认为，个体顺应四时之律，即可保持神明体健，若违背四时之律，则可导致心身疾病的产生。所以一个人保持正常的生活规律，对于维持心身健康是非常重要的。

3. 节欲保精　所谓节欲保精，是指节制性欲，休养肾精，以存元真。中医认为，精、气、神是人体的重要组成部分，其中精是化气生神的基础，是人体抵御外邪的重要物质。一个人肾精充盛，则气旺神清体健，反之若肾精亏损，则气衰神疲体倦。性欲是人的正常生理心理需要，但过于纵欲常常是导致肾精亏损的主要原因，中医认为："年少近色，多夭"，或"过则为灾"。因此，节欲保精维持心身健康一个非常重要的措施。

4. 调神畅气　所谓调神畅气是指协调七情、防止偏激，从而保障气机条达舒畅。喜、怒、忧、思、悲、恐、惊等七情是人之常情，但七情过激，则可扰乱气机，损伤脏腑，若能协调七情，气机条达，则能应对各种不良刺激，保持心理平衡。中医认为，调神畅气必须"自讼、自克、自悟、自解"，也就是要不断自我反省，自我解嘲，自我克制，自我疏导。

二、中医心理治疗

1. 脱敏渐适法　中医认为："惊者平之，平者常也。"意指突然强烈刺激可以导致疾病，通过由轻到重、由少到多的顺序接触刺激物，使之渐渐适应，不再敏感，与现代心理治疗的行为脱敏疗法是完全类似的。

2. 情志相胜法　情志相胜是指有意识地调动某种情绪活动，调节和控制因另一种情绪所引起的疾病的一种心理治疗方法。中医名家张子和根据中医理论"悲胜怒、恐胜喜、怒胜思、喜胜忧、思胜恐”并总结临床实践，从而提出：“悲可以治怒，以怆恻苦楚之言感之；恐可以治悲，以谑浪亵狎之言娱之，恐可以治喜，以迫遽死亡之言怖之；怒可以治思，以污辱期罔之言触之；思可以治恐，以虑彼思此之言夺之。”

3. 移情易性法　是一种通过转移患者情绪注意点，改变其不良行为习惯的治疗方法。《临证指南医案》指出：“情志之郁，由于隐情曲意不伸，郁症全在病者能移情易性。”说明情郁之症可以移情易志之法治疗。《理瀹骈文》认为：“七情之病者，看书解闷，听曲消悉，有胜于服药者矣。”棋、琴、书、画、垂钓、旅游均可达到移情易志、改变不良行为习惯的作用。

4. 说理开导法　让患者了解病情真相，消除顾虑，使其主动配合治疗，提高疗效。《灵枢·师传》载有：“人之情，莫不恶死而乐生，告之以其败，语之以其善，导之以其便，开之以其苦。”这里所述告之、语之、导之、开之就是说理开导。《昭明文选·七法》载有：“论天下之释微，理万物之是非”而使楚太子“涩然汗出、霍然病已”。这是中医以说理开导治疗心理疾病的著名病案。

5. 导引吐纳法　导引吐纳即气功疗法，在意念引导下调动正气达于病所，以驱邪治病。葛洪在《抱朴子》中说：“服药虽为长生之本，若兼能行气，其益甚速。若不能得药，但行气而尽其理气，亦得数百岁……，善行气者内以养身，外以却病恶。”可见，气功通过调节意念和气息运动，激发经气，疏通气机经络，调和气血，可达到抗病驱邪的功效。

三、中医心理护理

中医心理护理是指运用中医基本理论，在护理过程中，通过医护人员的言行调节患者的心理状态，消除或减轻心理致病因素，促进康复的护理方法。其基本特点是整体观念和辨证施护。

1. 整体观念　中医认为人是形神统一的整体，人既具有躯体的生理活动，又具有复杂的心理活动。生理活动与心理活动相互影响，相互作用，相互制约。同样，人体疾病无一不是生理与心理活动变化的结果。生理的变化必然会反映为心理的变化，而心理的问题，也必然影响到生理状态的改变。

2. 辨证施护　所谓辨证施护，就是将中医辨证施治原则引用到护理过程之中，从而提高护理效果的一种护理原则。也就是在护理过程中首先要运用四诊方法，观察和了解病情，通过辨证分析，正确认识疾病。在此基础上制订护理计划并精心实施护理措施。

思考题

1. 试述脏合情志论的基本观点。
2. 何谓阴阳人格理论？该理论将人格分为哪几个类型？
3. 归纳小结中医心理治疗的几种常用的主要方法。
4. 简述中医心理护理的主要特点。

(湖南中医药高等专科学校　郭争鸣)